国家出版基金项目
NATIONAL PUBLICATION FOUNDATION

青少年讲武堂

总主编 崔常发 马保民
荆 博 曾祥旭
副总主编 王道伟 郭松岩
于玲玲 路志强

世界军力速写

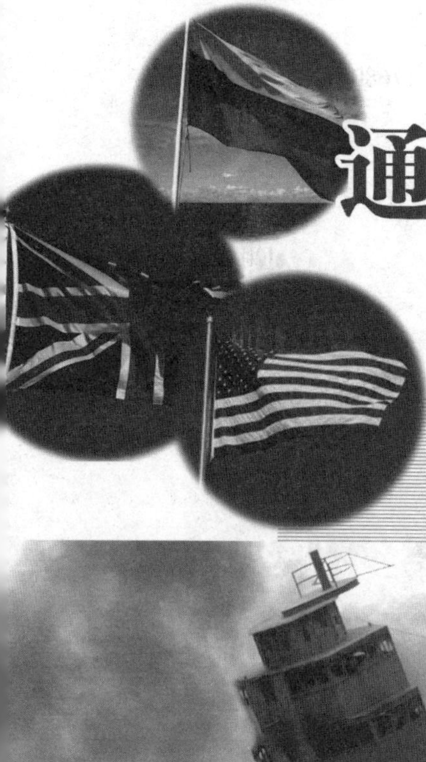

通览当今世界的武装力量

顾 爽 郭松岩 于玲玲 编著

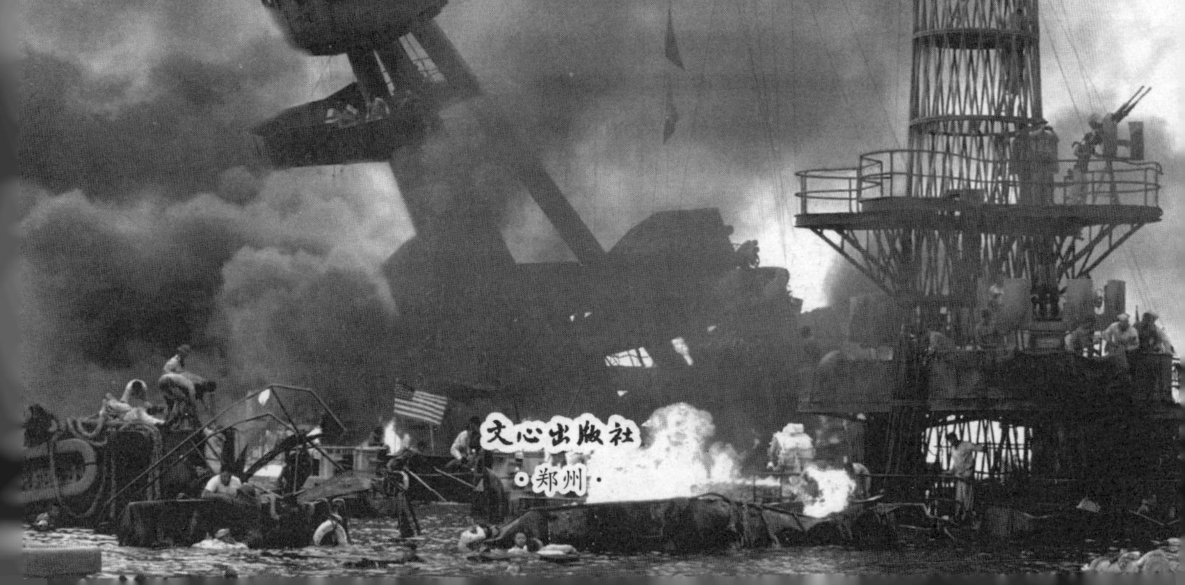

文心出版社
·郑州·

图书在版编目(CIP)数据

世界军力速写：通览当今世界的武装力量 / 顾爽，郭松岩，于玲玲编著. —郑州：文心出版社，2017.1 (2019.1 重印)
(青少年讲武堂 / 崔常发，马保民，荆博，曾祥旭总主编)
ISBN 978-7-5510-0856-3

Ⅰ. ①世… Ⅱ. ①顾… ②郭… ③于… Ⅲ. ①武装力量-世界 Ⅳ. ①E15

中国版本图书馆 CIP 数据核字(2016)第 176804 号

出版社：文心出版社
(地址：郑州市经五路 66 号　邮政编码：450002)
发行单位：河南省新华书店
承印单位：北京博海升彩色印刷有限公司
开本：710 毫米×1010 毫米　1/16
印张：14
字数：308 千字
版次：2017 年 1 月第 1 版　印次：2019 年 1 月第 3 次印刷

书号：ISBN 978-7-5510-0856-3　　　定价：35.00 元

序

200多年前,全世界公认的军事理论权威——若米尼在他的著作中深刻地指出:一个国家即便拥有极好的军事组织,倘若不培养人民的爱国热忱和尚武精神,那么这个国家还是不会强盛的。人类5000年血与火的历史表明,若米尼的这番话可谓至理名言。

中华民族是一个既崇尚与热爱和平又富有爱国传统与尚武精神的民族,自古就有"国家兴亡,匹夫有责""位卑未敢忘忧国"之说,"投笔从戎""马革裹尸"等英雄壮歌更是响彻神州大地。

新中国成立之后,党和国家领导人一直高度重视全民国防教育,尤其重视对青少年进行国防教育。毛泽东同志亲自批准在高等院校学生中开展军事训练,为部队培养预备役军官。邓小平同志多次强调,国防教育要从娃娃抓起,要加强对公民特别是青少年的国防教育。江泽民、胡锦涛同志对青少年的国防教育工作作过一系列重要指示,要求国防教育应当成为对公民进行以爱国主义为主要内容的全社会性的教育活动。习近平同志强调指出,要加强国防教育,增强全民国防观念,使关心国防、热爱国防、建设国防、保卫国防成为全社会的思想共识和自觉行动。

全民国防教育是一项极其重要的战略工程,能够激发人们对国家安全的责任感和使命感,激励人们的爱国之心和报国之志,强化人们的忧患意识和国防观念,增强实现中华民族伟大复兴的凝聚力和向心力。而青少年是国家民族的未来,青少年时期是人们世界观、人生观、价值观形成的关键阶段,对青少年进行国防教育是全民国防教育的基础,是一项利在当代、功在千秋的工作。

为适应国内外发展变化了的新形势和国防教育的新要求,我们组织和邀请了中国人民解放军军事科学院、国防大学、空军指挥学院、南京政治学院、海军大连舰艇学院、总参工程兵学院等单位的一些专家、学者、博士、硕士,针对青少年学习军事知识的需求和特点,在注重科学性与通俗性、知识性与可读性、学术性与趣味性有机统一的基础上,编纂了《青少年讲武堂》这套丛书。

该套丛书共分22册,分别为《经典兵书导读 走出战争迷宫的理性指南》《著名将帅传略 展现军事翘楚的戎马生涯》《战争战役回眸 追寻战争历史的闪亮足迹》《指挥艺术品鉴 开启军事创新的思维天窗》《军事谋略精要 掀开以一敌万的神秘面纱》《军事科技纵横 领略军事变革的先锋潮流》《武器装备大观 把握军事世界的核心元素》《军事后勤评说 探究战争胜败的强力后盾》《国防建设考量 通晓国强家稳的安全屏障》《军事演习巡礼 体验军力提升的重要环节》《兵要地志寻踪 走近军事活动的天然平台》《军事制度一瞥 透视强军之基的内在支撑》《军事约章评介 揭示军势嬗变的影响因素》《军事文化解读 领悟文韬武略的历史积淀》《军事檄文赏析 解读壮气励士的激扬文字》《军事心理探幽 透析军人情志的心路历程》《军队管理漫话 掌握军事行为的调控方略》《军事情报管窥 练就审敌虚实的玄妙功夫》《军事危机处置 感悟化危为机的高超艺术》《军事代号揭秘 知谙诡秘数码的背后深意》《作战方式扫描 解析军事对抗的表现形态》《世界军力速写 通览当今世界的武装力量》。

本丛书在编纂过程中,参考借鉴了一些相关著作和资料,在此对相关人士一并表示衷心的感谢。同时,也真诚地期望广大读者朋友对丛书提出宝贵的意见,以使其更加完善,更好地服务于青少年国防教育,更好地服务于加快推进国防和军队现代化进程,更好地服务于全面建成小康社会。

丛书全体编者

2015年5月

目 录

序 ……………………………………………………………… 1

第一章 欧洲国家军力

阿尔巴尼亚:拥有一支捍卫国家利益的足够力量 ……… 1
爱尔兰:建设能在国内外灵活部署的军事力量 ………… 2
爱沙尼亚:北约小伙伴 …………………………………… 3
奥地利:加强边境控制的防务 …………………………… 4
白俄罗斯:不应被遗忘的军事制造大国 ………………… 6
保加利亚:投入北约的怀抱 ……………………………… 7
比利时:依靠欧洲共同防务 ……………………………… 9
波兰:强化保卫国家的能力 ……………………………… 11
波黑:波斯尼亚雄鹰 ……………………………………… 13
丹麦:童话王国有尚武意识 ……………………………… 14
德国:着眼于承担欧洲和世界和平与安全的责任 ……… 16
俄罗斯:笑傲四方的北极熊 ……………………………… 18
法国:奉行独立的防务和安全政策 ……………………… 25
芬兰:不结盟的北欧军事强国 …………………………… 29
荷兰:依靠北约的小伙伴 ………………………………… 31
黑山:北约怀中的和平伙伴 ……………………………… 32
捷克:新生的职业国防军 ………………………………… 33
克罗地亚:成立晚、战争多的军队 ……………………… 34
拉脱维亚:北约帮助建军 ………………………………… 36
立陶宛:自认无威胁的国防 ……………………………… 37
卢森堡:在北约的庇护下 ………………………………… 39

罗马尼亚:不断推进军队职业化 ………………………………… 40
马耳他:不设国防部 ……………………………………………… 41
马其顿:以军队的古老方阵闻名于世 …………………………… 42
乌克兰:具有雄厚的军工基础 …………………………………… 43
西班牙:打造一支精干高效拥有快速反应能力的部队 ………… 44
希腊:努力克服债务危机的影响 ………………………………… 48
匈牙利:人民军转变为国防军 …………………………………… 50
意大利:加快军事转型 …………………………………………… 51
英国:推行"少而精"的"质量建军" ………………………… 55

第二章 亚洲国家军力

阿富汗:国际安全援助部队大量驻扎 …………………………… 61
阿联酋:外籍军人约占30% ……………………………………… 62
阿曼:军事上与海湾合作委员会成员国相互协调 ……………… 63
阿塞拜疆:特别重视与北约集团的军事合作 …………………… 64
巴基斯坦:建设一支与本国"安全环境"相适应的武装力量 … 65
巴勒斯坦:只拥有准军事部队 …………………………………… 67
中国:不断提高完成多样化军事任务的能力 …………………… 68
朝鲜:以"主体思想"和"先军政治"为指导 ………………… 74
菲律宾:半数以上舰艇和陆战队部署在西部海区 ……………… 76
格鲁吉亚:奉行"量少质精"的建军原则 ……………………… 77
韩国:建设"精锐的现代化强军力量" ………………………… 78
吉尔吉斯斯坦:根据自卫和纯粹防御的原则建设军队 ………… 80
柬埔寨:富有实战经验的军队 …………………………………… 81
卡塔尔:一支装备比较精良的小型军队 ………………………… 82
科威特:美军在海湾地区最大的陆军基地 ……………………… 83
老挝:对外军事合作步伐日益扩大 ……………………………… 85
黎巴嫩:时刻准备反击以色列的侵略 …………………………… 86
马来西亚:武装部队主要驻守在边界地区 ……………………… 87

蒙古：一改对国际事务默默无声的常态 …………………………… 89
孟加拉国：积极谋求提高国防现代化水平 ……………………… 90
缅甸：注重并加速与美日的军事合作 …………………………… 91
尼泊尔：近年来尼中两军关系发展很快 ………………………… 93
日本：进一步加快军事扩张步伐 ………………………………… 94
沙特阿拉伯：军事装备海湾地区质量第一 ……………………… 97
斯里兰卡：近年来十分注重现代化建设 ………………………… 99
塔吉克斯坦：重点加快边防部队建设步伐 ……………………… 100
泰国：推进三军现代化进程 ……………………………………… 101
土耳其：北约组织的一支重要军事力量 ………………………… 102
土库曼斯坦：奉行中立性军事学说 ……………………………… 105
文莱：与英、美、新、马签订防御协议 ………………………… 106
乌兹别克斯坦：真正实现军队职业化 …………………………… 107
新加坡：坚持"毒虾""鱼群""大鱼"三原则 ………………… 108
叙利亚：达到和保持与以色列的"战略均衡" ………………… 109
伊拉克：新军以打击非法武装和恐怖袭击活动为主要任务 …… 111
伊朗：大力加强军队正规化、一体化建设 ……………………… 112
以色列：积极进攻战略悄然发生变化 …………………………… 113
印度：梦想控制印度洋的军事强国 ……………………………… 115
印度尼西亚："逐岛防御"的国防军 …………………………… 121
约旦：笃信真主之师 ……………………………………………… 122
越南：全民建国防 ………………………………………………… 124

第三章 非洲国家军力

阿尔及利亚：北非的劲旅 ………………………………………… 127
埃及：国家权力的主角 …………………………………………… 128
埃塞俄比亚：不断缩减军队规模 ………………………………… 131
安哥拉：油气支撑军力重建 ……………………………………… 132
贝宁：实行军队"非政治化" …………………………………… 133

博茨瓦纳:领土防御与维稳保安的双重职能 …………… 134
布基纳法索:务实建军 …………………………………… 135
布隆迪:部族冲突消耗了国防资源 ……………………… 136
赤道几内亚:装备不足且陈旧落后的军队 ……………… 137
多哥:陆海空三军俱全的武装力量 ……………………… 138
厄立特里亚:大规模的裁军 ……………………………… 139
佛得角:各大洲的十字路口 ……………………………… 140
冈比亚:军人担当警察角色 ……………………………… 141
刚果(布):面临国内反叛武装的压力 …………………… 141
刚果(金):新组建的武装力量 …………………………… 143
吉布提:法国的军事基地 ………………………………… 144
几内亚:不发达国家的军队 ……………………………… 145
几内亚比绍:军方难成维稳靠山 ………………………… 146
加纳:小国的维和大贡献 ………………………………… 147
加蓬:从殖民军中不断完善发展 ………………………… 149
津巴布韦:专注自身防卫 ………………………………… 151
喀麦隆:垂直领导增效率 ………………………………… 152
科特迪瓦:法国提供装备建国防 ………………………… 153
肯尼亚:注重院校培养军官 ……………………………… 155
莱索托:内陆山国小军队 ………………………………… 156
利比里亚:具有象征意义的武装部队 …………………… 156
卢旺达:受困于部族冲突 ………………………………… 158
马达加斯加:岛国注重陆军 ……………………………… 158
马拉维:英法帮助建军 …………………………………… 159
马里:法国外籍军团为建军骨干 ………………………… 160
毛里塔尼亚:法军曾为指挥官 …………………………… 161
摩洛哥:地中海入大西洋的门户 ………………………… 162
莫桑比克:在内战创伤中重建 …………………………… 164
纳米比亚:独立建军启新篇 ……………………………… 165
南非:非洲装备精良之军 ………………………………… 166

乌干达：有剿匪任务的国防军 …… 167
赞比亚：武器装备多国造 …… 168
乍得：法国出资建军 …… 169
中非：多次发生兵变 …… 170

第四章 美洲国家军力

阿根廷：受挫于马岛战争 …… 172
巴拉圭：曾经的军事强国 …… 174
巴拿马：连接两洋却无国防军 …… 175
巴西：南美头等军事强国 …… 175
秘鲁：军事政变频繁的国度 …… 177
玻利维亚：内陆国家有海军 …… 178
伯利兹：从英军手中接过的防务 …… 180
多米尼加：非军事任务占主流 …… 180
厄瓜多尔：军人当政有历史 …… 181
哥伦比亚：国内安全任务重 …… 182
古巴：搏击在加勒比海风雨中 …… 184
圭亚那："多水之乡"防卫军 …… 185
海地：警察撑起防务 …… 186
洪都拉斯：足球战争当事方 …… 186
加拿大：背靠大树好乘凉 …… 187
美国：世界超级军事大国 …… 189
墨西哥：无对外作战任务的军队 …… 197
尼加拉瓜：脱胎于游击队的国防军 …… 198
萨尔瓦多：以足球战争闻名于世 …… 199
特立尼达和多巴哥：西印度群岛的一颗明珠 …… 200
苏里南：陆军辖三军 …… 200
危地马拉：能左右政局的军方 …… 201
委内瑞拉：拉美军事强国 …… 202
乌拉圭："南美瑞士" …… 204

牙买加:出身于英国陆军西印度步兵团 …………………………… 206
智利:全面克隆二战德军军装的军队 …………………………… 206

第五章　大洋洲国家军力

澳大利亚:志在"主要作战环境"中实施作战 ………………… 209
巴布亚新几内亚:多重任务的国防军 …………………………… 211
斐济:积极参与国际维和 ………………………………………… 211
新西兰:专注"同心圆" …………………………………………… 212

第一章 欧洲国家军力

阿尔巴尼亚：拥有一支捍卫国家利益的足够力量

国名 阿尔巴尼亚共和国。

主要统计 面积2.8748万平方公里。人口316.9万(2010年)。国内生产总值127亿美元(2012年)。国防预算2.05亿美元(2011年)。公路总长1.8万公里。铁路总长447公里。2009年铁路客运量为64.5万人次，铁路货运量为4600万吨公里。有4个海港。位于首都地拉那的"里纳斯–特蕾莎修女"机场是其唯一的民用机场，有33条国际航线。2010年进出境旅客人数达153.7万人。

国防体制 宪法规定，总统为武装力量最高统帅，最高国防决策机构为国防委员会，由总统任主席。国防部全面负责军队工作，总参谋部是隶属国防部的顾问机构。武装力量由正规军和准军事部队组成。正规军分为陆、海、空三个军种。总统通过国防部对全国武装力量实施领导和指挥。

国防政策 拥有一支捍卫国家利益所需的足够力量，重点防御来自北方的威胁。

武装力量 现役部队约1.43万人，准军事部队500人。

联合部队司令部8150人。地面组成部队编为1个快速反应旅，1个别动团，1个炮兵营，1个支援旅，1个通信营，1个后勤营。主战坦克3辆，装甲输送车6辆，牵引炮151毫米6门，迫击炮82毫米81门，防空炮37毫米42门。海上组成部队编为1个旅，下辖2个分舰队。海岸巡逻艇3艘，扫雷艇1艘，后勤支援艇1艘。有2个岸上基地。空中组成部队编有6个基地，运输直升机16架。

支援司令部4300人。编有1座医院，1个宪兵营，1个后勤旅。

训练与条令司令部1000人。下辖国防学院，军事大学，士官学院，基础训练旅，综合部队学校,防务分析中心和训练支援中心。

兵役制度 实行义务和志愿相结合的兵役制度。

驻外兵力 驻阿富汗北约国际安全援助部队250人(编为1个步兵连),波黑欧盟部队13人,塞尔维亚北约科索沃部队3人。

爱尔兰:建设能在国内外灵活部署的军事力量

国名 爱尔兰共和国。

主要统计 面积70282平方公里。人口458.9万(2010年)。国内生产总值2104亿美元(2012年)。国防预算13.5亿美元(2011年)。总发电量272.8亿千瓦时(2010年)。天然气产量39200万立方米(2009年),已探明储量99.11亿立方米(2010年)。天然气管道1888公里。铁路总长3237公里。公路总长96036公里。航道总长986公里。共有民用机场39个(2010年)。

国防体制 宪法规定,总统为武装力量最高统帅。总统通过国防部和国防军司令部对部队实施领导和作战指挥。政府下设国防委员会,由国防部长、国防部秘书长、国防军总参谋长、国防军作战与支援副总参谋长5人组成,国防部长任主席。国防部为内阁一个部,由任部长,是武装部队最高领导机关,负责制定国防预算、发展规划与军工生产计划,并负责与地方部门的关系协调,战时负责征集军用物资、动员兵员。国防部秘书长为国防部"主要官员",是国防部长主要的政策顾问,同时总负责国家的国防开支。武装部队分陆、海、空三个军种,分属三个军种司令部领导。

国防政策 建设能在国内外灵活部署的、可持续的军事力量,爱尔兰坚持军事中立但支持联合国维和行动,继续支持欧盟安全与国防政策,并维持与北约良好关系。

武装力量 兵力现役部队约10460人。

陆军8500人。主要包括第1南部步兵旅(驻科克)、第2东部步兵旅(驻都柏林)、第4西部步兵旅(驻阿斯隆)、国防军训练中心、科拉克后勤基地、陆军突击大队及其他一些作战和后勤单位。坦克14辆,主要为"蝎子"轻型坦克。各类装甲车共119辆,主要有AML-90型19辆、AML-20型18辆、"皮兰哈"IIIH型15辆、"皮兰哈"III型65辆、"西苏"XA-180型2辆。此炮495门,主要有105毫米1118轻型火炮24门、81毫米火炮400门、120毫米迫击炮71门。反坦克武器主要有84毫米"卡尔·古斯培夫"后坐力炮444门、"米兰"反坦克导弹21枚、"标枪"反坦克导弹36枚。RBS-70地对空导弹7枚。40毫米L/70高炮32门(每门配有8部"捕手"红外雷达)。

海军1110人。海军总部辖海军作战司令部、海军支援司令部和海军学院。

海军作战司令部编制各类舰艇8艘,分别为"文斯纳"级直升机巡逻舰1艘、"伊玛"级近海巡逻舰3艘、"奥尔拉"级海岸巡逻舰2艘、"罗辛"级近海巡逻舰2艘。

空军850人。下辖2个作战联队、2个支援联队、通讯与信息中队、空军学院6个单位。

运输机9架,CN-235MPA型海上巡逻机2架,"塞斯纳"FR-I72H型5架,"湾流"GIV型1架,"利尔"喷气运输机1架,"超级空王"比奇200型1架。教练机8架,型号为PC-9M。

预备役部队14875人。包括陆军14500人,海军300人,空军75人。

兵役制度 实行志愿兵役制。17~25岁男性或者女性(海军要求17~27岁)均可参加国防军,参加预备役国防军的年龄范围为17~35岁。最长服役不得超过12年(国防军5年,预备役国防军7年)。

驻外兵力 阿富汗北约国际安全援助部队7人,波黑46人(欧盟部队43人,欧洲安全与合作组织3人),乍得(联合国中非共和国和乍得特派团)10人,联合国科特迪瓦行动2人(联合国军事观察员),联合国驻刚果(金)稳定特派团3人(联合国军事观察员),联合国中东停战监督组织12人(联合国军事观察员),塞尔维亚29人(驻科索沃国际维和部队22人,塞尔维亚欧洲安全与合作组织2人,科索沃欧洲安全与合作组织5人),欧盟乌干达训练使团5人,联合国西撒哈拉全民投票特派团3人(联合国军事观察员)。

爱沙尼亚:北约小伙伴

国名 爱沙尼亚共和国。

主要统计 面积45227平方公里。人口133.9万(2010年)。国内生产总值218亿美元(2012年)。国防预算3.36亿美元(2011年)。

国防体制 总统为武装力量最高统帅。国防委员会是总统国防事务的最高咨询机构,成员包括议会主席、总理、国防部长、国防军司令(战时的国防军总司令)、内务部长、外交部长和议会国防委员会主席。总统通过国防部和国防军司令部对武装力量实施领导和作战指挥。

国防政策 把与北约的合作作为重点,同时保持与北欧各国及波罗的海三国的传统合作关系,并努力缓和与俄罗斯的关系。

武装力量 现役部队约5400人。

陆军4800人。编有4个防区。侦察营以外的所有单位以预备役形式集结。编有1个侦察营、1个步兵旅(下辖2个步兵营即卡列夫步兵营、侦察营和1个作战保障营)、3个独立步兵营、1个火炮营、1个装甲营、1个工兵营和1个后勤保障营。

海军400人(包括2个排建制预备役单位)。

巡逻和近海舰艇1艘、猎雷舰4艘,其中遥控反水雷舰1艘("塔苏加"号)、沿岸猎雷艇3艘("考恩海军上将"号)、护卫舰1艘("皮特卡海军上将"号,配有1门76毫米火炮)。基地设置在塔林。

空军250人。飞行时间每年120小时。编有1个运输中队。

安-2型"小马"运输机2架,1个直升机中队,装备R44型"渡鸦"式机4架。设有一个飞行基地。

国防联盟部队12000人,分15个战区。

装甲运输车88辆。其中"曼巴"7辆、"西苏"XA-180型60辆、BTR-80型21辆。火炮334门,其中牵引炮104门,这其中105毫米H61-37型38门、122毫米D30(H63)型42门、155毫米FH-70型24门;中程火炮230门,其中81毫米51门,这其中B455型号41门、NM95型号10门;其中120毫米179门。反坦克导弹"米兰"式火箭发射器160枚,其中106毫米30M-40AL型号30枚、90毫米PV-1110型号130枚。

预备役部队边境巡逻队隶属于内务部。空中支持由爱沙尼亚边境巡逻队飞行部队支持。

巡逻机20架,其中巡逻轰炸机9架(1架"玛鲁"型、8架其他型号),巡逻战斗机11架。还有水陆两用飞机2架、后勤地面部队1架"凤仙花"号、L-410型运输机2架、AW-139型运输直升机3架。

兵役制度 实行义务兵役制。服役期一般为8个月,军官和某些专业人员为11个月。

驻外兵力 驻阿富汗北约国际安全援助部队人员136人,包括1个机械化步兵连,配有XA-180型"西苏"式火炮14门。驻波黑2人(欧盟维和部队)。驻伊拉克2人。驻中东联合国停战监督组织1人。驻摩尔多瓦欧洲安全合作组织2人。驻北海北约快速反应部队反水雷舰艇1艘。驻塞尔维亚北约科索沃维和部队1人。

奥地利:加强边境控制的防务

国名 奥地利共和国。

主要统计 面积83871平方公里。人口838.7万(2010年)。国内生产总值约合

3986亿美元(2012年)。国防预算34.4亿美元(2011年)。

国防体制 1955年9月,奥地利颁布国防法,创建联邦军。总统为武装力量最高统帅。国家安全委员会为最高安全决策机构,是联邦政府在外交、安全和国防事务上的总咨询机构,由联邦总理、副总理、外交部长、国防部长、内政部长、司法部长和议会各议会党团代表等17名有表决权的正式成员组成,联邦总理任主席,联邦军事总参谋长列席。国防部为最高军事指挥机关,平时由联邦政府授权国防部长对联邦军行使指挥权。总参谋长是国防部长的最高军事顾问,代表国防部长对奥军境内外行动实施指挥。联合部队司令部是战略级的指挥机构,统一指挥地面和空中部队。

国防政策 防务思想从区域防御转向主要在边境地区实施机动防御,并将分散的兵力部署调整为相对集中部署,后勤补给的配置也做了相应调整,重点是加强边境控制,保障边境安全。

武装力量 现役部队约2.59万人,文职人员0.94万人,预备役部队1.95万人。现役部队分别编入联合部队司令部、联合指挥支援司令部和联合任务支援司令部。

陆军1.28万人,编有2个机械化步兵旅、2个步兵旅、1个独立军区(旅级)、8个州军区(旅级)。

主战坦克:"豹"2A4型114辆。轻型坦克:105型32辆(另储存至少87辆)。装甲步兵战斗车:"乌兰"型112辆。装甲输送车282辆:"绍雷尔"4K4E/F型176辆(储存148辆),"丁格"II型35辆,"潘杜尔"型71辆。火炮352门。自行火炮:155毫米MI09型自行榴弹炮152门。迫击炮:120毫米M-43型200门。

空军0.29万人,编有2个航空旅、空中支援司令部和空天监视司令部。

飞机37架(具备作战能力)。战斗机:"台风"T1欧洲战斗机15架。运输机11架:C-130K"大力神"运输机3架,PC-6B轻型运输机8架。教练机34架:PC-7型12架、"萨伯"105型22架。直升机:SA-319"云雀"Ⅲ型直升机24架,OH-58B"基奥瓦"侦察直升机11架,运输直升机32架(S-70A"黑鹰"9架,"贝尔-212"23架)。防空导弹系统"西北风"型36套。高炮:35毫米Z-FlAK型53门。

支援部队1.02万人。支援部队包括联合军种支援部队和部分科研院所、大学和学院。科研院所包括情报、安全、国防科技、医疗和人事等部门,大学主要包括训练部门,学院则包括国防学院和士官学院。

兵役制度 实行终身兵役制。服役期为6个月。

驻外兵力 驻阿富汗维和部队3人,驻波黑北约稳定部队305人,驻塞浦路斯联合国维和部队4人,驻中东联合国停战监督组织军事观察员7人,驻尼泊尔联合国特派团 2 人，驻塞尔维亚北约多国部队 437 人，驻塞尔维亚欧安组织观察员 1 人，驻科索沃欧安组织观察员 13 人，驻叙利亚/以色列联合国脱离接触部队 378 人，驻西撒哈拉军事观察员 2 人。

白俄罗斯：不应被遗忘的军事制造大国

国名 白俄罗斯共和国。

主要统计 面积 20.76 万平方公里。人口 959 万（2010 年）。国内生产总值约合 633 亿美元（2012 年）。国防预算约合 7.2 亿美元（2011 年）。石油初级加工 2163 万吨（2009 年）。钢产量 250 万吨（2010 年）。水泥产量 435.0 万吨（2009 年）。发电量 30.4 亿度（2009 年）。农业产值 26.54 万亿卢布，约合 93.51 亿美元（2009 年）。铁路总长 5600 公里，其中 894 公里为电气化铁路。公路总长 6.6 万公里。石油运输管道 2936 公里，天然气运输管道 6301 公里，石油产品运输管道 1265 公里。客运总量 215.04 亿人公里，其中铁路客运量 81.88 亿人公里，公路客运量 81.04 亿人公里，内河客运量约 300 万人公里，航空客运量 12.8 亿人公里（2009 年）。

国防体制 宪法规定，总统为武装力量最高统帅。最高国防决策机构为最高国防委员会，总统任主席，总理任副主席，其他成员有主管工业和贸易的国务部长、国防部长、内务部长、外交部长、情报局局长、国务秘书兼总参谋长等。国防部为政府最高军事行政机构。武装力量由正规军和准军事部队组成。正规军分为陆军和空军两个军种。总参谋部为最高军事指挥机构，总统通过国防部和总参谋部对全国武装力量实施领导和指挥。

国防政策 1992 年 12 月 6 日，白俄罗斯通过了独立后的第一部《军事学说》。2001 年 10 月，白俄罗斯对《军事学说》进行修订并在此基础上通过了第二部《军事学说》。根据新《军事学说》，白俄罗斯奉行防御性国防政策，不把世界上任何一个国家视为潜在敌人。白俄罗斯军事安全保障的主要目标是防止针对白俄罗斯的军事威胁，将其控制在局部范围内并最终予以消除。新《军事学说》规定，白俄罗斯不参加其他国家间的军事冲突，仅在自身遭到侵略或武装入侵并在所有遏制手段均告无效时，才使用军事力量。保障国家军事安全的任务将由武装力量协同列入国家军事组织的其他军队和军事单位共同完成。在强调通过政治、军事手段维护本国军事安全的同时，白俄罗斯决定在俄白联盟国家框架内组建地区集体安全体系，旨在完成共同的防御任务。其致力于取得无核地位，主张稳定地裁减常规军备并进行双边、多边裁军对话，以多边或双边国际条约和协议为基础与其他国家合作。

武装力量 现役部队约7.3万人(包括国防部及其直属部队2.517万人)。

陆军2.96万人。国防部直属部队编有1个特种旅,2个地地导弹旅,1个通信兵旅。地面部队编有1个炮兵集群(5个旅),1个工兵旅,1个工兵舟桥旅,1个快速机动旅,1个装甲步兵旅,1个火箭炮旅,1个核生化团。西北行动司令部编有3个独立机械化旅,1个炮兵旅,1个地空导弹旅,1个火箭炮团,1个工兵团。西部行动司令部编有3个独立机械化旅,1个炮兵旅,1个地空导弹旅,1个火箭炮团,1个工程兵团。

主战坦克515辆。步兵战车1078辆。装甲输送车280辆。各型火炮1003门,反坦克导弹发射架:"拱肩"9P148型126门、"突击"9P149型110门,AT-4、AT-5、AT-6、AT-7型若干门。防空导弹发射架:SA-8、SA-11、SA-128、SA-13型共350门。陆基雷达:GS-13、SNAR-1、SNAR-2、SNAR-10型若干部。战役战术导弹:"圣甲火"55-21型36门、"飞毛腿"60门。

空军1.817万人,2个战斗机基地,1个运输机中队,4个攻击战斗/侦察机中队,若干个教练机中队、武装直升机中队与运输直升机中队。作战飞机133架,运输机15架,教练机"信天翁"型若干架。直升机363架。空空导弹:AA-7、AA-8、AA-10、AA-11型若干枚,空地导弹发射架:AS-10、AS-7、AS-14型若干个。

防空部队约1万人。1个防空旅(辖2个防空营)SA-3/-5/-10型地空导弹发射架若干个。

准军事部队11万人,其中民兵部队1.2万人,边防部队1.1万人,民兵8.7万人。预备役部队28.95万人。

兵役制度 实行普遍义务兵役制和合同兵役制相结合的兵役制度,士兵服役期9~12个月。

驻外兵力 驻波黑欧安组织观察员1人。驻塞尔维亚科索沃欧安组织观察员2人。

外国驻军 俄罗斯空军4个地空导弹单位。

军队节日 每年2月23日(原苏军建军节)为白俄罗斯祖国保卫和武装力量日(即建军节)。

保加利亚:投入北约的怀抱

国名 保加利亚共和国。

主要统计 面积11.1万平方公里。人口749.7万(2010年)。国内生产总值约合510亿美元,人均国内生产总值6227美元(2010年)。国防预算9亿列弗,约合

6.98亿美元(2011年)。原煤产量2690万吨(2009年)。发电量431.4亿度(2007年)。农业产值40.01亿列弗(2008年)。以铁路、公路和海运为主。铁路总长5923公里(2008年)。公路总长35.41万公里(2008年)。客运总量为216.18亿人公里(2008年),货运总量947.85亿吨公里(2008年)。其中陆路客运量160.74亿人公里、货运量206.88亿吨公里(2008年)。海运能力,载重100吨以上商船203艘(2008年),有3个主要港口,水路货运量740.94亿吨公里(2008年)。民航能力,固定航班机场3个,客运量20.3亿人公里,货运量3000万吨公里。

国防体制 宪法规定,总统为武装力量最高统帅。最高国防决策机构是国家安全协商委员会,成员包括总统、总理和相关部长,总统任主席。国防部为最高军事行政领导机构,负责对军队的政治领导和监督。总参谋部为最高军事指挥机关,负责军队的作战、训练和管理。武装力量由正规军和准军事部队组成。

正规军分陆、海、空三个军种。总统通过国防部和总参谋部对军队实施领导和指挥。

国防政策 认为加强与北约的军事关系有助于保加利亚军队实现现代化。

武装力量 现役部队约3.13万人。

陆军1.63万人。编有1个装甲侦察团、2个机械化步兵旅、1个轻装步兵旅、1个特种作战旅、1个炮兵团、1个工程团、1个核生化团。

主战坦克:T-72型301辆。装甲步兵战车160辆。装甲运输车1084辆。自行火炮738门。牵引炮152门。火箭炮122毫米BM-21型124门。迫击炮:120毫米2S11型自行炮215门。反坦克武器260具,反坦克炮126门。导弹"壁虎"SA-8(9K33)型地空导弹24枚、"圣杯"SA-7(9K32)割地空导弹若干枚。高炮100毫米K5-19型牵引式、57毫米5-60型牵引式、23毫米ZSU-23-4型自行炮、ZU-23型牵引炮共400门。雷达,CS-13型、"长槽"5NAR-1型、"大弗雷德"5NAR-10型、"肉槽"SNAR-2/SNAR-6型、"小弗雷德"/"小口"式雷达若干个。

海军3471人。设北方司令部和南方司令部,基地位于布尔加斯港、瓦尔纳。

潜艇:"光荣"级1艘。护卫舰4艘,其中"德拉兹基"级3艘、"斯梅里"级1艘。巡逻艇:6艘,其中"毒蜘蛛"11级导弹快艇1艘、"包克"级2艘、"黄蜂"Ⅰ/Ⅱ型导弹攻击艇3艘。排雷舰(艇),9艘,其中海岸猎雷艇1艘、"索尼亚"级扫雷艇3艘、"万尼亚"级扫雷艇2艘、低于100吨位的"奥丽亚"级近岸猎雷艇3艘。两栖舰(艇):2艘,其中"波尔诺什尼A"级小型登陆舰1艘(包括主战坦克6辆,军队180人)、通用登陆艇1艘。后勤支援舰船17艘,其中小型补给油船1艘、小型油船2艘、救助船1艘、救援拖船2艘、勘测船3艘、其他船只8艘。

海军航空兵装备"烟雾"米14型直升机6架,将被6架"黑豹"AS-565MB型直升机取代。

空军6706人。编有1个战术航空军、1个防空军。在格拉夫格纳蒂驻有侦察空军基地(辖2个中队),在贝兹默驻有攻击战斗机空军基地(辖2个中队),在索非亚驻有运输机空军基地(辖1个中队),在克鲁莫佛驻有直升机空军基地(辖2个中队),在多尔纳来尔洛波里亚驻有教练机空军基地。

强击机62架,搜索机"叮当"安–30型1架。运输机16架,教练机112架。直升机47架。小鹰–25型远程无人侦察机若干架,空地导弹:"轰鸣"SA–10(S–300)型导弹、"盖德莱"SA–2(S–75)型导弹、"果阿"SA–3(S–125)型导弹、"甘蒙"SA–5(S–200)型导弹若干枚。空空导弹:"环礁"AA–2(R–3)型、"射手"AA–11(R–73)型、"杨树"AA–10(R–27R)型若干枚。空舰导弹:"小锚"AS–14(Kh–29)型、"克里牛"AS–7(Kh–23)型、"克伦人"AS–10(Kh–25)型若干枚。

预备役部队30.3万人,其中陆军25.05万人、海军7500人、空军4.5万人。

准军事部队3.4万人,其中内务部边防部队1.2万人(辖12个团,装各海岸巡逻艇20艘)、安保警察4000人、铁道工程部队1.8万人。

兵役制度 实行义务兵役制,士兵服役期9个月。

驻外兵力 驻阿富汗北约国际安全援助部队516人,编1个机械化步兵连。驻亚美尼亚/阿塞拜疆欧洲安全与合作组织明斯克会议观察员1人。驻波黑参加欧洲"木槿花"行动计划120人。驻伊拉克北约驻伊拉克训练团2人。驻利比里亚联合国利比里亚特派团军事观察员2人。驻摩尔多瓦共和国欧洲安全与合作组织观察员1人。驻塞尔维亚参加北约科索沃国际维和部队3人。

军队节日 建军节:5月6日。

比利时:依靠欧洲共同防务

国名 比利时王国。

主要统计 陆地面积30528平方公里,领海及专属经济区3462平方公里。人口1069.7588万(2010年)。国内生产总值4847亿美元(2012年)。年经济增长率1.8%(2010年)。国防预算53.8亿美元(2011年)。煤蕴藏量为37亿吨,其中有开采价值的有18亿吨。核电站7座,占总发电量的65%。森林与绿地面积6070平方公里。主要工业部门有钢铁、机械、有色金属、化工、纺织、玻璃、煤炭等行业。农业用地面积为138.5万公顷。公路总长15.2万公里,其中高速公路1763公里。铁路总长3374公里。内河航道总长1559.5公里,货运吞吐量1.99亿吨。空中运输网络联系49个国家,74个城市,布鲁塞尔国际机场经停63家外航班机。

国防体制 宪法规定，国王为武装力量最高统帅。和平时期，国王授权国防大臣领导全国武装力量。内阁防务委员会是最高军事决策机构，同时也是国王的最高防务咨询机构，成员包括首相、国防大臣、外交大臣、内务大臣等，由首相任主席。"国内防务问题委员会"是协调内阁各部防务事务的机构，由军人、外交官和公职人员专家组成，直接对首相负责，为内阁防务委员会会议做准备工作，战时改名为"防务技术秘书处"，协助内阁对防务问题做出决策。国防部是政府的一个部，是武装力量最高领导机构。国防大臣在首相的领导下，负责制定和执行防务政策，领导国防和军队建设。2002年撤销总参谋部，在国防部下设国防参谋部作为最高军事指挥机构。下辖陆军参谋部、海军参谋部、空军参谋部和卫生兵参谋部。武装力量由正规军和准军事部队组成。正规军分陆、海、空军和卫生兵4个军种。国王通过国防部和国防参谋部对全国武装力量实施领导和指挥。

国防政策 主张欧洲国家将所有资源融合起来，建设"务实的、摒除文字游戏的欧洲共同防务"。

武装力量 现役部队约3.79万人。

陆军约1.36万人。编有2个旅司令部（第1旅和第7旅），下辖4个机械化营、1个特种作战大队、1个突击队营、2个伞降营、2个炮兵营、12枚"西北风"地空导弹防空力量、2个工兵营、3个后勤营、1个信息战大队、5个信号通联小组、1个军火爆炸处置小组、1个军事警察连（1个排部署于欧洲军团）。主战坦克："豹"1A5型40辆。装甲步兵战斗车37辆，其中水虎鱼Ⅲ-CDF30型12辆、水虎鱼Ⅲ-CDF90型9辆、B-C25（25毫米）16辆。装甲输送车340辆，其中装甲输送车（T）A1FV-B型70辆、装甲运输车（W）270辆。火炮：46门，其中105毫米牵引火炮8门、迫击炮38门（81毫米6门、120毫米32门）。18枚"西北风"地空导弹。

海军现役兵力1590人。水面作战舰艇2艘。巡逻与近海战斗舰1艘。扫雷舰5艘。后勤和技术支援舰9艘。海军基地位于泽布勒赫。海军航空兵直升机3架（"云雀"Ⅲ型SA-316B直升机，其中部分属于空军），8架NH-90直升机于2011年中期交付。

空军6814人。编有2个战术空军联队（包含4个攻击机中队）、1个搜索与救援中队、1个教练机联队、1个运输机联队、1个直升机联队、1个无人机侦察中队。作战标准：战斗机每年飞行165小时，运输机每年飞行500小时，直升机每年飞行300小时，教练机每年飞行200小时。各型战斗机共88架。各型直升机34架。各型无人侦察机13架。导弹主要包括中程空空导弹和超视距空空导弹。炸弹主要包括MK84、MK82型常规炸弹，GBU-3IJDAM型全球定位系统与惯性导航系统制导炸弹，GBU-10、GBU-12"铺路者"Ⅱ、GBU-24"铺路者"Ⅲ型激光制导炸弹。共5个空军基地。

预备役部队 1600 人。

兵役制度 1996 年 3 月 1 日取消义务兵役制,现实行志愿兵役制。志愿兵服役期为:驻国内部队服役期为 12 个月,驻防国外部队服役期为 10 个月。志愿兵服役期满后可继续延长服役期。

驻外兵力 驻阿富汗北约国际安全援助部队 491 人,F-16"战隼"战斗机 6 架。驻波黑欧安组织观察员 1 人。驻刚果(金)联合国特派团 22 人,C-130 运输机 1 架。驻法国北约空军部队 28 架"阿尔法"喷气式飞机。驻黎巴嫩联合国部队 160 人和 1 个工兵连。驻中东联合国停战监督组织 2 人。驻北海北约组织扫雷舰 1 艘。驻塞尔维亚科索沃欧安组织观察员 1 人。驻苏丹军事观察员 4 人。驻乌干达 5 人。外国驻军北大西洋公约组织总部(驻布鲁塞尔)、北约欧洲盟军最高司令部(驻蒙斯市)、西欧联盟军事计划小组。美国、欧洲司令部驻军 1261 人。

波兰:强化保卫国家的能力

国名 波兰共和国。

主要统计 面积 31.2685 万平方公里。人口 3804 万(2010 年)。国内生产总值 1.4 万亿兹罗提,约合 4877 亿美元(2010 年)。国防预算 252 亿兹罗提,约合 83.8 亿美元(2011 年)。钢产量 800 万吨(2010 年)。煤产量 1.35 亿吨(2009 年)。发电量 1560 亿度(2008 年)。农业总产值 828.46 亿兹罗提,约合 343.87 亿美元(2008 年)。铁路总长 2.02 万公里(2008 年)。公路总长 26.1 万公里(2008 年)。海运能力,货船 123 艘、总载重量 261.4 万吨,货运量 1044.7 万吨,客运量 69.3 万人次(2008 年)。海运商港 6 个,货物吞吐量 6004.9 万吨(2008 年)。民航能力,固定航班机场 8 处,客运量 546.3 万人次,货运量 4.7 万吨(2008 年)。

国防体制 宪法规定,总统为武装力量最高统帅。最高国防决策机构为国防委员会,由总统任主席,设若干副主席,总理任第一副主席,内务部长任国内安全事务副主席,财政部长任经济事务副主席,国防部长任武装力量及国防战略规划事务副主席。成员还包括:议会两院议长、外交部长、运输和海洋经济部长、总统办公厅主任、国务部长、国防部常务副部长、总参谋长、内务部第一副部长和民防司令(兼任国防委员会秘书)。国防部是最高军事行政机关,设军事委员会和政治协商委员会。国防部长任军事委员会主席,成员包括各总部及军、兵种负责人。政治协商委员会是国防部的咨询机构。国防部负责制定并实施国防和军事建设计划,完善军队体制,领导军队训练与教育,保障武装力量的技术和物资供应,确定职业军官的服役原则,制定武装力量科研工作计划,参与民防建设的规划和实施。武装力量由正规军和准军事部队组成。正规军分陆军、海军、空军防空军三个军种。总参谋部为最高军事指挥机构,主要负责军队的作战、训练和管理等。总统通过国防部和总参谋部对全国武装力量实施领导和指挥。

国防政策 波兰武装部队建设战略的目的在于强化军队保卫国家的能力,并在可能的情况下完成由北约制定的、涉及波兰本国领土安全的行动计划。

武装力量 现役部队约10万人。

陆军4.7万人。编成沿海和西里西亚2个军区,1个北约东北多国军团司令部,1个机械化军团司令部、3个摩步师、1个装甲师、2个航空骑兵旅、2个空降突击旅、2个炮兵旅、2个工兵旅、3个侦察团、1个工兵团、2个航空计算机团、1个化工团、1个化工营。主战坦克946辆。装甲侦察车BRDM-2型376辆。步兵战车1536辆。火炮1136门。迫击炮237门。反坦克导弹327枚。高炮2441门,23毫米ZSU-23-4型牵引式炮36门、23毫米ZSU-23-2型牵引炮404门、自行高炮1门。地空导弹971枚,搭载有"霹雳"系统的"波普拉德"自行导弹80枚、"黄蜂"AK型地空导弹64枚、"圣杯"SA-7(9K32)型便携式导弹246枚、"霹雳"导弹336枚。雷达:"大弗雷德"SNAR-10型若干部。直升机181架,"雄鹿D"米-24D型战斗直升机31架、"甲兵"米-2URP战斗直升机22架、"河马"米-17T支援机13架、PZLW-3A/W-3W型37架、"河马"米-8T支援机/米-8U中型教练机17架、"甲兵"米-2辅助直升机24架。

海军8000人。编成1个海军舰队、1个海军航空兵旅和1个海军陆战团。主要基地:科沃布热格、格丁尼亚、希维诺乌伊希切、海尔半岛、格丁尼亚岛。潜艇:"猎鹰"(207型)级4艘、"鹰"级1艘。护卫舰:"佩里"级2艘。轻型护卫舰:"卡祖布"级1艘、"塔朗特"级2艘、"奥坎"级3艘、扫布雷舰20艘。两栖舰:8艘。支援和其他舰艇:33艘。海军航空兵1300人。编有2个反潜/侦察机中队、1个运输机中队。直升机:安-28BIR型8架、安-28E型2架、安28TD型轻型运输机2架。反潜机:米14PL型8架、"超级海妖"SH-2G型4架、"河马"H米-17型2架。搜索机:米-14PS型2架、W-3RM型7架、W-3T型中型运输机3架、米-2型轻型运输机2架。

空军1.75万人。编成2个军(北方面军和南方面军),下辖2个运输旋翼机中队、3个对地攻击战斗机中队、3个侦察机中队、4个运输机中队、教练机中队、2个运输直升机中队、2个防空导弹旅和2个独立防空团。强击机125架。运输机36架。教练机72架。地空导弹:"果阿"SA-3(S-125)型90枚。自行导弹:"加涅夫"SA-4(2K11)型14枚、SA-3型60枚、"甘蒙"SA-5(S-2000)型12枚。空空导弹:"蚜虫"

AA-8(R-60)型、"射手"AA-11(R-73)型、"响尾蛇"AIM-9型、AIM-120C型先进中距空空导弹各若干枚。空地导弹："克雷牛"AS-7型、"幼苗"AGM-65型空地导弹若干枚。

准军事部队 2.14万人。内务部队所属边防部队1.41万人,警察预备队0.73万人。

兵役制度 实行义务兵役制与合同兵役制相结合的混合兵役制。士兵服役期9个月。

驻外兵力 驻阿富汗参加国际安全援助部队2417人,设1个机械化步兵旅司令部;参加联合国阿富汗援助团军事观察员1人。驻亚美尼亚/阿塞拜疆欧洲安全与合作组织明斯克小组军事观察员1人。驻波黑参加欧盟"木槿花"行动184人。驻中非共和国/乍得参加联合国乍得和中非共和国特派团2人。驻科特迪瓦联合国科特迪瓦行动观察员3人。驻民主刚果联合国特派团军事观察员3人。驻伊拉克北约伊拉克训练团3人。驻黎巴嫩联合国黎巴嫩临时维和部队观察员2人。驻摩尔多瓦欧洲安全合作组织驻摩尔辛瓦1人。驻北海参加北约第一扫雷特遣队舰艇1艘。驻塞尔维亚参加北约科索沃维和部队152人,欧洲安全合作组织驻科索沃4人,联合国科索沃特派团观察员1人。驻苏丹联合国驻苏丹特派团军事观察员1人。驻西撒哈拉联合国西撒哈拉公民投票特派团军事观察员1人。

军队节日 建军节:8月15日。

波黑:波斯尼亚雄鹰

国名 波斯尼亚和黑塞哥维那,简称波黑。

主要统计 面积5.11万平方公里。人口375.9633万(2010年)。国内生产总值164亿美元(2010年)。国防预算2.27亿美元(2010年)。矿产资源丰富,主要有铁矿、褐煤、铝矾土、铅锌矿、石棉、岩盐、重晶石等,其中煤炭蕴藏量达38亿吨。图兹拉地区食用盐储量为欧洲之最。潜在的水力发电量达170亿千瓦。2009年波黑主要产品产量:电力156.2亿千瓦小时,煤1152万吨。农业用地116.1万公顷,其中耕地71.7万公顷。2009年主要畜产品产量:牛肉23363吨,羊肉1591吨,猪肉9717吨,家禽肉33219吨。2009年主要农产品产量:小麦25.6万吨,玉米96.3万吨,土豆41.4万吨。公路总长22419公里。2009年客运量2766.9万人次,货运量506.9万吨。铁路,2009年客运量91万人次,货运量1111.7万吨。空运:有国际机场4个,2009年航空客运量为54.9万人次。

国防体制 主席团行使国家元首职责,由波什尼亚克、塞尔维亚和克罗地亚三族各1名代表组成,任期4年。主席团主席为轮值制,由三族代表每8个月轮换一次。2003~2006年波斯尼亚和黑塞哥维那在经过重大改革后成立了统一的联邦军队。2003年12月,通过《国防法》,设立统一国防部。联邦军队包括3个混合步兵旅,1个战术保障旅,1个航空旅和预备役部队。

武装力量 现役部队约10577人。其中,联合机构500人,陆军9205人,空军与防空军872人。

联合机构500人。其中,联合参谋部252人,联合作战司令部148人,支援司令部100人。

陆军9205人,编有1个作战司令部,1个作战支援司令部,1个训练司令部,1个后勤司令部。其中3个步兵旅,1个作战支援旅,5个后勤营。主战坦克334辆。装甲侦察车3辆,步兵战车137辆,装甲输送车127辆。各型火炮1521门,其中自行火炮638门、牵引火炮730门、火箭炮153门。反坦克导弹701枚。反坦克火箭筒1枚。反坦克炮175门。防空导弹27枚。防空火炮764门。

空中部队872人,编有1个航空团。装备各型战斗机19架,直升机45架。

兵役制度 实行义务兵役制,服役期为6个月。

驻外兵力 驻阿富汗国际维和部队45人。驻刚果(金)联刚团军事观察员5人。驻塞尔维亚欧洲安全与合作组织观察员1人。驻塞尔维亚科索沃欧洲安全与合作组织观察员8人。

外国驻军 欧盟1814人。

丹麦:童话王国有尚武意识

国名 丹麦王国。

主要统计 面积4.3096万平方公里(不包括格陵兰和法罗群岛)。人口548万(2010年)。国内生产总值3136亿美元(2012年)。国防预算45.8亿美元(2011年)。已探明石油储量10.6亿桶,天然气储量613亿立方米。2009年产油130万吨,天然气84亿立方米。探明褐煤储量9000万立方米。森林覆盖面积48.6万公顷。2008年工业总产值达7340亿丹麦克朗。2008年农牧业总产值(包括植业、林业)为687.93亿克朗。有耕地271万公顷,农场4.34万个。2008年总捕鱼量约59.1万吨,渔业产值26.24亿克朗。铁路,2010年铁路总长2667公里。2008年客运量64.74亿人次,货运量18.67亿吨公里。公路,2010年总长约7.32万公里。2008年共有各种汽车约257万辆,其中小轿车206.8万辆、货车48.6万辆、公共汽车1.45万辆。公路国内货运量为114.95亿吨公里,国际公路货运量为97.6亿吨公里。水运,2010年水路总长400公里。2008年20吨以上船只1742艘,总吨位约1032.5万吨。客运量为

3755.3万人次,货运量为9260.8万吨。全国有港口118个。空运,2010年共有92个机场,各类民用飞机1077架。哥本哈根卡斯楚普机场是其最大航空港。年空运乘客1301.3万人次,货物12.1万吨。

国防体制 宪法规定,国王为武装力量最高统帅。最高国防决策机构为内阁,负责制定国防政策。国防部是军队最高行政机关,国防大臣向议会和首相负责,对武装力量实施行政领导。国防司令部为最高军事指挥机构。由国防司令统一指挥三军,国防参谋长为其授权代表。武装力量由陆、海、空军和国民自卫队组成。

国防政策 为北约成员,战时主力归北约东北欧盟军联合次地区司令部指挥,届时国防司令将把指挥权移交给丹麦作战部队司令(兼任北约东北欧盟军联合次地区司令部司令),只负责后勤及兵员保障。

武装力量 现役部队约1.87万人。

陆军9925人。总部为陆军作战司令部。部队编有1个师(下辖1个机械化步兵旅和1个训练旅),1个侦察营,1个特种作战分队,1个工程兵营。主战坦克117辆:"豹"IA5型53辆(至少有46辆被封存并等待解体)、"豹"ⅡA4/AS型64辆。侦察车117辆,"鹰"Ⅰ型32辆,"鹰"Ⅳ型85辆。步兵战斗车,CV9030MKⅡ型45辆。装甲输送车403辆,M-113型290辆(至少有80辆被封存并等待解体)、"食人鱼"Ⅲ型113辆。自行炮155毫米M109型24门。多管火箭炮227毫米12门(被封存并等待解体)。迫击炮120毫米M-12SA2型33门。反坦克导弹:"陶式"20枚。防空武器"萨姆"导弹、FIM-92A"毒刺"导弹若干。地面雷达若干。

海军2959人。舰队编成2个中队,第1中队负责国内防务,第2中队负责履行国际义务。潜艇:4艘。轻型护卫舰4艘。导弹快艇5艘。巡逻艇11艘。扫布雷艇8艘。直升机:"山猫式"8架。

空军3358人。编成4个航空兵中队(其中2个战斗机中队,1个搜索与运输直升机中队,1个运输机中队),1个控制与防空大队(下辖1个控制与报告中队,1个机动控制与报告中队,4个雷达站)。战斗机,F-16A/B型48架。运输机:C130型3架。"挑战者"-604型1架、"湾流"G-Ⅲ型2架。教练机:"萨伯"T-17型28架。直升机"海王"S-61型8架。地空导弹发射架"霍克"改进型36部。

文职人员649人。

预备役部队预备役5.35万人(陆军国民警卫队4.08万人,海军国民警卫队4500人)。

部署 陆军主要部署在日德兰海半岛和西兰岛。2个海军基地,2个海军航空兵基地,要塞2个。空军基地3个和1所航空学校。

兵役制度 实行义务兵与志愿兵相结合的兵役制度。义务兵服役期一般为4~

12个月,最高可达24个月;志愿兵服役期为54~72个月。

驻外兵力 驻阿富汗北约国际安全援助部队750人(编为1个旅)、联合国阿富汗援助团观察员1人,联合国驻刚果(金)特派团1人,亚丁湾打击海盗行动舰艇1艘,驻伊拉克31人(陆军23人、北约伊拉克训练团6人、联合国伊拉克援助团观察员2人),联合国驻黎巴嫩临时部队142人(编为1个后勤营),联合国利比里亚特派团3人、观察员2人,联合国停战监督组织(中东)观察员10人,驻塞尔维亚北约科索沃部队152人、联合国科索沃临时行政当局特派团1人,联合国苏丹特派团4人、观察员5人。

德国:着眼于承担欧洲和世界和平与安全的责任

国名 德意志联邦共和国。

主要统计 面积约35.7万平方公里。人口8033.46万(2013年)。国内生产总值3.40万亿美元(2012年)。国防预算311亿欧元,约合467亿美元(2011年)。公路、水路和航空运输全面发展,特别是公路密度为世界之冠。全国年货运总量44.6亿吨,其中公路运输总量34.30亿吨,铁路3.71亿吨,内河2.46亿吨,海运3.16亿吨,管道9106.9万吨,航空350.3万吨。客运总量111.84亿人次,其中铁路22.06亿人次,公路88.12亿人次,航空1.66亿人次。铁路:铁路总长40412公里,年客运量23.30亿人次,货运量3.71亿吨,国内货运量2.39亿吨。德国拥有等级以上公路23.12万公里,其中高速公路1.26万公里,高速公路长度居世界第四,公路货运量为30.78亿吨,国内货运量28.47亿吨;公共交通客运量为112.1亿人次。民航:各类民航企业305家,共有各种飞机20916架,年民航客运量1.66亿人次,货运量350.3万吨。管道:输油管道总长约2370公里,2008年输送原油9107万吨,国内输送量2269万吨。

国防体制 德军全称德国联邦国防军。德国《基本法》规定,联邦总理为战时军队的最高统帅。联邦安全委员会为最高国防决策机构,联邦总理任主席,成员包括联邦外交、内政、财政、国防、司法、经济与劳工、经济合作与发展部长。国防部为最高军事行政机关,国防部长在和平时期是军队的最高首长,根据联邦总理提出的政策方针,负责领导和管理全军,并通过军种监察长对部队实施指挥。总监察长是国防部长的军事顾问,负责制定国防总体方案、操控军事行动规划和实施海外行动指挥。军种监察长和勤务部队监察长为陆、海、空三军及中央卫勤和联合直接部队的最高指挥官,负责所属部队的战备训练和行政管理,参与制定和实施国防总体方案。德军最高指挥机构为武装力量指挥参谋部,是联邦国防军总监察长的办事机构。

国防政策 冷战结束后,欧洲两大军事集团重兵对峙的局面不复存在,德国不再面临大规模常规进攻的现实威胁。随着北约和欧盟东扩进程的发展,德国的周边安全环境彻底改观,在地缘战略上已处于欧洲扩大的稳定区域的中心。虽然在目前和可预见的未来,德国没有遭受常规入侵的危险,但德国安全威胁并没有因此消失,如何应对国际恐怖主义、大规模毁伤性武器、地区的危机和冲突、信息战的威胁成为德国新安全政策的核心。其新安全战略的要点是:广泛参与国际反恐联盟,有效防范恐怖主义,加强北约和欧盟内部合作、推动与俄罗斯及其他友好国家的合作,促进危机预防和国际冲突的解决;深化和扩展欧洲安全体制,使欧洲成为全世界独一无二的稳定地区,推动北约和欧盟东扩,稳固全球安全与稳定。

武装力量 陆军约10.5万人(2010年)。编有陆军部队司令部、2个装甲师、1个机械化师、1个特种作战师和1个空中机动作战师。主战坦克1385辆。装甲侦察车298辆。步兵战车2044辆。装甲运兵车Bv-206型200辆、M113型961辆、APV-2"澳洲野狗"型397辆、TPZ-1"狐"式909辆。火炮:牵引火炮77门、火箭炮130门、迫击炮301门、自行火炮693门。反坦克导弹:"米兰"型1083枚、"陶"式82枚。地空导弹289枚。高射炮1155门。登陆艇13艘。直升机:BO-105PAH-1型武装直升机159架、BO-105M型侦察机2架、CH-53型运输直升机93架、UH-1D型运输直升机107架。雷达106部。

海军1.92万人。编有1个舰队司令部、5个分舰队和2个海军航空兵联队。潜艇:212A级4艘、206A级8艘。护卫舰:"萨克森"级护卫舰3艘、"不莱梅"级8艘、"勃兰登堡"级4艘。轻巡洋舰:"不伦瑞克"级3艘。海岸巡逻攻击艇:"猎豹"(143A)级10艘。扫雷舰艇:"弗兰肯塔尔"(332)级9艘、"库尔姆贝克"级5艘、"恩斯多夫"级5艘、"海豹"级18艘。登陆艇:3艘。各级供应补给舰:31艘。海军航空兵2227人。主要装备:飞机55架,其中直升机43架。

空军4.46万人。编有空军部队司令部、6个战斗机联队、4个防空导弹联队、3个空中运输队、1个侦察机联队、3个雷达大队和1个教导队。战斗机:F-4F型76架、"狂风"型156架、EF-2000"台风"型38架。对地攻击机:"狂风"型33架。教练机:T37B型35架、T-38A型40架。运输机:C-160型83架、AL-601型6架、A-310型7架。运输直升机:UH-LD型80架、"美洲狮"3架。各型导弹若干枚。

卫勤部队1.84万人。编有4个后勤团,2个指挥支援团。

文职人员13.7万人。

预备役部队约16.2人,其中陆军约14.35万人、海军约0.33万人、空军约1.39

万人。

准军事部队2.465万人,其中联邦边防警察2.41万人、海岸警卫队550人。

部署 陆军主要部署在北德平原和中部地区。海军部署在北海和波罗的海沿岸区域。空军重点部署在中部和南部地区。全国共有军事基地734处。

兵役制度 实行全民义务兵役制,义务兵服役期为9个月,服役方式有多种选择:可以一次性服役满9个月,或先服役6个月,而后再参加总共3个月复训和演习;或自愿将服役期限延长最多至23个月,并承担参加"防区外"军事行动的义务。德军还从2001年1月起征召自愿服役的女性军人,并允许女性军人担负作战任务。各级军官最高服役年限将官为60岁,上校为58岁,中校为56岁,少校为54岁,尉官为52岁。

驻外兵力 驻阿富汗北约国际安全援助部队4365人;驻波黑欧盟部队129人,驻波黑欧安组织3人,驻刚果欧盟安全改革援助团3人;驻法国209人;驻黎巴嫩联合国临时部队459人;驻立陶宛北约波罗的海空军部队100人;驻地中海北约部队1艘护卫舰,驻摩尔多瓦欧安组织1人,驻波兰67人,驻塞尔维亚北约科索沃部队2486人,欧安组织3人,驻科索沃欧安组织16人,驻苏丹联合国观察员31人,联合国—非洲联盟混合维和部队7人;驻乌兹别克斯坦北约国际支援部队104人。

外国驻军 加拿大驻军287人。法国驻军2800人。荷兰驻军300人。英国驻军2.2万人。美国驻军3.85万人。

军队节日 建军节:11月12日。

俄罗斯:笑傲四方的北极熊

国名 俄罗斯联邦。

主要统计 面积1707.54万平方公里。人口1.4037亿(2010年)。国内生产总值约合2.02万亿美元,人均国内生产总值1.06万美元(2010年)。国防预算719亿美元(2011年)。钢产量6583万吨(2010年)。煤产量3.17亿吨(2010年)。石油产量5.05亿吨(2010年)。天然气产量6490亿立方米(2010年)。发电量10368亿度(2010年)。粮食产量6100万吨(2010年)。公路总长110万公里,客运周转量1392亿人公里,货运量52.35亿吨,货运周转量1992亿吨公里(2010年)。海运能力,商船1403艘,总载重量1700万吨,客运周转量4254亿人公里,货运量3750亿吨,货运周转量1010亿吨公里(2010年)。空运能力,运行机场总数232个,其中国际机场71个(2009年),客运量4254万人次,客运周转量1362亿人公里,货运量90万吨,货运周转量47亿吨公里,其中国际货运周转量为28亿吨公里（2010年）。

国防体制 根据1993年12月12日正式通过的《俄罗斯联邦宪法》、1996年5月31日正式生效的俄联邦《国防法》及俄联邦有关法律，俄罗斯联邦总统、俄罗斯联邦安全会议、俄罗斯联邦议会、俄罗斯联邦政府对保障国家安全、国防能力状况，对俄罗斯武装力量和其他军队的战斗准备程度、动员准备程度和战斗力负全责。

俄罗斯联邦总统是国家元首和俄罗斯联邦武装力量的最高统帅。他在国防领域的主要职责是：组成并领导俄罗斯联邦安全会议；确定俄联邦军事政策的基本方针；批准俄联邦军事学说；领导俄武装力量和其他军队；宣布总动员或局部动员，宣布全国或局部地区进入战时状态，宣布实施战斗行动的命令；批准武装力量及其他军队发展构想与计划，本土战场建设计划，国民经济转入战时计划，武器装备和国防工业综合体发展计划；授予高级军衔，任免高级军官；批准武装力量及其军队的结构、编成及军人编制人数；决定武装力量及其他军队的部署；批准国防部和总参谋部工作条例；举行谈判和签署俄联邦国防领域的国际条约；颁布征召俄联邦公民服役和参加军事集训的命令等。

俄罗斯联邦安全会议是立法机构，也是保障俄罗斯国家安全的最高决策机构。安全会议的主要任务是：确定社会和国家的重要利益，发现安全目标受到的内部和外部威胁；制订保障俄罗斯联邦安全的主要战略方针，起草保障安全的联邦专项计划；为总统起草有关国家安全的各种建议、决定和命令。俄联邦总统任安全会议主席，政府总理任副主席，安全会议秘书、安全局长、外交部长、国防部长为安全会议常委，政府第一副总理、总统办公厅主任、国家杜马主席、联邦委员会主席、科学院院长、司法部长、警卫局长、内务部长、原子能部长、经济部长、财政部长、对外情报局长、紧急情况部部长、总参谋长为安全会议委员。

俄罗斯联邦议会是俄罗斯联邦最高代表机关和立法机关，它由联邦委员会（上院）和国家杜马（下院）组成。联邦委员会在国防领域的职能是：审核国家杜马通过的根据联邦宪法确定的国防开支；审核国家杜马通过的国防领域的联邦法律；批准俄联邦总统关于在俄全境或部分地区实施战时状态和紧急状态的命令，以及俄联邦武装力量、其他军队使用武器装备不按其使命执行任务的命令；决定关于可在俄联邦境外使用俄联邦武装力量的问题。国家杜马在国防领域的职能是：审核联邦预算法规定的国防开支；通过国防领域的联邦法律。

俄联邦政府是俄联邦最高执行权力机关，它在国防领域内的职能是：落实国防保障措施并在其权限范围内对俄联邦武装力量及其他军队的状况与保障负责；拟定和向国家杜马提出联邦预算中有关国防开支的建议；根据武装力量及其他军队的订货,组织对其武器、军事技术装备、物资设备的提供与保障;制订国家武器装备及国防工业综合体的发展规划;确定国家动员任务,确定国家动员计划、物资储备计划;负责军队院校、军事系、军事教研室的建立和撤销工作;制定俄联邦国土战场建设计划;负责俄联邦的兵役工作等。

俄罗斯联邦武装力量由管理机关、军团、兵团、部队、军事院校及后勤部门组成。在组织结构上,划分为战略火箭军、陆军、空军和海军4个军种。没有编入武装力量的其他军队有边防军、内卫部队、俄联邦安全部的部队、政府通信部队、联邦保卫总局、俄罗斯联邦铁道兵、民防部队、国家消防局等。

俄罗斯联邦武装力量的领导与指挥体制是:俄罗斯联邦总统兼俄联邦武装力量最高统帅,对联邦武装力量和其他军队实施全面领导,通过国防部长和总参谋长对武装力量和其他军队实施全面领导,并通过国防部长和总参谋长对武装力量实施作战指挥。国防部长通过国防部对联邦武装力量实施直接领导。俄联邦武装力量总参谋部对武装力量进行作战指挥,对武装力量各军种的指挥通过各军种总司令部进行。

国防部的基本职能是:参与制定联邦军事政策和军事学说;制定联邦武装力量建设构想,协调武装力量和军事技术装备发展的联邦国家计划,提出国家国防订货建议;提出国防开支预算草案及其使用办法;组织国防科研和试验设计工作;为武装力量及其他军队订购、生产和采购武器、军事技术装备、食品、被服和其他物资;负责武装力量的动员准备;向总统提交共同条令,有关国防部和总参谋部、军事委员会、后备役委员会的条例草案等。

武装力量总参谋部的基本职能是:拟定联邦军事学说建议;制订联邦武装力量建设计划,协调武装力量与其他军事建设和发展计划的制订工作;协调拟定武装力量和其他军队员额的建议;制订武装力量使用计划、动员计划及国土战场建设计划;拟定应征服役和参加军事集训的公民人数;实施情报活动;组织实施保持武装力量战斗和动员准备的措施;组织武装力量与其他军队的协同;参与制订民防计划;组织武装力量和其他军队的动员与战略展开等。

国防政策 由于俄国防政策发生了重大变化,俄军事战略也进行了相应的调整。但俄罗斯与美国不同,不给自己的军事战略公开命名。从俄罗斯官方文件和军政领导人讲话中提出的俄奉行"核遏制"政策、"现实遏制原则""确保遏制"等战略概念看,当前俄罗斯军事战略的实质是"核遏制"战略,或"加强核遏制"的战略。

20世纪90年代中期,俄罗斯军事战略已基本完成了从超级大国军事战略向欧亚大国军事战略的转变,明确了作为世界大国之一的俄罗斯拥有全球利益、地区利益和本国利益,而美国和北约集团在这三个利益层次上都对俄罗斯构成实质性威胁,所以遏制北约东扩成为俄罗斯新军事战略的主要内容,而核遏制则是俄罗斯新军事战略的核心。俄罗斯新军事战略改变了前苏联不首先使用核武器的承诺,多次强调一旦外来侵略由地区性冲突扩大为大规模战争,俄罗斯可以首先使用核武器对敌军事目标实施解除武装的打击。

为适应世界新军事变革的发展,应对安全领域出现的新威胁,俄军加快了转型改革的步伐,积极将现行的只涉及军事安全的军事学说修订为涵盖军事、政治、经济、外交、信息、心理等内容的新军事学说,将核武器条件下的大兵团机械化作战理论调整更新为核威慑条件下的现代战争理论。

武装力量 现役部队编制人数约104.6万人(含25万国防部人员和直属部队)。

战略威慑力量约8万人,包括战略潜艇部队、战略火箭部队、战略航空部队和战略防空部队。战略潜艇部队编有弹道导弹核潜艇17艘,其中"德尔塔"Ⅲ型5艘(每艘携载16枚"浦鱼"SS-N-18型潜射弹道导弹)、"德尔塔"Ⅳ型6艘(每艘携载16枚"轻舟"SS-N-23型潜射弹道导弹)、"台风"级3艘(每艘携载20枚"饲鱼"SS-N-20型潜射导弹)、"尤里·多尔戈鲁基"级3艘(其中1艘正处于水下试航阶段,另外2艘正在建造中)。战略火箭部队编有3个火箭集团军(辖12个师,正在裁减为8个师),洲际导弹430枚,核弹头1605枚,其中"撒旦"SS-18(RS-20)型60枚、"镰刀"SS-25(RS12M)型170枚、"匕首"SS-19(RS-18)型70枚、SS-27(白杨-M2)型70枚、RS-M现6枚。战略航空部队编有4个中队,各型飞机79架,其中"海盗旗"图-160型16架、"熊 H-6"图-95MS6型32架、"熊 H-16"图-95MS16型31架。战略火箭兵装备反弹道导弹2064枚,其中"丑妇"5H-11型32枚、"小羚羊"SH-08型68枚、S-300PMU型1900枚、S-400型导弹64枚。雷达站部署在莫斯科、巴拉诺维奇、巴尔喀什、嘎巴拉、列克图西、阿尔马维尔、奥列涅尔斯克、伯朝拉、米谢雷夫卡等9处地点。

陆军约39.5万人。2010年12月1日起,俄军区从6大军区缩减为4大军区。在列宁格勒军区和莫斯科军区的基础上组建两部军区、在北高加索军区基础上组建南部军区、在伏尔加河沿岸乌拉尔军区基础上组建中央军区、在西伯利亚军区和远东军区基础上组建东部军区。将精简军队指挥层级和采用新型指挥系统,将原来的"军区—集团军—师—团"四级指挥体制简化为"联合战役战略司令部—作战司令部—旅(基地)"三级。10个作战司令部(2010年已建3个)、4个坦克旅、1个侦察旅、1个摩托化步兵师、31个摩托化步兵旅、2个摩托化步兵旅、3个山地摩托化步兵旅、7个特种作战旅、1个特种作战团、3个空中突击旅、4个空降师、1个独立空降旅、8个炮兵旅、4个火箭炮旅、2个火箭炮团、9个地地导弹旅、1个工程兵旅及1个师的其他部队。主战坦克 2.08 万辆,现役 2800 辆,库存 1.8 万辆。装甲侦察车约 2200 辆。装甲步兵战车 7360 辆。装甲输送车 9700 辆。各型火炮 9486 门以上。战役战术导弹发射架 200 部以上,"圣甲火"SS-21 型 200 架、"石头"SS-26 型若干部(库存"蛙"式、"飞毛腿"若干部)。反坦克导弹 AT 型若干枚。无坐力炮 73 毫米 SPG-9 型若干门。反坦克火箭筒:64 毫米 RPG-18、73 毫米 RPG-7/-16/-22/-26、105 毫米 RPG-27/-29 型若干具。反坦克炮 562 门以上。高射炮 23 毫米 ZU-23-2 型、23 毫米 ZU-23-2 型、57 毫米 S-60 型若干门。防空导弹发射架:SA-8 型 450 部,SA-11 型(现 SA-17 型)350 部以上,SA-13 型 400 部,SA-15 型 120 部,SA-19 型 250 部以上,SA-14、SA-16、SA-18、SA-24 型若干部。无人机:"航程"图-143 型、"航程"图-243 型、"航程-D"图-243 型、"老鹰"图-300 型、BLA-07 型、"蜜蜂-1"型和"蜜蜂-2"型若干架。基地 4 处,分别位于阿布哈兹、南奥塞梯、塔吉克斯坦与亚美尼亚。

海军 16.1 万人(含海军航空兵、海军陆战队及海岸防御部队),编有 1 个总司令部、4 个舰队和 1 个分舰队。攻击潜艇 67 艘,弹道导弹核潜艇 14 艘,攻击型核潜艇 45 艘,常规潜艇 20 艘,支援潜艇 8 艘。主要水面作战舰艇 32 艘,航空母舰"库兹涅佐夫"级 1 艘、巡洋舰"基洛夫"级 2 艘、"光荣"级 3 艘、"卡拉"级 1 艘。驱逐舰 18 艘,护卫舰 7 艘,巡逻舰艇 78 艘,轻型护卫舰 47 艘。巡逻艇:"毒蜘蛛Ⅱ"级 25 艘、"马特卡"级 4 艘、"穆哈"级 1 艘、"暴徒"级 1 艘。水雷战舰艇 50 艘,两栖舰艇 38 艘,支援辅助舰艇 249 艘。海军航空兵约 3.5 万人,编有 4 个舰队航空兵,作战飞机 276 架,反潜机 27 架,水上飞机 44 架,电子战飞机 7 架,运输机 37 架,直升机 210 架。导弹 AS-4、AS-7、AS-10、AS-11、AS-12、AS-13 型若干枚,AA-8、AA-9A/B、AA-10A/B/C/D、AA-11 型若干枚。海军陆战队约 9500 人。编有 3 个独立海军步兵旅,3 个独立海军步兵团,3 个舰队将种部队旅(每个旅下辖 1 个伞兵营、2~3 个水下营)。装备 T-55M、T-7X2、T-80 型主战坦克 160 辆,BRDM-2 型装甲侦察车 60 辆,BMP-2、BMP-3、BMP-1K 型步兵战车 150 辆,MT-LB 型、BTR-60、BTR-70、BTR-80 型装甲输送车 750 辆以上。各型火炮 367 门,其中牵引火炮 63 门,自行火炮 113 门,"诺那"9P138 型 95 门,火箭炮 96 门。AT-31-5 型反坦克导弹:72 枚。MT-12 型反坦克炮若干门。ZSU-234SP 型高炮 60 门。防空导弹发射架 SA-7 型 250 部、SA-8 型 20 部、SA-9/-B 型 50 部。海岸防御部队约 2000 人。编有 2 个岸防旅、2 个炮兵团、2 个防空导弹团。装备 T-64 主战坦克 350 辆,BMP 型步战车 450 辆,MT-LB 型、BTR-60、BTR-70、BTR-80 型装甲输送车 320 辆。各型火炮 364 门,其中牵引火炮 280 门,自行火炮 48 门,火箭炮 36 门。地空导弹 50 枚。

空军约 16 万人。编有 1 个总司令部(位于莫斯科附近的巴拉希哈市)、7 个战役司令部、7个一级航空兵基地、8个二级航空兵基地、13个航天防御设施；组建有10个战略轰炸机中队、32个战斗机中队、29个歼击轰炸机中队、1个电子战飞机中队、6个侦察机中队、1个预警机中队、1个加油机中队、16个运输机中队、11个武装直升机中队、16个运输直升机中队、35个地空导弹团、3个地空导弹营。作战飞机共1604架，战略轰炸机2195架，攻击机2707架，歼击轰炸机337架，攻击机2256架，侦察机113架，预警机20架，空中指挥与控制机4架，伊尔-78/M型空中加油机20架，运输机298架。"信天翁"L-39型教练机193架。直升机945架。"蜜蜂"-1型无人侦察机若干架。空空导弹：AA-4、AA-9、AA-10、AA-11、AA-12、AA-X-13型若干枚。空地导弹AS-10、AS-13、AS-14、AS-17等型若干枚地空导弹发射架1900部以上，防空导弹发射架：SA-10/S-300型、SA-20/S-300PM型、SA-211S-400型若干部。航空制导炸弹KAB-1500L、KAB-500KR、KAB-1500KR、KAB-15000D、UPAB-1500型若干枚。

预备役部队近5年来服过现役者约2000万人。组建有1个坦克旅、13个摩托化步兵旅。

准军事部队约44.9万人，其中，边防军16万人，设7个地区司令部、7个边防部队。装备步兵战车和装甲输送车1000辆、火炮90门、水面作战舰艇14艘、近海巡逻舰艇180艘、支援辅助舰艇42艘、各型作战飞机约86架、各型直升机约200架。内卫部队约20万人，设中部、乌拉尔、北高加索、伏尔加、远东、西北、西伯利亚等7个地区司令部，13个独立师、29个旅、65个团、1个航空部队。装备主战坦克9辆、步兵战车和装甲输送车1650辆、火炮35门、"雌鹿"米-24型直升机4架。联邦安全部队4000人。联邦警卫部队1万~3万人，1个机械化步兵旅、1个空降团、1个总统警卫团。联邦通信和情报部队5.5万人。特种兵部队5万人。

部署 俄罗斯武装力量划分为4个军区（联合战略司令部）。

西部军区：在列宁格勒军区、莫斯科军区与加里宁格勒战役战略集群的基础上建立，联合战略司令部设在圣彼得堡。陆军2个军司令部、3个空降师、2个防空导弹旅、1个火箭炮旅、3个地地导弹旅、2个坦克旅、5个机械化步兵旅、2个雪域特种作战旅、1个空降侦察兵营 51个预备役坦克旅、2个预备役摩托化步兵旅。北方舰队：基地位于北莫尔斯克和科拉半岛。潜艇40艘，其中弹道导弹核潜艇9艘、攻击型核潜艇23艘、支援潜艇8艘。主要水面作战舰艇10艘，其中航空母舰1艘。近海巡逻舰艇12艘、水雷战舰艇15艘、两栖舰艇5艘、支援辅助舰艇20艘以上。

中央军区在伏尔加—乌拉尔军区、西伯利亚军区的基础上组建，战略联合司令部设在叶卡捷琳堡。陆军2个军司令部、1个坦克旅、1个摩托化步兵师、7个摩托化步兵旅、1个雪域特种作战旅、1个空降旅、1个炮兵旅、2个防空导弹旅、1个火箭炮团、2个地地弹道导弹旅、3个预备役摩托化步兵旅、1个训练中心。航天防御司令部（第2空军部队）是在第5空军集团军与第14空军集团军部分力量的基础上组建的，辖2个航空兵旅司令部、4个战斗机中队、3个运输机中队、2个攻击直升机中队、4个运输直升机中队。装备"捕狐犬"米格31型战斗机73架，"幼狐"安-12型、"卷发"安-26型、"硬壳"图-134型36架，"雌鹿"米-24型攻击直升机24架，"光环"米-26型运输直升机6架，"河马"米-8型运输直升机40架，5400型防空导弹系统300部。

南部军区在北高加索军区的基础上组建，战略联合司令部设在罗斯托夫。陆军：2个军司令部、1个空降师、1个侦察旅、14个摩托化步兵旅、2个雪域特种作战旅、1个空中突击旅、1个炮兵旅、1个火箭炮旅、1个火箭炮团、1个地地导弹旅。黑海舰队：司令部设在塞瓦斯托波尔，基地有新俄罗斯斯克、盛瓦斯托波尔和泰姆雷克。装备潜艇1艘，主要水面作战舰艇5艘，近海巡逻舰艇约12艘，水雷战舰艇9艘，两栖舰艇7艘，支援辅助舰艇6艘以上。海军航空兵装备"击剑手"苏-24型或苏-24MB型战斗轰炸机20架，"盔甲"Be-12型水上飞机15架，"幼狐"安-12型、"卷发"安-26型运输机若干架。"蜗牛"卡-27型反潜直升机若干架，"河马"米-8型运输直升机若干架。海军陆战队1个团。黑海分舰队：基地位于阿斯特拉罕、卡斯皮斯克、马哈奇卡拉。主要水面作战舰艇6艘、水雷战舰艇6艘、两栖舰艇6艘、支援辅助舰艇5艘以上。空军：航天防御司令部（第4空军部队）是在第4空军集团军基础上组建的，设有1个航空兵旅联合司令部、7个战斗机中队、11个攻击战斗机中队、1个侦察机中队、1个运输机中队、2个攻击直升机中队、3个运输直升机中队。装备战斗机118架，其中"支点"米格-29型60架、"侧卫"苏-27型58架，"击剑手"苏-24M型战斗轰炸机62架，"蛙足"苏-25型攻击战斗机77架，"击剑手"苏-24MB型侦察机14架，"幼狐"安-12型运输机12架，"雌鹿"米-24型攻击直升机24架，"光环"米-26型运输直升机10架，"河马"米-8型运输直升机28架。

东部军区在远东军区、西伯利亚军区的基础上组建，战略联合司令部设在哈巴罗夫斯克。陆军4个军司令部、1个坦克旅、10个摩托化步兵旅、2个特种作战旅、2个空中突击旅、4个炮兵旅、4个防空导弹旅、2个火箭炮旅、3个地地弹道导弹旅，其他部队1个师，8个预备役摩托化步兵旅、1个训练中心（设在哈巴罗夫斯克）。太平洋舰队：设有福基谱、马加丹、彼得罗巴甫洛夫斯克、苏维埃港、威尔尤欣斯基、符拉迪沃斯托克（海参崴）6个海军基地。潜艇23艘、主要水面作战舰艇8艘、近海巡逻舰艇23舰、水雷战舰艇7艘、两栖舰艇4艘、支援辅助舰艇15艘以上。

空军战略司令部编有远程航空兵司令部、军事运输航空兵司令部。远程航空兵司令部,10个战略轰炸机中队、1个加油机中队。装备战略轰炸机195架,其中"逆火C"图-22M-3型或图-22MR型116架、"熊"图-95MS6型32架、"熊"图-95MS16型31架、"海盗旗"图-160型16架;伊尔-78/M型空中加油机20架。军事运输航空兵司令部3个。运输机中队:运输机118架,其中"秃鹰"安-124型12架、"雄鸡"安-22型21架、"耿直"伊尔-76M/MD/MF型79架、"幼孤"安-12BK型6架。

兵役制度　1993年2月11日,俄罗斯颁布《兵役义务与服役法》,规定义务兵的服役期由苏联时期的24个月减为18个月;舰艇和海岸战斗保障部队义务兵服役期由36个月减为24个月,高等学历义务兵服役期为12个月。服役年限到50岁。

驻外兵力　驻亚美尼亚地面部队3214人,包括2个摩托化步兵部队(装备主战坦克74辆、装甲步战车330辆、装甲输送车14辆、各型火炮68门、迫击炮8门、火箭炮8门),1个空军基地,1个防空大队(装备"支点"米格-29型歼击机18架),3个地空导弹连(装备SA-12(S-300)型地空导弹发射架)。驻白俄罗斯战略威慑部队在巴拉诺维奇建有1个远程预警雷达站、海军设有1个海军通信站。驻波黑欧安组织观察员3人。驻科特迪瓦军事观察员11人。驻中非—乍得边境119人,4架米-8直升机。驻刚果(金)军事观察员28人。驻格鲁吉亚地面部队约7000人,驻阿布哈兹和南奥塞梯各1个摩托化步兵旅(维和部队),攻击直升机若干架。驻亚丁湾海域3艘舰艇。驻哈萨克斯坦战略威慑部队1个预警雷达站。驻吉尔吉斯斯坦空军约500人,装备5架"蛙足"苏-25型战斗机、2架米-8型直升机。驻利比亚军事观察员4人。驻中东军事观察员5人。驻摩尔多瓦德涅斯特河沿岸地区约1500人(包括约335名维和部队),2个摩托化步兵旅,装备主战坦克、装甲步兵战车、装甲输送车100辆,7架"雌鹿"米-24型直升机、若干架"河马"米-8型直升机。驻塞尔维亚欧安组织观察员2人。驻苏丹维和部队123人,军事观察员13人,1个直升机连。驻叙利亚陆军和海军150人。驻塔吉克斯坦陆军5000人,1个军事基地,1个摩托化步兵师,装备T-72型坦克54辆、BMP-2型、BTR-80型、MT-LB型300辆,各型火炮140门,苏-25型强击机5架、米-8型直升机4架。驻乌克兰海军和海岸防御部队13000人,包括海军陆战队1个团1100人,装备步兵战车和装甲输送车102辆、火炮24门。驻西撒哈拉军事观察员17人。

法国:奉行独立的防务和安全政策

国名　法兰西共和国。

主要统计　面积55.1602万平方公里(包括科西嘉岛及其他岛屿)。人口

6263.7万(2010年)。国内生产总值约合2.61万亿美元(2012年)。国防预算625亿美元(2010年)。粗钢154万吨(2010年)。发电量5478亿度,其中核电4080亿度(2010年)。粮食7500万吨,其中小麦3650万吨,玉米1500万吨(2009年)。铁矿蕴藏量约10亿吨(2010年)。森林面积约1556.5万公顷(2010年)。铁路总长3.19万公里,客运量983亿人次,货运量406亿吨公里(2008年)。公路总长度超过90万公里,客运量7749亿人次,货运量3353亿吨公里(2008年)。海运能力,内河航道8500公里,货运量75亿吨公里(2008年);远洋船只213艘,总吨位590万吨,海港总吞吐量3.8亿吨(2008年)。空运能力,机场494个,其中153个民用机场,旅客周转量1.3亿人次,货运量48亿吨公里(2008年)。

国防体制 法国宪法规定,法国总统为武装力量最高统帅。总统下设内阁会议、国防委员会、限制性国防委员会和高级国防会议。内阁会议负责制定全面的防务政策,其成员有总理和所有内阁成员,由总统任主席。国防委员会负责具体防务问题的决策,其成员有总理、外交、国防、内政和财经部长等,由总统任主席。限制性国防委员会负责军事问题的决策,由总理或总理指定的人员组成,总统任主席。高级国防会议为咨询机构。总理负责贯彻既定防务政策。国防部为内阁中的一个部,是军队的最高行政领导机关。国防部长在总理领导下负责防务工作,下设三军参谋部和陆、海、空军军种参谋部、国家宪兵总局及武器装备部等单位。武装力量由陆、海、空三军和宪兵组成。最高军事指挥机构为三军参谋部。总统通过国防部和三军参谋部对全国武装力量实施领导和指挥。

国防政策 法国是西欧大国和联合国安理会常任理事国,维护大国地位是其国家战略的核心。为确保这一目标的实现,法国奉行独立的防务和安全政策。与此同时,法国也十分注重与北约盟国的协商与合作。强调核威慑的重要作用,继续依靠独立、有限核力量,维护国家的根本利益。重视欧洲防务建设,谋求在欧洲安全事务中发挥主导作用。主张通过建立"欧洲独立防务"和"真正平等"的欧美伙伴关系,使欧洲承担更多的防务责任和发挥更大的作用,从中扩大法国的影响和作用,并力图削弱美国在北约的主导地位。注重维护法国在亚洲、非洲和中欧战略利益,谋求打破美国独霸世界的野心。

武装力量 现役部队约23.86万人。

陆军13.06万人(不含2.06万文职人员)。编有2个特遣司令部,1个地面作战司令部,5个军区。外籍军团7300人。

海军陆战队1.28万人。编有2个装甲团、1个装甲步兵团、5个机械化步兵团、2个机械化步兵营、3个轻装步兵团、1个轻装步兵营、3个空降团、2个自行炮团、1个火炮团、1个特种任务,另有4个团和5个部队驻法国海外领地。

特种行动部队2200人。编有1个作战司令部、2个空降团、1个直升机团、3个训练中心。主战坦克:"勒克莱尔"式254辆。装甲侦察车2010辆。装甲输送车VAB式3586辆。轻型防护装甲车PVP型506辆。火炮375门。反坦克导弹875余枚。飞机13架。直升机327架。无人驾驶侦察机"麻雀"SDT1型20架。地空导弹:899枚,MIM-23B型牵引导弹16枚、"西北风"型883枚。雷达66部,"眼镜蛇"式10部、RASIT/RATAC战场搜索雷达56部。

海军约4.06万人(包括海军战略核力量2200人,不含7091人文职人员)。编有1个战略海军司令部、1个水面作战司令部、1个反潜作战司令部、3个扫雷作战司令部、1个潜艇作战司令部、1个海军航空兵司令部、1个海军陆战队司令部。主要基地:土伦、布列斯特、瑟堡、帕皮提等。潜艇10艘,主要水面舰艇25艘,"戴高乐"号核动力航母1艘。导弹驱逐舰13艘,坦克登陆舰"巴特拉尔"级3艘。坦克登陆艇19艘。支援舰船107艘。海军航空兵6500人。编有3个攻击机中队,2个反潜机中队,1个预警机中队,2个侦察机中队,1个教练机中队。装备作战飞机86架,"鹰眼"E-2C型预警机3架,运输机17架。教练机CAP10型7架、MS-880型9架。直升机79架。空空导弹"魔术Ⅱ"R-550型、"米卡"1R/RF型若干枚,"飞鱼"AS-39型反舰导弹若干枚,"阿斯姆鲁"式、"激光"AS-30式、AASM式导弹若干枚。海军陆战队2500人。编有1个装甲侦察部队,3个攻击部队,1个蛙人攻击部队,1个突击部队,1个支援部队,14个海军基地防卫部队。

空军5.2669万人。编有3个攻击战斗机中队,6个战斗机中队,2个侦察机中队,1个电子战中队,3个改装机中队,1个教练机中队,1个侦察无人机中队,1个教练学校,1个空中机动直接旅,下辖7个运输机中队,7个救援与教练机中队,5个运输直升机中队,1个改装机中队,1个教练学校。1个防空旅,下辖"斯特里达"防空系统中队,5个雷达站,1个预警机中队,5个防空中队,1个安全与武装干预旅。1个空中训练司令部,下辖1个教练部队。攻击机73架,战斗机135架。侦察机29架。电子战机"加布里"C-160G型2架。预警机"哨兵"E-3F型4架。教练机"阿尔发喷气式"91架。无人机3架。直升机"非洲狐"AS-555型37架。运输机176架。空空导弹:"魔术Ⅱ"R-550型、"米卡"IR/RIF型、"超"530D型若干枚。空地导弹,AS-30L型、"阿帕奇"式若干枚。地空导弹,"响尾蛇"NG型、SAMPIT型飞弹若干枚。巡航导弹SCALP式若干枚。火炮20毫米76T2型若干门。炸弹"宝石路Ⅱ"GBU-12型激光制导导弹若干枚。卫星:"太阳神"1A/2A/2B型军事侦察卫星3个。防空导弹系统:"斯特里达"控制系统。

战略核力量4000人(其中海军2200人,空军1800人)。战略导弹核潜艇:"凯旋"级4艘。"阵风"BF3型攻击机16架,"幻影"2000N型轰炸机40架,C-135FR型空中加油机 11 架、KC-135 型空中加油机 3 架。

宪兵 10.34 万人（不含 1925 名文职人员）。主要装备：VBC90 型轻型坦克 28 辆。VBRG-170 型装甲输送车 153 辆。火炮 60 毫米、81 毫米 157 余门。巡逻舰艇 33 艘。运输直升机 35 架，EC-135 型 20 架、EC-145 型 15 架。

文职人员 7.1 万人。

预备役部队 3.37 万人。

部署 陆军主要部署在法国与德国边境和北部地区，海军重点部署在地中海和大西洋沿岸一带，空军主要部署在东北部和中部地区。共有军事基地 74 处，其中陆军基地 16 处，海军基地 8 处，空军基地 50 处。

兵役制度 法国政府从 1997 年 8 月起进行军队职业化改革，取消义务国民役，实行志愿国民役制度。志愿国民役分为防务与安全、社会服务、国际合作与人道援助三种类型，服役期为 12~24 个月不等。其中选择防务与安全类志愿到国民役军队服役的志愿者服满 12 个月法定服役期后，如个人要求延长服役期并转为志愿军人，可与军方续签服役合同，但一次不超过 5 年。各级军官最高服役年限：将官最高为 61 岁（上将 61 岁，中将、少将 60 岁，准将 58 岁），校官最高为 57 岁（上校 57 岁、中校 56 岁、少校 54 岁），尉官为 52 岁。

驻外兵力 驻阿富汗北约维和部队 3750 人；驻阿拉伯海第 150 联合特遣队舰艇多艘。驻波黑欧盟维和部队 4 人，欧安组织观察员 3 人。驻中非 240 人，1 个步兵连，1 个支援特遣队。驻乍得 634 人，1 个机械化步兵旅，1 个直升机部队。驻科特迪瓦"独角兽"维和部队 772 人，1 个机械化步兵旅，1 个直升机部队；联合国象牙海岸行动 7 人。驻刚果民主共和国联合国观察员 5 人。驻吉布提 1690 人，坦克登陆艇 1 艘。驻埃及多国部队观察员 2 人。驻法属圭亚那陆军 1435 人，海军 150 人，空军 1 个运输机部队。驻法属波利尼西亚陆军 640 人，海军 710 人，空军 1 个运输机部队。驻法属西印度群岛陆军 729 人，海军 450 人，空军 1 个运输机部队，宪兵 4 个连。驻加蓬陆军 645 人。驻德国陆军 2800 人。驻亚丁湾和印度洋欧盟"大西洋"行动舰艇 4 艘，飞机 1 架。驻海地联合国海地稳定特派团 2 人。驻印度洋陆军 866 人。驻黎巴嫩维和部队 1575 人。驻利比里亚维和部队 1 人。驻中东地区联合国停战监督组织军事观察员 2 人。驻摩尔多瓦欧安组织观察员 1 人。驻新喀里多尼亚陆军 723 人，海军 510 人，宪兵 4 个连。驻塞内加尔陆军 575 人，海军 230 人。驻塞尔维亚北约维和部队 743 人，欧安组织观察员 7 人。驻阿拉伯联合酋长国 86 人。驻乌干达特派团 25 人。驻西撒哈拉军事观察员 13 人。

外国驻军 比利时空军 29 人。德国 209 人。新加坡空军 200 人。

芬兰:不结盟的北欧军事强国

国名 芬兰共和国。

主要统计 面积33.8145万平方公里。人口534.6万(2010年)。国内生产总值约合2501亿美元,人均国内生产总值43926美元(2010年)。国防预算28.1亿欧元,约合37.1亿美元(2011年)。工业产值730亿欧元(2009年)。森林覆盖率高达86%,约2626万公顷,木材蓄积量22.01亿立方米,是世界第二大纸张、纸板出口国和第四大纸浆出口国。粮食(大麦、小麦、燕麦和黑麦)产量292.89万吨(2010年)。粗钢产量400万吨(2010年)。铁路总长5919公里,客运量39亿人公里(2009年)。公路总长10.56万公里,客运量72.7亿人公里,货运量252亿吨公里(2009年)。海运能力,商船642艘,总载重量157.8万吨,客运量1亿人公里,货运量26亿吨公里(2009年)。民航能力,航班机场76个,民用飞机683架,客运量11亿人公里、货运量200万吨公里(2009年)。

国防体制 总统为武装力量最高统帅。最高国防决策机构为内阁,有权对国防政策、军备计划等做出决定。内阁国防委员会是国防政策和计划的最高协调组织和总统国防决策的咨询机构,通常由总理任主席(总统出席时则由总统任主席),成员包括国防、外交、内政、财政、司法、工商等部长和国防军司令、总参谋长,总统还可指定其他人担任委员会成员或专家。内阁国防委员会没有直接的决策权和执行权,只提出建议和结论,但实际上,它的建议和结论都以内阁或政府各部决定及行政命令的形式贯彻落实。国防部是军队最高行政机关,负责国防和军队建设事务。

国防政策 芬兰的国防战略奉行军事不结盟等政策,认为其所面临的军事威胁有所减少,但并不能消除。需要保持一定的防卫能力来击退可能会遇到的任何武装侵犯,同时也要准备好在局势需要时应对其他的威胁。芬兰认为,国防和军事是社会安全的重要组成部分,国防管理需要与社会和商业界保持更紧密的联系,通过积极参与国际防务合作和军事危机管理加强芬兰的防卫能力,尤其重视与北欧的防务合作。

武装力量 由正规军和准军事部队组成。国防军分为陆、海、空三个军种。国防军司令部是三军的最高军事指挥机关。总统通过国防部和国防军司令部对全国武装力量实施领导。

武装力量 现役部队约2.26万人。

陆军1.6万人。编有1个陆军司令部,4个军区司令部,下辖2个装甲旅(团)、2个机械化旅、9个轻步兵旅、1个特种部队营、若干防空分队、7个工程兵团、若干后勤分队、1个直升机营。主战坦克有"豹"-IIA4型约100辆,装甲侦察车BMP-ITJ

型约10辆。装甲步兵战车约194辆，装甲输送车约613辆。火炮678门，反坦克导弹，地空导弹102枚，RBS-70型便携式防空导弹86枚，还装备高炮23毫米、30毫米、35毫米、57毫米若干门。

海军约3500人。编有1个海军司令部，下辖2个海上司令部，1个海军旅，3个支援部队。基地有赫尔辛基、图尔库。海岸巡逻舰艇约10艘，潜艇18艘，两栖舰艇43艘，后勤与支援舰艇29艘。海岸防御部队配备岸炮118门，战略导弹RBS-15K型4枚。

空军约2750人。编有3个战斗机司令部，下辖3个战斗机联队，5个运输机中队，1个教练机中队。作战飞机约121架，轻型运输机9架，教练机99架，装备空空导弹"响尾蛇"A1M-9型、AIM-120型若干枚。

文职人员4600人，其中陆军3000人、海军500人、空军1100人。

预备役部队约35万人，其中陆军28万人、海军3.2万人、空军3.8万人。包括机动部队6万人及本土卫戍部队22万人。下辖2个装甲旅（团），2个机械化营，9个轻装步兵营，1个特种任务营，7个工兵团，1个直升机营，空降部队人员及后勤部队人员若干。

准军事部队边防警卫队2800人。由内政部管辖。下辖4个边防警卫区，6个边防警卫中队，1个空军中队。

部署 陆军划分为4个军区：东部军区（司令部驻来凯利）、南部军区（司令部驻米凯利）、西部军区（司令部驻海门林纳）和北部军区（司令部驻奥鲁）。海军重点部署在南部沿海地带，分为2个海防军区、1个岸防军区和1个岸防旅（即苍兰湾海防军区、群岛海域海防军区、科特卡岸防军区和乌西玛海岸步兵旅）。海军司令部设在赫尔辛基，海军基地2处，为赫尔辛基、土尔库。空军划为3个军区：拉毕军区、卡累利亚军区和萨拉贡达军区，司令部设在迪卡高斯基。

兵役制度 实行普遍义务兵役制度。宪法规定，凡年满17周岁未满60周岁的男性公民都有服兵役的义务。兵役包括现役、后备役和辅助役3种形式。义务兵服役期分为6个月、9个月和12个月3种类型。公民服现役期满后即转入后备役并须定期参加复训，每年参加后备役复训和演习的人数为3.5万人。军官最高服役年限：上将63岁，中将至上校均为60岁，其他军官、职业兵为55岁；属飞行员系列的中将和少将为55岁，上校52岁，中校50岁，其他45岁。

驻外兵力 驻阿富汗国际维和部队150人。驻波黑参加欧盟"木槿花"维和行动4人。欧安组织观察员1人。驻印巴边境军事观察员5人。驻利比里亚联合国特派团2人。驻中东军事观察员14人。驻摩尔多瓦欧安组织观察员1人。驻塞尔维亚北约维和部队196人。驻苏丹联合国特派团军事观察员1人。驻乌干达特派团4人。

军队节日 军旗节：6月4日。

荷兰：依靠北约的小伙伴

国名 荷兰王国。

主要统计 面积 41526 平方公里。人口 1673 万（2012 年）。国内生产总值 7731 亿美元（2012 年）。国防预算 116 亿美元（2011 年）。主要资源为天然气、石油、泥煤、石灰石等。总发电量为 1082 亿千瓦时（2008 年）。石油产量为 57190 桶/天（2009 年），已证实储量为 2.426 亿桶（2010 年）。天然气产量为 857 亿立方米（2010 年），已证实储量为 14160 亿立方米（2010 年）。天然气管道 4413 公里，石油管道 365 公里（2010 年）。铁路总长 2896 公里（其中电气化铁路 2196 公里）。公路总长 136827 公里，其中高速公路 2631 公里。航道总长 6214 公里（能航行 50 吨以下船舶）。民用机场 27 个。

国防体制 宪法规定，女王是荷兰武装力量最高统帅。战时首相是武装力量最高司令，平时通过国防大臣行使职权。最高国防决策机构为国防委员会，成员有首相、外交、国防、内政、财政、经济、交通与通信大臣、国防国务秘书、国防部秘书长、国防参谋长、各军种司令、民防参谋长、外交部政治司司长和国防部各总局局长等，由首相任主席。国防部是政府中的一个部，是最高军事行政领导机关，负责国防政策的制定和监督实施等工作。武装力量由正规军和准军事部队组成。正规军分陆、海、空三个军种和宪兵，分别由各军种司令和宪兵司令指挥。最高军事指挥机构为国防参谋部。女王和首相通过国防部和国防参谋部对全国武装力量实施领导和指挥。

国防政策 坚持奉行依靠北约的集体防务作为其国防政策的核心，将北约视为维护欧洲和荷兰安全的基石。主张由欧洲承担更多的防务义务，在维护地区安全中发挥更为积极的作用。在军队建设上，积极适应近年来世界和欧洲安全形势的变化，通过改革建立一支职业化的军队。主要军事力量均交由北约统一指挥。

武装力量 现役部队约 43279 人（其中陆军 20836 人，海军 8502 人，空军 8030 人，皇家宪兵队 5911 人），文职人员 4028 人（其中陆军 2336 人，海军 650 人，空军 499 人，皇家宪兵队 543 人）。

陆军。皇家陆军司令部下辖第 11 空中机动旅、第 13 机械化旅、第 43 机械化旅、作战支援司令部（地面部队）、陆军突击队、防暴处理分队、3 个地区军事指挥司令部、1 个军事行动培训中心、1 个人事司令部、皇家陆军支援部队、1 个北约德国/荷兰快速部署军团司令部（荷兰方面负责提供部分快速部署跨国指挥中心，还有分队的部分信息通讯系统）。主战坦克 44 辆，主要为豹式 2A6 坦克，步兵接甲车 151

辆,主要为 CV9035;侦察车 296 辆,主要为"非洲小狐"轮式装甲侦察车,装甲运兵车 16 辆,主要为 M577A1,轻型车辆 67 辆,主要是"大毒蛇"轮式步兵机动车;各类火炮 67 门,主要包括 PzH2000 自行榴弹炮等;地面雷达 6 部以上。

海军。皇家海军司令部下辖海洋作战部队(包括舰艇部队、潜艇部队、扫雷部队、防潜防爆部队、直升机部队)、海军陆战队、加勒比海部队(主要负责守卫两处独立的加勒比海领土阿鲁巴和荷属安得列斯)、水文勘测单位、海岸警卫队。"海象"级常规动力攻击潜艇 4 艘,"阿尔克马尔"级扫雷舰 10 艘;水面战斗舰艇 6 艘,两栖舰艇 19 艘,后勤总支援舰艇 16 艘,"斯内利厄斯"级水文调查船 1 艘。

空军。皇家空军司令部下辖主要包括 2 个 F-16 空军基地、1 个主要直升机基地(2 个稍小的基地)、1 个运输机空军基地、1 个战术空中管制站、1 个武器基地,除此以外还有 1 个训练后勤基地和 1 个研究中心。主要作战飞机为 F-16 战斗机 72 架,除此以外还装备 C-130 大力神运输机 4 架、AH-64D 阿帕奇武装直升机 29 架、M1M-104 爱国者导弹 20 枚和 FIM-92 毒刺导弹若干枚。

预备役部队 3273 人,其中陆军 2686 人,海军 82 人,空军 421 人,皇家宪兵队 84 人。预备役部队中,普通士兵服役不超过 35 岁,军士不超过 40 岁,军官不超过 45 岁。

兵役制度 实行志愿兵与义务兵相结合的兵役制度。志愿兵服役期为 2~9 年,义务兵服役期:陆军和空军为 12 个月,海军为 12~15 个月。

驻外兵力 阿富汗国际安全援助部队 380 人,波黑 77 人(欧盟部队 75 人、欧洲安全与合作组织 2 人),塞尔维亚 13 人(驻科索沃国际安全部队 8 人、塞尔维亚欧洲安全与合作组织 2 人、科索沃欧洲安全与合作组织 3 人),北约伊拉克训练任务 7 人,联合国中东停战监督组织 12 人,苏丹 16 人(非洲联盟—联合国达尔富尔混合行动 2 人、联合国苏丹特派团 2 人、联合国军事观察员 12 人)。

黑山:北约怀中的和平伙伴

国名 黑山共和国。

主要统计 面积 1.38 万平方公里。人口 62.5 万(2010 年)。国内生产总值 48.8 亿美元(2010 年)。国防预算 2700 万欧元,约合 3500 万美元(2010 年)。机场 5 个,铁路里程 250 公里,公路里程 7624 公里。

国防体制 总统为武装部队最高统帅。国家安全委员会是最高军事决策机构,成员包括总统、议长、总理、国防部长、总参谋长。国防部就国防政策提出建议并负责执行,并对战争危险和其他危险进行评估,以及建立国防领域的多边和政边的合作。武装力量由现役部队和准军事部队构成。

国防政策 北约建立"和平战略伙伴关系"直至加入北约,允许外国武装力量根据联合国安理会决议为执行和平使命而临时驻扎在其领土。承诺遵守解决波黑危机的《代顿和平协议》和解决科索沃危机的联合国安理会1244号决议,决不拥有和决不研制大规模杀伤性武器。

武装力量 现役部队约3127人。

陆军2500人。编有1个作战司令部,2个山地步兵旅,1个轻步兵旅,1个正在建设中的特种作战分队,1个海岸炮兵营,1个宪兵营。M-86型VP装甲运兵车8辆。火炮138门,迫击炮90门,BOV-1型自行反坦克导弹发射车10辆,肩扛式反坦克导弹117枚,100毫米MT-12型反坦克炮36门。

海军401人。设有4个作战部门的1个海军司令部,包括船艇巡逻队,海岸监视队,海事特遣队和搜救队。海豹输送艇2艘,海岸巡逻艇5艘,两栖登陆艇5艘,后勤支援类舰船3艘,航海训练船1艘。

空军226人。编有1个对地攻击战斗机和教练机混合飞行中队,1个运输直升机飞行中队。教练机18架,其中"超级海鸥"G-4教练机15架、UTVA-7教练机(基丰型教练机)3架。直升机编有"小羚羊"SA-341、SA-342L海上支援直升机15架,Mi-8T中型运输直升机1架。

准军事部队10100人,其中,内务部队6000人,特警分队4100人。

兵役制度 2006年取消义务兵役制,目前实施的是职业化常备军制度。

驻外兵力 驻阿富汗北约国际安全部队31人,联合国利比亚特派团观察员2人,欧洲安全与合作组织科索沃维和部队1人。

捷克:新生的职业国防军

国名 捷克共和国。

主要统计 面积7.8866万平方公里。国内生产总值3.77万亿克朗,约合1961亿美元(2012年)。国防预算489亿克朗,约合25.5亿美元(2011年)。钢产量520万吨(2010年)。发电量823亿千瓦时(2009年)。净煤产量5330万吨(2004年)。粮食(大麦、小麦、马铃薯)产量719.1万吨(2009年)。公路总长5.56万公里,客运量3.7亿人次,货运量3.7亿吨(2009年)。铁路总长9588公里,客运量1.6亿人次,货运量7672万吨(2009年)。水运能力,内河航道377公里,货运量总计165万吨(2009年)。空运能力,主要国际机场1处,客运量735万人次,货运量1.5万吨(2009年)。

国防体制 总统为武装力量最高统帅。最高国防决策机构为国防委员会,成员有政府总理、副总理、国防部长、外交部长、内务部长、经济部长、财政部长、工商部长、环保部长、总参谋长和总统军事办公室主任,由政府总理任主席。国防部为政府中的一个部,是最高军事行政机关,负责对军队实施政治领导和行政保障。武装力量由正规军和准军事部队组成,正规军分陆军、空军防空军两个军种。最高军事指挥机构为总参谋部。总统通过国防部和总参谋部对全国武装力量实施领导和指挥。

国防政策 捷克1993年1月1日独立后,原联邦国家军队和武器装备按2∶1分配,2004年9月,捷克众议院通过了政府关于取消义务兵役制的提案,取而代之的是职业化军队,只有在国家面临威胁或处于战争状态时,捷克民众才能被要求履行兵役义务。

武装力量 现役部队约2.34万人。

陆军7026人。编有1个快速反应旅(辖2个机械化营、1个摩步营、1个空降营),1个侦察营,1个机械化旅[辖1个装甲营、2个机械化步兵营、1个摩步营、1个特种部队、1个炮兵旅(辖2个炮兵营)]。

主战坦克约169辆,火炮257门,反坦克导弹671枚,"亚瑟"式雷达3部。

空军4567人。编有3个对地攻击战斗机中队,2个运输机中队,1个攻击直升机中队,1个运输直升机中队,1个防空导弹旅,1个无人侦察机部队。作战飞机48架。攻击机14架、战斗机24架、教练机27架、直升机62架、无人驾驶直升机SO-JAKIII型2架。空空导弹"响尾蛇"AIM-9M型、AIM-120型若干枚。炸弹GUBMk82型、Mk84型传统炸弹若干枚、GBU宝石路激光制导导弹若干枚。

联盟支援部队辖3个旅,1个心理战连。

准军事部队3100人,其中边防军3000人、内卫部队100人。

预备役部队14~15个国土防御旅团。

兵役制度 实行义务兵役制度,士兵服役期为6个月。

驻外兵力 驻阿富汗国际维和部队468人。驻波黑参加欧盟"木槿花"维和行动2人,欧安组织军事观察员1人。驻刚果(金)国际维和部队军事观察员3人。驻埃及特派团3人。驻塞尔维亚北约科索沃国际安全援助部队103人,联合国科索沃特派团军事观察员1人。

克罗地亚:成立晚、战争多的军队

国名 克罗地亚共和国。

主要统计 面积5.65万平方公里,人口441万(2010年)。国内生产总值571

亿美元(2012年)。国防预算10.6亿美元(2011年)。发电量146.7亿千瓦时,天然气26.9亿立方米,原油26.9万吨,钢71.9万吨。铁路2009年总长2722公里,其中电气化铁路985公里;2010年客运量约为6931万人次,货运量约为1231万吨。公路2009年总长29343公里,其中高速公路1097公里;2010年客运量约为5642万人次,货运量约为7497万吨。水运:拥有7个可以停泊大型远洋轮船的海港,2010年港口总吞吐量为2433万吨。管道运输:2009年输油管道总长610公里,天然气管道总长2141公里。空运:2009年有客机21架,航线21条;2010年客运量约为186万人次,货运量3262吨;8个国际机场。

国防体制 总统为武装力量最高统帅。国防与国家安全委员会为最高国防决策机构,总统任主席。议会下设内政和国家安全委员会,负责监督国防部的工作,确保武装力量的建设和行动符合有关法律。国防部是最高军事行政机构,主要负责监督有关军事法规、文件的执行,组织和领导战备、国防教育和部队职业化培训,管理武器装备的生产、采购、维护等。同时,国防部还通过下设的军事委员会制定武装力量的建设和发展规划、军事学说和军事战略。总参谋长直接对总统负责。各军种、军区和部队均隶属总参谋部。战时,总参谋部负责指挥部队的作战行动。

国防政策 1995年,克罗地亚国内局势发生重大转折,克凭借较雄厚的经济基础和美、德等西方国家的支持,经过4年多的苦心经营,建立起一支训练有素的军队。于1995年5月和8月,克当局两次采取大规模军事行动,相继收复塞族控制的西区和南北区,并在国际社会推动下于同年11月,同塞族达成和平解决东区问题的协议,从而基本完成了国家统一的战略目标,持续多年的半战争状态终于结束。

武装力量 现役部队约1.86万人。预备役部队2.1万人。

陆军约1.14万人,编有1个装甲旅、1个步兵旅、3个警卫团、1个特种兵营、1个反坦克团、1个炮兵团、1个防空团、1个工兵团、1个宪兵团。主战坦克约261辆,装甲步兵战车103辆,火炮1436门,反坦克武器导弹603枚,自行导弹43枚(POLOBOV型),便携式反坦克导弹560枚,火箭发射器若干部(73毫米口径"皮鞭"PRG-22型和PRG-7型、90毫米口径M-79型)。

海军1850人。海军司令部驻斯普利特,分为南、北2个海区。微型潜艇(蛙人动力艇)3艘,近海巡逻与战斗舰艇6艘,近岸猎雷艇1艘。两栖舰艇,"采蒂纳河"坦克登陆艇2艘。海岸防卫部队:3个防空导弹连、21个舰艇炮兵组,装备RBS-15K反舰导弹。海军陆战队2个独立连。海岸警卫队编为2个师:驻普利特1个师、驻普拉1个师,装备"来尔纳饵"巡逻艇4艘,训练船2艘。

空军与空防部队 3500 人。编为地面攻击战斗机混合中队 2 个、运输中队 1 个、直升机运输中队 2 个、战机训练中队和直升机训练中队各 1 个。战斗机 10 架,地面攻击战斗机 10 架,教练机 24 架,中型运输直升机 13 架,轻型运输直升机 8 架。地对空导弹:自行导弹若干枚(S–300 型);便携式火箭发射器若干部(SA–14 型、SA–16 型)。雷达 8 部(FP5–117 型 5 部、S–600 型 3 部)。

兵役制度 从 2005 年起取消基本役,公民可以自由决定是否加入职业化军队或预备役。

驻外兵力 参加北约阿富汗国际安全援助部队 300 人,参加波黑欧洲安全与合作组织 1 人,参加联合国驻塞浦路斯维持和平部队 2 人,参加印度/巴基斯坦边境联合国维和部队观察员 9 人,参加联合国驻黎巴嫩过渡部队 1 人,参加联合国利比里亚特派团 2 人,参加塞尔维亚和科索沃欧洲安全与合作组织 9 人(塞尔维亚 1 人,科索沃 8 人),参加联合国驻苏丹特派团 4 人,参加叙利亚/以色列联合国脱离接触观察员部队 94 人(1 个步兵连),参加联合国西撒哈拉公民投票特派团观察员 7 人。

外国驻军 联合国驻普雷夫拉卡半岛军事观察团有来自 23 个国家共 27 名军事观察员。

拉脱维亚:北约帮助建军

国名 拉脱维亚共和国。

主要统计 面积 64589 平方公里。人口 224 万(2010 年)。国内生产总值 284 亿美元(2012 年)。国防预算 2.68 亿美元(2011 年)。工业支柱产业有采矿、加工制造和水电气供应等。铁路:总长 2305 公里,其中 257 公里电气化铁路,2009 年货运量为 5367 万吨,客运量 2155 万人次。公路:国家级公路线总长达 227 公里。2009 年公路货运量 3781 万吨,客运量 1431 万人次。水运:内河航线全长 350 公里,2009 年港口吞吐量为 5756 万吨。输油管道 766 公里。2009 年输油量为 377 万吨。空运:共有飞机 81 架,国际航线总长 8400 公里,3 个国际机场。

国防体制 总统为武装力量最高统帅,同时担任国家安全委员会主席。国家安全委员会是安全领域最高机构,负责制定和协调国家安全政策和防务政策。国防部是拉脱维亚的最高军事行政机关。平时,国防部负责处理与武装力量有关的事务,国防部长负责武装部队的管理与控制。战时,总统可任命一人为最高司令,通常为总理,统一领导全国军事行动。国防部长通过武装部队司令对军队实施领导和控制,武装部队司令通过各职能司令部(军种司令部等)对武装部队实施直接指挥。

国防政策 在组建军队过程中,美、英、德、法及北欧国家提供了培训和武器装备等方面的协助。美国军事教育培训基金(IMET)每年为拉培训 40~60 名高级专业人员。在西方国家的支持下,拉同立陶宛、爱沙尼亚签订了军事合作条约,统一协调三国安全事务。

武装力量 现役部队约 5745 人。其中,陆军 1058 人、海军 587 人、空军 319 人、联合参谋机构 3202 人、国民卫队 579 人。另有预备役人员 10866 人。联合机构 3202 人。编为 1 个联合司令部(下辖 1 个参谋营)、1 个后勤司令部(下辖 1 个运输营和 1 个后勤营)、1 个训练与条令司令部。特种作战部队下辖 1 个突击营、1 个潜水分队。另有 1 个宪兵分队。

陆军约 1058 人,编为 1 个旅 2 个步兵营。主战坦克 T-55 型 3 辆,装甲侦察车 BRDM-2 型 2 辆,火炮 56 门,迫击炮 30 门(120 毫米口径 M-120 型)。反坦克火箭发射器若干部。便携式防空地对空导弹 5 枚("斯特雷拉"2M 型)。

海军 587 人(包含海岸警卫队),编为 2 个分遣队:水雷对抗舰分队和巡逻艇分队。拉脱维亚与立陶宛、爱沙尼亚共同建立了一支联合海军部队"巴特龙",总部位于塔林。近海巡逻与战斗舰艇:巡逻艇 4 艘(挪威产"风暴")。反水雷舰艇 5 艘,远洋猎雷舰 4 艘(荷兰产"伊玛塔"),滨海水雷对抗支援舰 1 艘(挪威产"维达尔")。后勤与支援船 2 艘,测量船 1 艘(荷兰产辅助远洋拖船 1 艘)。海岸警卫队装备:巡逻艇 6 艘("阿斯特拉"1 艘、挪威产 KBV236 型 1 艘)。

空军 319 人,主要负责空管与空防、海陆搜索与营救、空运,编为 1 个运输中队、1 个空防营、1 个雷达中队。轻型运输机 3 架:"小马"安-2 型 2 架、"小涡轮"L-410 型 1 架。直升机:海上支援直升机 4 架(米-17 型);轻型运输机 2 架(米-2 型)。

准军事部队海岸警卫队,配备巡逻艇 2 艘(芬兰产"瓦尔帕斯"1 艘、"洛基"1 艘)。

兵役制度 2007 年 1 月开始废除强制性兵役制度,实行军队职业化。军队与士兵可签署 3~15 年的服役合同。公民有权终身在武装部队服役。

驻外兵力 参加北约驻阿富汗国际安全援助部队 155 人,参加欧洲安全与合作组织驻摩尔多瓦部队 2 人。

立陶宛:自认无威胁的国防

国名 立陶宛共和国。

主要统计 面积 6.53 万平方公里。人口 328.1 万(2010 年)。国民生产总值 421.6 亿美元(2012 年)。国防预算 4.27 亿美元(2011 年)。2010 年立境内铁路通车里程 1775.3 公里。2010 年铁路货运量 4806 万吨，客运量 436.30 万人次。2010 年全国公路总长 21320 公里，公路货运量 4487 万吨，客运量 3.80 亿人次。2010 年海上货运量 676.0 万吨，客运量 25.30 万人次。2010 年水路货运量 99.63 万吨，水路客运量 187.08 万人次。2010 年立各机场货运总量 2900 吨，客运总量为 82.82 万人次。国际机场 3 个。

国防体制 总统为武装力量最高统帅，国家国防委员会是协助总统处理国防事务的决策机构，由总统、议长、总理、国防部长和三军司令组成。国防部文职部长控制军队，由三军司令及其领导的国防参谋部指挥部队执行各种作战训练任务。武装力量由陆军、空军、海军、特种作战部队、后勤保障部队、军事教育训练机构和部队、宪兵部队和预备役部队构成。其中特种作战部队与宪兵部队为直属部队。

国防政策 立国家安全政策是公开、透明和非对抗性的，认为目前国家安全未受到任何直接军事威胁，不视任何国家为敌人。实行职业军人和义务兵混合制，义务兵服役期为 12 个月。

武装力量 现役部队约 10640 人。编为陆军、空军、海军、特种作战部队、后勤保障部队、军事教育训练机构和部队等。其中陆军 8200 人，海军 530 人，空军 980 人，联合参谋机构 1804 人，准军事人员 14600 人，另有 6700 名预备役人员。

陆军 8200 人。编为快速反应部队 1 个旅（"铁狼"机械化步兵旅。由 2 个机械化步兵营、2 个摩托化步兵营和 1 个炮兵营构成），1 个工程兵营，1 个宪兵营，1 个训练团。另有国防志愿军 4700 人，主要负责领土防御，编为 5 个团。水陆两用侦察车 10 辆（BRDM-2 型），装甲运兵车 187 辆（8v206 型 IM-113A1 型）。火炮 133 门（牵引火炮 105 毫米口径 M-101 型 72 门，迫击炮 120 毫米口径 M-43 型 61 门）。反坦克，"标枪"自行反坦克导弹 10 枚（M-102SA2 型）、"标枪"便携式反坦克导弹若干枚，无后坐力 84 毫米口径多用途膛线炮若干门。

海军 530 人。立陶宛与拉脱维亚、爱沙尼亚共同建立了一支联合海军部队"巴特龙"，总部驻塔林。近海巡逻与战斗舰艇 4 艘：近海巡逻舰 3 艘（标准弗莱克斯 300 型，舰载 76 毫米口径火炮 1 门），巡逻艇 1 艘（挪威产"风暴"）。反水雷：近岸猎雷舰 2 艘（德国产"林道"）；近海在雷对抗支援舰 1 艘（挪威产"维达尔"）。后勤与支援船：多用辅助舰 1 艘（前苏联产）；维修舰 1 艘；潜在支援船 1 艘（丹麦产）；小型港口拖船 1 艘（前苏联产）。

空军 980 人，另有 190 名文职，编为 1 个防空营。战术运输机 5 架（"斯巴达"C-27J 型 3 架、"小涡轮"L-410 型 2 架）；教练机 2 架（"阿尔巴特罗"L-39ZA 型）。直升飞机：中型运输直升机 9 架（米-8 型）。地对空导弹"RBS"型若干枚。

特种作战部队。1个反恐分队、1个"猎人"营、1个潜水分队。

联合后勤支援指挥司令部训练与条令司令部734人,编为1个训练团。

准军事部队14600人。其中,步枪射手协会9600人、边界警卫队5000人(内务部辖)、海岸警卫队540人。

兵役制度 兵役制度分为3部分:基础军事训练、职业兵役、国防志愿部队。基础军事训练:强制性,是18~35岁公民的义务,训练周期为9~13周,公民只要完成9周的训练就被视为完成了兵役的义务,成为预备役人员,公民完成13周的训练就有资格签约成为职业军人,签约后再经过3个月的训练就可派驻各地。职业兵役:35岁以下公民均可申请,需22名担保人,合同期为4年,可以续签。国防志愿部队志愿人员必须精通一门业务,战斗人员要求18~42岁,非战斗人员要求18~52岁,合同期为3~5年。

驻外兵力 参加北约阿富汗国际安全援助部队220人、波黑欧盟部队1人、北约伊拉克训练团2人。执行北约波罗的海空中治安巡逻的美军F-15C战斗机4架。

卢森堡:在北约的庇护下

国名 卢森堡大公国。

主要统计 面积2586平方公里。人口49.1772万(2010年)。国内生产总值约含567亿美元(2012年)。国防预算约合3.01亿美元(2011年)。钢铁工业、金融业和卫星通信业是其经济的三大支柱。素有"钢铁王国"之称。

国防体制 国家元首(大公)是武装力量最高统帅。大公通过国防大臣和陆军司令对全国武装力量实施领导和指挥,授权国防大院领导武装力量。国防部是武装力量的最高领导机关。陆军司令部为最高军事指挥机构。武装力量由正规军和准军事部队组成。正规军只设陆军,准军事部队只设宪兵队。

国防政策 卢森堡是北约成员国,奉行依靠北约的集体安全政策。

武装力量 现役部队900人,准军事部队612人。

陆军900人。编为2个侦察连,1个轻步兵营。"突击队员"式装甲输送车5辆。81毫米迫击炮6门。"陶"式反坦克导弹发射装置6具。

空军无人。但参与北约联合空中预警体系,若有合法需要,北约E-3A空中早期预警机可由卢森堡支配。编为1个预警机中队。各型飞机19架。其中,E-3A"望楼"式预警机17架,波音707型教练机2架。

准军事部队宪兵部队612人。

兵役制度 陆军实行志愿兵役制,服役期3年。宪兵和警察实行招募制。

驻外兵力 参加北约阿富汗国际安全援助部队9人，驻波黑欧洲安全与合作组织观察员1人，驻塞尔维亚科索沃维和部队28人，驻乌干达欧盟训练团1人。

罗马尼亚：不断推进军队职业化

国名 罗马尼亚。

主要统计 面积23.84万平方公里。人口2119万（2010年）。国内生产总值约合1693亿美元（2012年）。国防预算67.8亿列伊，约合21.4亿美元（2011年）。钢产量390万吨（2010年）。煤产量3060万吨（2009年）。原油产量405万吨（2010年）。天然气产量110亿立方米（2010年）。发电量591亿千瓦时（2010年）。粮食产量1657万吨（2010年）。铁路总长2万公里，货运量5293万吨，客运量6427万人次（2010年）。公路，总长8.2万公里，货运量1.7亿吨，客运量2.4亿人次（2010年）。海运能力，拥有港口38个，商船（载重100吨以上）439艘，货运量为3812万吨，客运量7000人次（2010年）。民航能力，固定航班机场12处，国际机场6处，客运量1013万人次，货运量2.6万吨（2010年）。

国防体制 宪法规定，总统为武装力量最高统帅。最高国防决策机构为最高国防委员会，总统任主席，总理任副主席，其他成员有主管工业和贸易的国务部长、国防部长、内务部长、外交部长、情报局长、国务秘书兼总参谋长等。国防部为政府最高军事行政机构。武装力量由正规军和准军事部队组成。正规军分陆、海、空三个军种。总参谋部为最高军事指挥机构。总统通过最高国防委员会和国防部、总参谋部对全国武装力量实施领导和指挥。

国防政策 2003年10月，罗修改宪法，取消义务兵役制。罗军不断推进军队职业化进程，计划逐步实行军旅制。

武装力量 现役部队约7.17万人。

陆军4.3万人。编有1个陆军司令部，下辖3个师，共11个旅5个团，包括5个机械化步兵旅、2个机械化旅、2个步兵旅、1个炮兵旅、1个工程兵旅、3个炮兵团、2个防空团。主战坦克345辆。步兵战车MLI-84型20辆。装甲输送车1616辆。火炮870门。火箭122毫米APR-40型133门、LAROM型54门。迫击炮3120毫米M-1982型271门。反坦克导弹138枚。反坦克炮231门。高炮78门。雷达"大弗雷德"式SNAR-10型战场监视雷达8部。

海军7000多人。编有1个海上作战司令部、1个舰队司令部、1个护卫舰队、1个多瑙河区舰队。主要基地有曼加利亚、康斯坦察、布勒伊拉、图尔恰。护卫舰3艘，扫雷舰4艘，水雷战舰艇10艘，布雷舰1艘，支援和其他舰只12艘。海军陆战队编有1个海军水兵营。装备有装甲输送车：ABC-79M型11辆、TABC-79M型3辆。

空军8400人。编有2个运输旋翼机中队、1个攻击战斗机中队、2个运输机中队、4个训练机中队、5个支援直升机部队、1个防空旅、1个工程团、5个空军基地。作战飞机49架，侦察机1架。运输机20架，教练机33架。直升机："美洲豹"IAR-330SOCAT型23架、"云雀"ⅢIAR-316B(SA-316B)型6架。轻型运输直升机"美洲豹"IAR-330(SA-330)型35架，地空导弹"盖德莱"SA-2(S-75M3)型6枚、"鹰"PIPⅢ型8枚。空空导弹："魔术"ⅡR-550型、"蟒蛇-3"型若干枚。空地导弹："长钉"增程空地导弹若干枚。

预备役部队4.5万人。

准军事部队7.99万人，隶属内务部。其中边防部队2.29万人，国民卫队5.7万人。

兵役制度 实行义务兵与合同兵相结合的兵役制度。陆、海、空三军士兵服役期均为12个月。军官最高服役年限：将官59岁、校官55岁、尉官42岁。

驻外兵力 驻北约阿富汗国际安全援助部队1648人，辖1个步兵营，配备TAB-77型飞机、TABC-79型飞机、"食人鱼"ⅢC型飞机若干架。驻波黑欧盟"木槿花"维和行动64人、欧洲安全与合作组织驻波黑观察员3人。驻科特迪瓦联合国维和行动军事观察员6人。驻刚果(金)联合国特派团军事观察员21人。参加北约驻伊拉克训练团3人。驻利比亚联合国特派团军事观察员2人。驻尼泊尔联合国代表团军事观察员7人。参加北约驻科索沃地区维和部队139人，欧洲安全与合作组织驻科索沃3人、联合国驻科索沃临时特派团军事观察员1人。驻苏丹参加联合国军事观察员10人。

军队节日 军队日：10月25日；陆军节：4月23日；空军节：7月20日；海军节：8月15日。

马耳他：不设国防部

国名 马耳他共和国。

主要统计 面积316平方公里。人口约8万(2010年)。国内生产总值约合87亿美元(2012年)。人均国内生产总值19259美元(2010年)。国防预算4300万马耳他里拉，约合5800万美元(2011年)。

国防体制 1964年9月21日颁布的独立宪法规定，马耳他为君主立宪制政体，英国女王为马耳他国家元首。1974年12月13日修改宪法，马耳他成为共和国，但仍保留在英联邦内，总统为国家元首，由总理提名经议会投票产生，任期5

年。马耳他不设国防部,武装部队由总理直接管辖。根据1980年同意大利签订的双边防务协定,意负责为马提供安全保障。

武装力量 现役武装部队约1954人。

预备役167人,其中紧急状况志愿者预备役班120人,个人预备役47人。

地面部队编有1个团(下设2个步兵连,1个防空保障连)。后勤保障:编有2个团:3团,下设1个工兵中队;4团,下设1个信号连和1个安全连。

海军1个海军中队,编有5个分支离岸巡逻、近岸巡逻、快速布防和训练、海军工程兵及后勤保障。

空中部队编有1个基地分队,1个作战分队,1个维护分队,1个综合保障分队,1个救援分队。轻型运输机2架,训练机5架。MRH直升机7架,训练直升机1架。

马其顿:以军队的古老方阵闻名于世

国名 马其顿共和国。

主要统计 面积25713平方公里。人口204.336万(2010年)。国内生产总值96.8亿美元(2012年),国防预算1.45美元(2011年)。矿产资源比较丰富,其中煤的蕴藏量为1.25亿吨。2010年工业产值约为12.73亿欧元,占国内生产总值的18.41%。2010年农业产值约6.67亿欧元,占国内生产总值的9.6%。耕地面积为32.33万公顷。铁路总长696公里,2010年铁路客运量151.2万人次,货运量309.7万吨。公路总长为13736公里。2009年公路客运量1347.4万人次,货运量3478.2万吨。主要机场有斯科普里机场和奥青里德机场。2010年航空客运量719796人次,货运量2005吨。

国防体制 宪法规定,总统为武装力量最高统帅。国防部是最高军事行政机关,负责制定国防政策和军事法规,调配干部,领导国防科技研究、装备和后勤供应等工作。正规军分为陆、空两个军种。武装力量由正规军和准军事部队组成。总参谋部为最高军事指挥机构。总统通过国防部和总参谋部对全国武装力量实施领导和指挥。

武装力量 现役部队约1.6万人。

陆军1.5万人。编有2个军司令部、3个旅,其中包括1个边防旅。坦克:T-34型4辆、T-55型94辆。装甲侦察车:BRDM-2型10辆、HMMWV型41辆。装甲运输送车:BTR-70型60辆、BTR-80型12辆、M-113A型30辆。牵引炮:76毫米、105毫米、122毫米等口径若干门。火箭炮:128毫米M-71(单管)型73门、M-77型12门。反坦克导弹:AT-3"耐火箱"型若干枚。无坐力炮:57毫米、82毫米若干门。岸防分队(400人)装备9艘内河巡逻艇。

空军约700人。教练机：4架。运输机：10架。直升机：米-17型4架。高炮：20、40毫米50门。地空导弹：SA-7型30枚。

预备役6万人。准军事部队、警察7500人（约4500名武装警察）。

兵役制度 实行义务兵役制和职业军人相结合的制度，义务兵服役期为9个月。

外国驻军 联合国驻科索沃维和部队后勤支援部队约5000人。

军队节日 建军节：8月18日。

乌克兰：具有雄厚的军工基础

国名 乌克兰。

主要统计 面积60.37万平方公里。人口4543.3415万（2010年）。国内生产总值约合1762亿美元（2012年）。国防预算34.4亿美元（2011年）。钢产量3360万吨（2010年）。煤产量5440万吨（2010年）。发电量1880亿度（2010年）。粮食产量3920万吨（2010年）。铁路总长2.2万公里，货运量5.5亿吨，客运量4.27亿人次（2010年）。公路总长16.95万公里，货运量1.58亿吨，客运量37亿人次（2010年）。海运能力，航运4400公里，商船（1000吨以上级）193艘，货运量1110万吨，客运量807万人次（2010年）。空运能力，主要国际航空港4处，客运量610万人次，货运量8.73万吨（2010年）。

国防政策 乌克兰军队始建于1991年8月24日。苏联解体后，乌继承了原苏军大量部队、先进武器装备及战略储备物资，其中包括78万名现役军人，6500辆坦克，7150辆装甲车，1500架飞机，350艘军舰，1272枚洲际导弹核弹头，2500枚战术核武器。1992年，乌宣布奉行无核、中立、不结盟政策，开始进行大规模裁军。

武装力量 现役部队约12.99万人。

陆军约7.0753万人。设1个陆军司令部，下辖3个机械化部队（地区性作战司令部将逐渐撤销）。即将于2015年完成的军事改组将包括1个联合快速反应部队，1个主要防御部队，1个战略救援部队。其中部分职能直属于陆军司令部，组成1个导弹旅，1个特种部队及1个核生化部队。目前陆军司令部直属部队下辖1个空中机动旅、1个战役战术导弹旅、2个特种作战团、1个总统警卫团、1个工程团、1个国防部队。主战坦克2988辆，装甲侦察车BRDM-2型约600辆。步兵战车3028辆，装甲输送车1432辆，火炮3351门。反坦克导弹AT-49K111"塞子"、AT-59K113"拱肩"式若干枚。反坦克炮100毫米MT-12/T-12型500门。直升飞机177架："雌鹿"米-24型攻击机139架、"河马"米-8中型运输机38架。地空导弹约500枚。火炮470门。30毫米2归自行炮70门、57毫米S-国牵引炮400枚。雷达："小弗雷德"、"小口"/SNAR-10、"大弗雷德"式若干部。战役战术导弹发射架212部，"飞毛腿"B型72部、"蛙"式50部、"圣甲火"55-21型90部。

海军约1.39万人（包括海军航空兵2500人、海军陆战队3000人）。战术潜艇"狐步级"1艘。主要水面作战舰艇10艘。水雷战舰艇5艘，两栖舰艇3艘，后勤支援舰艇各型29艘。海军航空兵2500人。装备反潜机Be-12型10架，运输机13架。直升机77架，重型运输直升机:米-6"尾钩"型5架。海军陆战队3000人。编成1个海军陆战旅。

空军4.524万人。编有3个空军司令部，分别为西部、南部和中部司令部。另有一个执行任务部队"克里米兰"。辖5个运输旋翼机旅，2个攻击战斗机旅，2个侦察机中队，3个运输机旅，若干个教练机中队，若干个运输直升机中队。作战飞机211架。侦察机26架。运输机46架。教练机"信天翁"L-39型39架。直升机38架。地空导弹S-300PS型/SA-11、"牛虻"/S-75、"沃尔霍夫洞"等型共825枚。空地导弹Kh-25型、Kh-59等型若干枚。空空导弹R-60（AA-8"蚜虫"）型、R-73（AA-1J"射手"）型、R-27（AA-10A"杨树"）型若干枚。

预备役部队近5年服过现役者约100万人。

准军事部队约9.44万人。其中，内卫部队3.99万人（辖4个地区性军事部队、1个摩步化部队）、边防部队4.5万人（辖1个空军战斗机中队、3个空军中队、1个导弹控制中队、6个准军事旅、1个准军事部队、1个教练师，配备巡逻舰艇30艘、支援舰艇1艘、运输机及反潜直升机若干架）、国民卫队9500人（辖4个独立旅、4个独立团）。

驻外兵力 驻阿富汗北约国际安全援助部队31人。驻波黑欧安组织特派团1人。驻刚果（金）联合国军事观察员12人。驻伊拉克北约部队9人。驻利比里亚联合国部队277人，军事观察员2人，1个航空连。驻地中海北约"积极奋进"行动护卫舰1艘。驻摩尔多瓦军事观察员10人。驻塞尔维亚北约维和部队127人，1个步兵连；联合国军事观察员2人，欧安组织观察员3人。驻苏丹联合国军事观察员9人。

外国驻军 俄罗斯海军约13000人，包括驻塞瓦斯托波尔1个舰队司令部，1个海军陆战队团，装备有102辆装甲步兵战车和装甲输送车、24门火炮。

西班牙:打造一支精干高效拥有快速反应能力的部队

国名 西班牙王国。

主要统计 面积505925平方公里。人口4531.66万（2010年）。国内生产总值1.05万亿欧元，约合1.39万亿美元，人均3.07万美元（2012年）。国防预算158亿美元（2011年）。原煤产量1020万吨（2009年）。铁储藏量19亿吨（2008年）。钢铁产量1360万吨(2010年)。发电量1856.28亿千瓦时。谷物产量(小麦、大麦、玉米、稻米)2271.5万吨(2007年)。铁路总长17074公里,货运量3090万吨(2008年)。公路总长16.56万公里,客运量13.08亿人次(2008年)。海运能力,主要港口53个,进出港口船只144962艘,在运量2.09亿人次,货运量6.07亿吨(2008年)。民航能力:全国有机场105个,其中34个机场有定期航班,在运量2.09亿人次,货运量6.07万吨(2008年)。

国防体制 宪法规定,西班牙是社会与民主的法制国家,实行议会君主制。王位由胡安·卡洛斯一世及其直系后代世袭。国王为国家元首和武装部队最高统帅。国防委员会既是国防事务的最高咨询机构,也是国防最高决策机构,国王为主席,通常由首相主持会议,成员有副首相、国防大臣、外交大臣、内政大臣、国防参谋长、三军参谋长。三军参谋长联席会议是军队的最高指挥机构。国防部是最高军事行政机关,负责制定防务政策和领导国防工业。国王、首相通过国防部和国防参谋部对全国武装力量实施领导。武装力量由正规军和准军事部队组成。正规军分陆、海、空军3个军种。准军事部队由国民警卫队和海上国民警卫队组成。国王和首相通过国防部和国防参谋部对全国武装力量实施领导和指挥。

国防政策 实施积极防御政策,确保国家安全。冷战后,西班牙根据国际形势变化和国家战略调整的需要,强调唯有打造一支精干高效、拥有快速反应能力的部队才能确保国家安全。21世纪初以来,西班牙大力削减陆军规模,不断强化海、空军和快反部队力量建设,以确保在国家紧急情况下有能力迅速投入作战。重视欧洲防务建设,谋求在欧洲安全事务中发挥重要作用。2008年西班牙首相签署的国防法令明确将欧盟列为西班牙国防政策的优先考虑重点,认为欧洲安全与防务和西班牙的国家安全紧密相连,欧盟应拥有真正的安全防务政策和强化军事能力建设,在预防和解决国际和地区问题中发挥积极有效的和可信的作用,西班牙应融入欧盟并在欧盟事务中发挥重要作用,西有责任推动欧盟军事和安全机制建设。积极参与北约的集体防御,力促北约进行内部改革和东扩,提升西班牙在北约的地位。西班牙认为,参与和维护北约的集体防御是其国防政策的重要支柱之一,主张推动北约机构改革和东扩,支持北约与欧盟加强在军事等领域的合作。维护在拉丁美洲和非洲的战略利益,积极拓展与地中海南岸国家的关系。西班牙在拉丁美洲和非洲有着其传统利益,确立了以拉丁美洲和马格里布为重点的对外战略,积极发展与上述地区国家的关系,并极力推动欧盟与地中海国家的关系,以谋求扩大西班牙在上述地区的影响力和利益。主张严厉打击恐怖主义,开展国际反恐合作。西班牙是面临严重恐怖主义威胁的国家之一,2004年3月11日发生的马德里火车站连环爆炸案令西班牙举国上下震惊。西政府迅速将恐怖主义列为西面临的"最直接、最主要"的威胁，强调加大反恐力度，呼吁国际社会加强反恐合作。西班牙重视与美进行反恐合作，但在阿富汗战争问题上态度谨慎，不愿牵扯过深。西班牙新国防法法案做出规定：西班牙武装部队不得参加任何未经联合国等国际组织批准的非法战争，如要参加与保卫西班牙国家无关的国际军事行动时，须经过议会批准。

武装力量 现役部队约14.21万人。

陆军7.81万人。编有陆军快速反应司令部、陆军司令部、后勤机动司令部和加那利岛司令部。辖4个本土防御司令部、2个师司令部、1个指挥司令部、1个特种部队司令部、1个海岸炮兵司令部、1个陆航司令部、1个高射炮司令部、1个火炮司令部、1个工程司令部、1个步兵司令部、1个支援司令部、1个武装旅、1个装甲旅、2个机械步兵旅、1个陆航旅、3个轻装步兵旅、1个电子侦察旅、1个医疗旅、1个核生化团、1个军民合作营。主战坦克447辆，装甲侦察车292辆。装甲步兵战车144辆。装甲输送车1997辆。火炮1854门。火箭炮140毫米14门。迫击炮120毫米205门，其他火炮81毫米890门、120毫米240门。反坦克导弹"陶"式200枚、"米兰"式448枚。直升机"虎"AS-665型武装直升机6架、"霍特"BQ-105型武装直升机25架。运输机119架。无人机"搜索者"MK11-J型4架。地空导弹"米兰"式18枚、"鹰"式MIM-23B型36枚、"爱国者"PAC-11型防空导弹8枚。"西北风"便携式导弹180枚。牵引炮35毫米GDF-002型92门。雷达："炮兵猎手"4部，"火力发现者"AN/TPQ-36型2部。

海军2.16万人。编有5个舰队司令部和4个海管区。主要基地：族尔费罗尔、罗塔、卡塔赫纳、拉斯帕尔马斯、梅诺卡岛、马洛卡岛等。潜艇"西北风"级4艘。航空母舰"阿斯图利亚王子"级1艘。驱逐舰"瓦洛迪·巴赞"级4艘。护卫舰："圣·玛丽亚"级6艘。两栖舰艇："胡安·卡洛斯一世"级两栖攻击舰1艘、"加利西亚"级两幅船坞登陆舰2艘、"皮萨罗"坦克登陆舰1艘、其他船只14艘。巡逻战斗支援舰："帕蒂诺"号综合补给舰1艘、"坎塔布里亚"号作战补给舰1艘、"恩塞纳达"号补给舰1艘。海军航空兵814人。编有1个攻击战斗机中队，1个运输联络机中队，1个反潜机中队，1个预警机中队，1个运输机中队，1个教练机中队。装备有攻击战斗机"鹞"11AV-8B型战斗机16架、"鹞"TAV-8B型教练机1架、"奥利安"P-3型岸基反潜机7架、"嘉奖"11CE-550型轻型运输机3架、"嘉奖"11CE-650型轻型运输机1架。直升机240架，其中有"海王"SH-3型反潜机8架、"海鹰"SH-60B型12架、"休斯"500MD型反潜直升机10架、"海王"SH-3H型反潜机3架、HU-18型（贝尔212型）8架等。导弹"响尾蛇"A1M-9L型空空导弹、AIM-120型先进中程空空导弹、"幼苗"AGM-65G型空地导弹、"企鹅"AGM-119

型反舰导弹若干枚。海军陆战队5300人。装备有M-60A3TTS型主战坦克16辆、"皮兰哈"轮式装甲车22辆，两栖装甲战车AAV-7A1型/AAVP-7A1型16辆，AAVC-7A1型2辆、AAVR-7A1型1辆。155毫米M-109A2型自行炮6门，105毫米M-56型牵引炮12门，"陶"11式反坦克导弹24枚，90毫米C-90C型火箭炮若干门，"西北风"式地空导弹12枚。

空军2.12万人。编有3个空军司令部（即常规空军司令部、作战空军司令部、加那利岛空军司令部）和1个后勤支援司令部，辖4个运输旋翼机中队、5个攻击战斗机中队、2个多用途飞机中队、3个电子战机中队、3个搜索救援机中队、2个支援机中队、1个加油机中队、6个运输机中队、1个改装训练机中队、9个教练机中队。其中，常规空军司令部辖3个支援机中队、3个运输机中队、3个教练机中队。作战空军司令部辖10个攻击战斗机中队、2个支援机中队、1个多用途飞机中队、6个运输机中队、1个改装训练机中队、7个教练机中队。加那利岛空军司令部辖1个运输旋翼机中队、1个搜索救援机中队、1个运输机中队。后勤支援司令部辖1个训练总测试飞机中队。作战飞机179架。反潜机6架、多用途飞机CN235型6架、加油机7架、海上运输机97架、教练机108架。地空导弹，"西北风"式防空导弹、R-530导弹若干枚。"防空卫士"、"蝮蛇"式导弹若干枚。空空导弹"响尾蛇"A1M-9系列、"麻雀"AIM-7F/M型、R-530型、AIM-120B/C型先进中程空空导弹若干枚。反辐射导弹"哈姆"AGM-88A型若干枚。空地导弹："幼畜"AGM-65A/G型、"鱼叉"AGM-84C/D型、"金牛座"KEPD350型精确制导防区外导弹若干枚。

预备役部队31.9万人，其中陆军26.5万人，海军9000人，空军4.5万人。

准军事部队8.07万人，其中国民警卫队8万人，海上国民警卫队760人。

部署　三军兵力主要部署在马德里附近、海岸沿线及直布罗陀东北部的沿海地区。

兵役制度　实行志愿兵役制。志愿兵的服役期为16~36个月。

驻外兵力　驻阿富汗北约国际安全援助部队1537人，配备1个空降营。驻波黑参加欧洲安全与合作组织3人。驻刚果民主共和国联合国特派团军事观察员3人。驻亚丁湾和印度洋参加欧盟联合海军舰队"亚特兰大行动"舰艇2艘，CN-235运输机1架。驻黎巴嫩联合国临时部队1064人。驻地中海参加北约第二扫雷特遣队舰艇1艘。驻密尔维亚参加北约驻科索沃部队3人、欧洲安全与合作组织驻科索沃10人、欧洲安全与合作组织驻塞尔维亚1人、联合国科索沃临时行政当局特派团1人。驻乌干达特派团38人。

外国驻军　美国欧洲司令部驻军1256人，设有1个空军基地和1个海军基地。

军队节日 军人节1月6日,武装力量节5月最后一个星期日。

希腊:努力克服债务危机的影响

国名 希腊共和国。

主要统计 面积13.1957万平方公里,其中岛屿面积约占15%。人口1118.34万(2010年)。国内生产总值约合2492亿美元(2012年)。国防预算74亿欧元,约合93.6亿美元(2011年)。工业生产值363.71亿欧元(2010年)。煤产量70万吨(2009年)。农业产值66.27亿欧元(2010年)。铁路总长2571公里。高速公路里程为2186公里。海运能力:主要港口27个,商船(载重1000吨以上)2096艘,总吨位4308万吨(2010年),港口吞吐量8035万吨,海运收入143亿欧元。空运能力:机场47个,飞机班次194万次,客运量5.06亿人次,货运量6.07亿吨(2007年)。

国防体制 总统为武装力量最高统帅。最高国防决策机构为国家最高外交国防委员会,成员有政府总理,外交、国防、内政、财政、工业、交通部长和国防参谋长等。国防部是政府中的一个部,是最高军事行政机关,负责国防政策的制定及军队的建设和管理。武装力量由正规军和准军事部队组成。正规军分陆、海、空三个军种。准军事部队由国民警卫队、公安警察和港警等构成。最高军事指挥机构为国防参谋部,下辖陆、海、空军参谋部。总统通过总理、国防部和国防参谋部对全国武装力量实施领导和指挥。

国防政策 强调维护民族利益和国家安全是外交政策的基本原则之一。积极发展同美和北约的关系,主张北约与欧盟在维护和平与安全上共同发挥作用,支持欧盟组建欧洲多国快速反应部队。

武装力量 现役部队约13.89万人。

陆军7.89万人。编有4个军区司令部,1个师部,4个旅,5个侦察营,3个机械化步兵师司令部,7个机械化步兵旅,1个步兵师司令部,2个步兵师,5个步兵旅,1个特种部队司令部,1个海军陆战旅,1个炮兵团,1个空中机动旅,3个防空营,1个空中补给旅,1个后勤师,1个后勤司令部。主战坦克1590辆,装甲侦察车VBL型242辆,装甲步兵战车BMP-1型401辆。装甲输送车1778辆,自行炮155毫米M-109A1B/A2/A3GEA1/A5型195门、pzH2000型24门、203毫米M-110A2型127门。牵引炮105毫米M-101型263门、M-56型18门、155毫米M-114型129门。火箭炮122毫米RM-70型112门、227毫米"姆拉斯"式36门。运输飞机37架,直升机154架,重型运输直升机"支奴干"CH-470型15架、轻型运输直升机"贝尔"205架。无人侦察机"麻雀"式2架。地空导弹1722枚。雷达:76部,"亚瑟"式3部、"火力发现者"

AN/TPQ-36型5部、AN/TPQ-37(V)3型8部、BOR-A型40部、"玛戈特"式20部。

国民警卫队3.3万人。辖1个步兵师,1个伞兵团,8个炮兵营,4个防空营,1个航空营。

海军2万人(其中义务兵3100人)。编有1个舰队司令部,1个训练司令部,1个后勤司令部和4个本土海区司令部。主要基地有萨拉米斯、帕特雷、梭达湾。潜艇:10艘,"灰鱼"级8艘、"靶靶尼科里斯"级2艘。主要水面舰艇:14艘,"艾利"级(原荷兰制"科顿艾尔"级)10艘、"九头蛇"级4艘。海岸巡逻舰艇:32艘,"罗森"级3艘、"腐瓦里奥蒂斯"级5艘、"拉斯克斯"级4艘、"沃特森"级6艘、近海巡逻艇8艘及其他。反水雷舰艇11艘。两栖舰艇12艘。后勤直援舰艇40艘。海军航空兵编有1个反潜机师,2个机械化中队,装备海上反潜巡逻机"奥利安"P-3B型6架。直升机21架,"贝尔"212(AB-212)型反潜直升机8架、"海鹰"S-70B型11架、"云雀III"SA-319型2架。空地导弹:"企鹅"AGM-119型、"飞鱼"MM-40型反舰飞弹若干枚。

空军2.85万人。编有1个支援司令部,1个教练司令部,13个攻击战斗机中队,1个侦察机中队,1个反潜直升机中队。作战飞机303架。攻击战斗机241架,侦察机"鬼怪II"RF-4E型19架。反潜机"爱立眼"EMB-145型4架。导弹"响尾蛇"AIM-9L1AIM-9P型、"魔术II"R550型、Iris-T型、"米卡"IR型、"超级"530型、A1M-120B/C型、"米卡"RF型、"幼苗"AGM-6SAIB/C型、"风暴之影"型、"飞鱼"AM39型、"哈姆"AGM-88型若干枚。炸弹传统型GBU-8B寻的轰炸系统、"杰索伍"AGM-154型、"杰达姆"GBU-31型若干枚,激光制导导弹"宝石路II"GBU-12/16型、"宝石路III"GBU-24型若干枚。空军支援司令部辖3个运输机中队,1个直升机中队。配备运输飞机33架。运输直升机27架。空军教练司令部辖5个教练机中队,配备飞机104架、"橡树"T-2C/E型40架、"德州人"T-6A型20架、"德州人11"T-68型25架、T-41D型19架。防空兵辖20个地空导弹中队,配备防空导弹:牵引式"爱国者"PAC-3型36枚、PMU-15-300("轰鸣"/"滴水嘴"SA-10/20)型1枚、"响尾蛇"(法)NG/GR型9枚、"陶"-M10K331("护手套"SA-15)型4枚、"防空卫士"/"麻雀"式若干枚。火炮:35毫米35余门。

预备役部队25.1万人,其中陆军19.4万人、海军2.3万人、空军3.4万人。

准军事部队4000人(包括海岸警卫队和港警)。

配备巡逻舰艇128艘,运输飞机4架。

部署 陆军兵力主要部署在北部边境一带,海军兵力主要部署在中南部沿海和克里特岛地区,空军兵力集中部署在首都雅典附近及中部地区。

兵役制度 实行义务兵役制,士兵服役期为:陆军12个月,海军15个月,空军14个月。

驻外兵力 驻阿富汗北约国际安全部队 80 人,1 个工兵连,1 架 C-130 运输机。驻波黑欧盟"木槿花"维和部队 49 人,欧安组织观察员 4 人。驻塞浦路斯 950 人,包括 1 个机械化旅,装备主战坦克 61 辆、装甲输送车 80 辆、火炮 24 门。驻黎巴嫩维和部队 59 人,炮舰 1 艘。驻地中海北约"积极奋进"行动护卫舰 1 艘,"反雷组"行动护卫舰 1 艘。驻塞尔维亚北约维和部队 711 人,1 个机械化步兵营,欧安组织科索沃观察员 5 人。驻苏丹军事观察员 2 人。驻西撒哈拉军事观察员 1 人。

外国驻军 美国驻军 346 人,2 个海军基地费特希耶(马克立)、梭达湾,1 个空军基地伊拉克利翁。

军队节日 武装力量节:8 月 15 日。

匈牙利:人民军转变为国防军

国名 匈牙利共和国。

主要统计 面积 9.303 万平方公里。人口 997.3 万(2010 年)。国内生产总值 26.9 万亿福林,约合 1300 亿美元,人均国内生产总值 13011 美元(2012 年)。国防预算 2810 亿福林,约合 13.2 亿美元(2011 年)。原煤产量 900 万吨(2009 年)。原油产量 77.2 万吨(2009 年)。天然气产量 227.5 万吨(2009 年)。发电量 304.5 亿千瓦时(2009 年)。粮食产量(小麦、玉米)1194.7 万吨(2009 年)。铁路总长 7348 公里,货运量 76.73 亿吨公里(2009 年)。公路总长 3.14 万公里,货运量 353.7 亿吨公里,在运量 113.2 亿人公里(2009 年)。海运能力,商船(载重 100 吨以上)15 艘,总载重量 9.32 万吨。客运量 1762 万人公里(2009 年),货运量 18.3 亿吨公里(2008 年)。民航能力,固定航班机场 1 处,民用飞机 1118 架。客运量 54.69 亿人公里,货运量 1700 万吨公里(2009 年)。

国防体制 宪法规定,总统兼武装力量最高统帅。战时成立国防委员会,总统任主席,成员包括总理、议长、国防部长、内务部长、外交部长和国军司令(兼总参谋长)等。国防部为最高军事行政机关,负责制定国防政策和相关法律、法规。武装力量由正规军和准军事部队组成。正规军分联合部队、陆军和空军防空军三个军种。总参谋部为最高军事指挥机关,负责军队的指挥、训练和管理等。总统通过国防部和总参谋部对军队实施领导和指挥。

武装力量 现役部队约 2.96 万人。

联合部队 1.37 万人。编有 1 个联合部队司令部和 1 个通信团司令部。

陆军 1.01 万人。编有 2 个机械化步兵旅(下辖 4 个机械化步兵营、1 个轻装步兵营、1 个混合营、2 个后勤营),1 个特种作战营,1 个工程兵团,1 个支援旅,1 个核生化团,1个爆破团,2个训练中心。主战坦克T-72型29辆。装甲步兵战车:BTR-80/80A型380辆。牵引炮152毫米D-20型18门。迫击炮81毫米数门。反坦克导弹130枚,其中"塞子"AT-4(9K111)型30枚、"拱肩"AT-5(9K113)型100枚。巡逻和海岸作战舰艇巡逻艇2艘。

空军5806人。编成1个作战司令部、1个战斗机中队、1个运输机中队、1个教练机中队、1个武装直升机中队、1个运输直升机营、1个防空导弹团。战斗机:14架,其中"鹰狮"C型战斗机12架、"鹰狮"D型2架。运输机"卷毛"安-26型5架。教练机:雅克-52型9架。直升机:"雌鹿"米-24武装直升机12架、"河马"H米-17型7架、"河马"米-8型中型运输直升机10架。地空导弹:"西北风"防空导弹系统45部、SA-6型16部。雷达2RAT31D1型3部、P-18型6部、SZT-68U型6部、P-37型14部。空空导弹:"响尾蛇"AIM-9、"射手"AA-11(R-33)型若干枚,"杨树"AA-10(R-27)型、AIM-120C型先进中距空空导弹若干枚。空地导弹:"幼苗"AGM-65型20枚、"蝇拍"AT-2型150枚、"螺旋"AT-6型80枚。

准军事部队1.2万人。内务部所属边防军1.2万人,编成11个边防区(团级)和1个布达佩斯防区(包括7个快速反应分队),装备BTR-80型装甲运输车68辆。

兵役制度 实行义务兵役制。士兵服役期为6个月。军官最高服役年限为50周岁。

驻外兵力 驻阿富汗参加北约国际安全援助部队507人,辖1个轻装步兵分队。驻亚美尼亚和阿塞拜疆参加欧洲安全与合作组织观察团2人。驻波黑参加欧盟多国稳定部队"木槿花"维和行动166人,辖1个步兵分队,欧洲安全与合作组织驻波黑观察团2人。驻塞浦路斯联合国维和部队84人。驻埃及事国观察员部队38人。驻伊拉克北约训练团3人。驻黎巴嫩联合国临时维和部队4人。驻塞尔维亚参加国际维和部队242人,辖1个步兵分队,欧洲安全与合作组织驻塞尔维亚观察团2人,欧洲安全与合作组织驻科索沃观察团3人。驻乌干达特派团4人。驻西撒哈拉联合国西撒哈拉公民投票特派团军事观察员7人。

军队节日 建军节:5月21日。

意大利:加快军事转型

国名 意大利共和国。

主要统计 面积30.1333万平方公里。人口6010万(2010年)。国内生产总值1.56万亿欧元,约合2.06万亿美元,人均国内生产总值3.43万美元(2012年)。国防预算381亿美元(2011年)。粗钢产量2580万吨(2010年)。农林渔业产值299.4

亿欧元,约合393.95亿美元(2009年)。原油管道长6503公里,成品油管道长2148公里,天然气管道长19400公里(2011年)。全国公路总长83.7万公里(2011年),其中高速公路总长6532公里(2011年),机动车保有量3488万辆(2009年)。铁路总长19394公里(2009年)。年客运量4.74亿人次,货运量8700万吨。全国海运主要港口19个,水路总长2400公里(2010年),商船(载重1000吨以上)427艘,总载重量697.16万吨。民航能力:机场98处,其中固定航班机场34处,客运量294.71亿人公里,货运量13.65亿吨公里。

国防体制 宪法规定,总统为国家元首和武装力量最高统帅,通过总理、国防部和国防参谋部对全国武装力量实施领导和指挥,对国防政策和军队建设负有全部责任。最高国防机构是最高国防委员会。成员包括总统、总理和国防、外交、内政、国库、预算、工业、农业部长和国防参谋长,由总统任主席,总理任副主席。国防体制是以国防部长(文官)为首,国防参谋长和国防秘书长实行分别主管军事和后勤管理的双轨制。武装力量由正规军和准军事部队组成,正规军分陆军、空军、海军三个军种,准军事部队由宪兵、财政警察和海岸警卫队等构成。国防部是最高行政机构,国防部负责具体实施各项国防政策。国防参谋部是最高军事指挥机构,下辖陆、海、空军参谋部和宪兵司令部。参谋长委员会为国防部最高咨询机构,成员有国防参谋长、三军参谋长、国防秘书长和宪兵司令,并由国防参谋长任主席。国防参谋长是全军最高军事长官,通过国防参谋部、国防秘书厅和军种参谋部对三军进行行政管理,通过三军作战司令部、舰队司令部、空军作战司令部指挥部队的作战和演习。国防秘书长兼国防装备部部长,并接受国防部长和国防参谋长的双重领导,负责国防部的行政事务和军队装备、人事管理等。

国防政策 加快军队转型,不断优化部队结构,注重提高各军兵种之间的协同作战能力,强化海军力量建设,以利于取得地中海的海上控制权;强调北约军事战略在意大利国防政策中的重要地位,积极担负北约赋予的南欧地区军事任务,并积极参加北约在阿富汗等地实施的军事行动;主张推进欧洲安全与防务机制和力量建设,坚决要求欧盟尽快建立一支统一精干的部队,主张先组建陆军,然后逐步建立欧盟海军和空军,以保护欧洲的安全,控制地中海地区;注重与美国的传统盟友关系,支持美在阿富汗的作战行动;主张以欧洲内部及跨大西洋合作为主,加强军事装备的联合开发。

武装力量 现役部队约18.5万人。

陆军10.8万人。主战坦克320辆。装甲侦察车"半人马座"B-1型300辆。装甲步兵战车243辆。装甲输送车3015辆。装甲突击车16辆。火炮953门。反坦克导弹1327枚。火箭筒110毫米"铁拳"-3型2000具。固定翼飞机6架,直升机229架,运输机102架。地空导弹132枚,高射炮25毫米SIDAM自行式64门。

海军3.4万人。编有1个作战舰队司令部,6个战区司令部(公海海军司令部:驻地塔兰托,负责掌管一线海军部队;巡防部队司令部:驻地奥古斯塔,负责掌管所有的巡逻护卫舰、沿海巡逻舰艇和巡逻飞机;水雷战司令部:驻地拉斯佩齐亚,负责掌管所有的反水雷舰艇;潜艇部队司令部:驻地塔兰托,负责掌管所有的潜艇;海军航空兵司令部:驻地罗马,负责掌管意大利海军的所有岸基和舰载飞机;海军登陆部队司令部:驻地布林迪西,负责掌管两栖部队和登陆部队);1个海上快速反应部队司令部。潜艇6艘,包括"佩洛吉"级4艘(每艘装备6座533毫米导弹发射装置,可装载A-184型线控鱼雷)、"塞尔瓦托雷·图达罗"级(U212A型)2艘(每艘装备6座533毫米导弹发射装置,可装载A-184型或OM2A4型线控鱼雷)。水面舰艇8艘。轻型航母2艘,其中"加里波第"级1艘、"凯沃尔"级1艘。导弹驱逐舰4艘,导弹护卫舰12艘,巡逻和海岸作战舰艇22艘,水雷战舰艇12艘。另有机械化登陆艇17艘,车辆人员登陆艇9艘。支援辅助舰船90艘。基地位于拉斯佩齐亚、塔兰托、布林迪西和奥古斯塔。海军航空兵2200人。编有1个攻击战斗机中队,5个反潜直升机中队,1个教练机中队及攻击直升机中队若干。战斗机16架,反潜直升机41架,搜索救援机"莫林"AW-101型4架,支援机22架。空地导弹若干枚(包括"响尾蛇"AIM-9L型空空导弹,AIM-120型中程空空导弹,"幼畜"AGM-65型空地导弹,"玛特"Mk2型反舰导弹)。海军陆战队2000人。编有"圣马可"陆战团(1300人),1个后勤支援团,1个训练大队。装备有VCC-2型装甲输送车40辆,AAV-7型两栖突击车18辆,迫击炮12门("布朗德"81毫米迫击炮8门、120毫米迫击炮4门),"米兰"式反坦克导弹6枚,"毒刺"FIM-92A型地空导弹1枚。特种作战部队编有1个特种作战司令部,1个水下作战分队,1个海军特种作战分队,1所学校和1个研究所。

空军4.3万人。编有4个司令部,分别为空军中队司令部(负责空中防御、进攻、侦察、机动、支援、武力保护、开展电子战等),训练司令部,后勤司令部,作战司令部(负责国内外军事行动)。编有6个旋翼战机飞行中队(装备欧洲战机"狂风"战斗机、"战隼"F-16A/F-16B型战斗机),6个攻击机战斗飞行中队(3个中队装备"狂风"式战斗机,3个中队装备"吉卜利"AMX型战斗机),1个海上侦察机中队(以"大西洋"BRI150型反带巡逻机担任作战控制指挥系统),8个运输机中队(1个中队装备G-222V5或G-222型战机、B-767多任务加油运输机,2个中队装备A-319CJ型飞机、"猎鹰"50型飞机、"猎鹰"900EX型飞机、"猎鹰"900Easy型及"海王"SH-311型飞机,2个中队装备"大力神"C-130J型军用运输机,1个中队装备C-271型飞机,1个中队装备P-180型飞机和P-166-DL3型飞机,1个中队装备AB-212型飞机),4个搜索与救援中队(装备"塘鹅"HH-3F型搜索救援机),2个搜索救援机分队(装备AB-212型飞机),10个教练机中队,7个运输直升机中队(装备AB-212型飞机),7个"斯巴达"式地空导弹中队,1个无人机中队(装备"捕食者RQ-1"型无人侦察机4架)。作战飞机252架,电子战机"狂风"式16架。海上巡逻机BR1150型"大西洋"10架。运输机89架,教练机108架。武装直升机114架,其中MD-500D(NH-500D)现教练机48架。"塘鹅"HH-3F型搜索救援机22架。运输机:轻型运输机AR-212(或"贝尔"212)型34架、"海王"5H-3D型2架。无人侦察机:"捕食者"RQ-1B型6架。导弹有"斯巴达"式地空导弹、"响尾蛇"AIM-9L型空空导弹、IRIS-T型空空导弹、AIM120型先进中距空空导弹、"哈姆"ACM-88型高速反辐射导弹、"风暴之影"斯卡普EG型远程巡航导弹。此外,还装备有激光制导"宝石路"Ⅱ增强型及"宝石路"Ⅲ增强炸弹各若干枚。

预备役部队4.22万人,其中陆军3.8万人,海军0.42万人。

宪兵10.80万人(属内政部)。编有1个司令部,1个特种部队,1个机动师(辖1个旅配备有1个骑兵装甲团、11个机动营,1个旅配备有1个空降团,1个特勤组,2个机动团),1个特殊机动师(辖1个专处理外事的宪兵司令部,9个隶属于内政部的宪兵司令部),1个直升机部队和1个训练司令部。装备有"菲亚特"6616型装甲侦察车18辆,VCC-1型装甲输送车10辆、VCC-2型装甲输送车15辆、"美洲狮"式装甲输送车12辆,"比亚乔"式P-180型飞机1架。直升机94架,其中AW-109型40架、AB-206("贝尔"206)型21架。

准军事部队14.23万人。

海岸警察装备巡逻艇147艘,其中海岸巡逻艇39艘。

海岸警卫队1.13万人。装备舰艇188艘,其中"萨埃蒂亚"级巡逻舰6艘,其他巡逻舰艇182艘。后勤和支援教练艇1艘。飞机18架,ATR-42型海上巡逻机2架、P-166-DL3型轻型运输机7架、AB-412SP型无人机9架。

兵役制度 根据意大利议会2000年通过的法律,意从2004年起开始实行军队职业化,同时将义务兵役改为志愿兵役;2005年1月正式取消义务兵役制度,实行志愿兵兵役制度。志愿兵服役则为10个月。其中陆军最高服役期限为45岁;海军最高服役期限为39岁,军官延长至73岁;空军最高服役期限为25岁,专家可延长至45岁。2006年起停止征兵,允许妇女加入各级部队和各兵种。各级军官最高服役期限:将官65岁、校官57岁、尉官50岁。

驻外兵力 驻阿富汗国际安全援助部队3330人,其中包括1个山地步兵旅司令部、3个山地步兵团,装备"达多"步兵战车、"猫胁"A-129型反坦克直升机、CH-47型飞机、"狂风"战斗机、"大力神"C-130军用运输机若干架,另有参加联合国阿富汗援助团观察员1人。驻阿尔巴尼亚专家代表团27人。驻波恩欧洲维和部队"木槿花"维和行动193人,欧洲安全与合作组织5人。驻埃及多国维和部队及观察员78人,海岸巡逻队1支。驻亚丁湾及印度洋欧洲"阿塔兰塔"行动护卫舰1艘。驻亚丁湾总索马里海盆北约"海洋盾"行动护卫舰1艘。驻印度/巴基斯坦联合国驻印巴军事观察小组军事观察员7人。驻伊拉克北约伊拉克训练团部队训练任务84人。驻黎巴嫩联合国驻黎巴嫩临时部队1734人,辖1个装甲侦察营、1个装甲步兵营、1个步兵连、1个直升机营、1个信号连、1个军民合作连、1艘护卫舰。驻马尔他空军35人,装备AB-212(贝尔212)型飞机2架。驻地中海参加北约"积极奋进"行动护卫舰1艘,参加活动舰艇2艘。驻中东联合国中东停战监督组织军事观察员7人。驻摩尔多瓦欧洲安全与合作组织驻摩尔多瓦1人。驻塞尔维亚科索沃维和部队1247人(辖1个步兵司令部、1个工程兵单位、1个直升机单位、1个通信信号单位、1个反通信系统单位、1个宪兵团),欧洲安全与合作组织,塞尔维亚1人,驻科索沃16人。驻苏丹联合国非洲联盟达尔福尔任务团2人。驻乌干达欧盟培训团17人。驻西撒哈拉联合国西撒哈拉军事观察员5人。

外国驻军 德国在意大利的埃尔玛斯/萨丁岛驻有3个海上侦察机部队。美国在意驻有美国欧洲司令部共9665人,其中陆军3321人,配备M-119型毒引式榴弹炮、M-198型榴弹炮;海军2155人,1个驻欧海军司令部位于那不勒斯,1个舰队司令部位于加埃塔,1个多任务中队位于西格里拉,配备"猎户座"P-3C海上巡逻机;空军4131人,1个运输旋翼机部队(辖2个运输机中队,驻阿维亚诺,装备"战隼"F-16C/F-16D型战斗机21架);海军陆战队58人。

军队节日 解放日4月25日。建军节11月4日。

英国:推行"少而精"的"质量建军"

国名 大不列颠及北爱尔兰联合王国。

主要统计 面积24.41万平方公里(包括内陆水域)。人口6189.9万(2010年)。国内生产总值1.46万亿英镑,约合2.44万亿美元(2012年),人均国内生产总值3.64万美元(2012年)。国防预算约合574亿美元(2011年)。粗钢产量970万吨(2010年)。天然气产量694百万兆瓦时(2009年)。煤炭产量1790万吨(2009年)。原油产量6820万吨(2009年)。总发电量达372万亿千瓦时(2009年)。现有10座核电站,所提供电力占英国总发电量的19.2%左右。铁路总长1.66万公里(2010年),铁路总客运量510亿人公里(2009年)。总货运量251亿吨(2009年)。公路长达39.4万公里(2010年),其中3518公里为高速公路,9343公里为干道。机动车辆

3430万辆（2009年）。森林覆盖面积285万公顷（2010年）。海运能力，1000吨以上商船701艘（2009年），总吨位为1730万吨。拥有民用机场449处（2010年），50多家航空公司，在役飞机967架。客流量3300万人次，货运运输量230万吨（2009年）。其中35个机场年客流量在10万人次以上。

国防体制 女王伊丽莎白二世是英国武装力量名义上的最高统帅。最高军事决策机构是"国防与海外政策委员会"，首相任主席，成员有国防大臣、外交大臣、内政大臣、财政大臣等，必要时，国防参谋长和三军参谋长列席会议。国防部为国防执行机构，既是政府行政部门，又是军事最高司令部，负责具体贯彻、执行首相和"国防与海外政策委员会"的指示和决议，并负责制定政策、预算和三军的作战指挥。武装力量由正规军与预备军部队组成。正规军分为陆、海、空三个军种。首相通过国防部和国防参谋部对全国武装力量实施领导和指挥。战争时期则组成战时内阁，组织指挥作战。

国防政策 突出"质量建军"，优化作战部队结构，注重提高军兵种协同能力，强化联合快速反应部队建设，增强英国军队处理各种危机、应对突发事件的快速反应能力，确保有足够能力维护英国国土安全，维护其传统的战略利益。实行可靠的核威慑政策，注重发展核武器的实战能力。英国认为，在可以预见的未来，英国将面临一定规模的常规威胁和大规模毁伤武器的威胁，将影响英国国家安全。因此英国必须确保长期拥有核武库，这是确保英国国家安全的底线，强调要保持最低限度的可在核威慑政策，不断增强磁武器的实战性和机动性，并发展导弹防御能力。依靠和借助北约集体防务力量，支持北约进行机构改革和东扩，参与和推动北约在阿富汗等国家和地区的军事打击行动，试图借北约加强国家安全保障能力和扩大英国的影响力。重视英美"特殊关系"，大力支持美国的全球战略，力图通过搭美之便车来维护和扩大英国在全球的利益。积极加强与英联邦国家的联系，保护其广泛的海外利益。英国视印度等英联邦国家为其传统势力范围，不断加强与上述国家的联系，以巩固传统利益。

武装力量 陆军约10.26万人（包括廓尔喀兵团3500人），共有1个地面部队司令部、1个多国部队司令部、3个师司令部、7个旅司令部和1个联合直升机司令部。陆军可缩成46个战斗群体：主要包括5个装甲团、5个装甲侦察兵团、8个装甲步兵营、3个机械化步兵营、21个轻装步兵营、2个空降营和2个空降攻击营。

预备役部队2.701万人。辖2个装甲团，2个装甲侦察团，13个轻装步兵营，2个特别空勤团，1个空降营，3个轻型炮兵团；1个技术支援团；1个多管火箭炮团，1个突击营；1个工程兵部队（辖5个工程兵团，1个排爆团，1个中队，1个地球物理中队，1个突击中队）；1个航空团；1个无人机侦察团。主战坦克"挑战者"-Ⅱ型325

辆。装甲侦察车738辆。装甲步兵战车"勇士"式526辆。装甲运输车2059辆。火炮670门。反坦克导弹"标枪"式若干枚。运输机4架。直升机298架。无人驾驶飞机,"赫尔墨斯"450型、"守望者"式若干架。地空导弹338余枚,"风暴"FV4333型134枚、"轻剑"FSC牵引式57余枚、"星光"式147枚。雷达157部,"眼镜蛇"式4至7部、"姆斯塔"式150部。车辆人员登陆艇6艘。后勤支援艇5艘。

海军3.55万人。主要基地有:法斯兰、德文波特、朴次茅斯、约维尔顿、直布罗陀、普雷斯蒂克、卡德罗斯。潜艇11艘。战略潜艇前卫级弹道导弹核潜艇4艘。战术核动力攻击艇7艘,主战水面舰艇25艘。航空母舰"常胜"级1艘。导弹驱逐舰7艘,导弹护卫舰17艘,巡逻和海岸作战潜艇22艘,水雷战舰艇116艘,两栖战舰3艘,另有登陆艇36艘,支援辅助舰船5艘。皇家海上辅助部队装备"海湾"级船坞登陆舰4艘(可装载通用登陆艇5艘,车辆人员登陆艇2艘,"挑战者"-II型主战坦克24辆,350名陆战队员),支援辅助舰船18艘,包括"海浪"号综合补给舰2艘、"维多利亚堡"级综合补给船2艘(其中1艘于2011年4月退役)、"利夫"级油料补给舰2艘(其中1艘于2011年4月退役)、"流浪者"级海上油水补给舰2艘、"罗莎莉"级补给舰2艘、"勤勉"级1艘、"百眼巨人"号航空训练舰/医疗舰1艘、其他舰艇6艘(不在海上辅助部队编制内)。海军航空兵5520人。编有5个反潜中队(4个中队配备"莫林"AW101型飞机,1个中队配备"山猫"MK3/MK8型飞机,另有一个"山猫"MK3型独立飞行分队),3个预警机中队(配备"海王"MK7型预警直升机),1个搜索机中队(配备"海王"MK5型直升飞机),1个联军攻击战斗机中队(配备"鹞"式GR9A型机13架,"鸥式"T10型机1架),1个反潜/攻击直升机中队(配备"山猫",MK3/MK8型飞机,另有一个"山猫"MK3型独立飞行分队),若干个支援中队(部分中队配备比奇"男性爵"55型飞机,塞斯纳"征服"441型飞机,"隼"20型飞机,G-115型飞机;1个中队配备"山猫"MK7型飞机;33个中队配备"海王"HCMK4型直升机),3个教练机中队(1个中队配备"莫林"AW-101型飞机,"海王"HCMK4型直升机,1个中队配备"喷气流"TMK2/TMK3型飞机,1个中队配备"山猫"MK3型飞机)。

飞机运输机21架(比奇"男爵"55型E机1架、塞斯纳"征服"-Ⅱ式441型飞机1架、"隼"20型飞机19架),教练机27架("导师"G-115型飞机5架、"鹰"TMKI型支援机12架、"喷气流"TMK2/TMK3型电机10架);直升机184架,其中反潜机113架("山猫"AHMK3型/MK8型71架、"莫林"AW-101型机42架),"山猫"AHMK7反坦克直升机6架、"海王"MK7预警直升机13架,运输机52架("海王"HCMK4型37架、HUMK5型15架)。导弹,"海上大鸥"式空舰导弹若干枚。皇家海军陆战队6840人(现役后备役人员600人)。编有1个突击旅(辖3个突击团,1个轻装步兵中队,1个侦察部队,1个突击炮团),1个防空连,2个工兵团,1个突击攻击中队(含539名突击队员),1个特种部队中队,2个运输直升机中队,3个突击艇中队,1个后勤保障团,1个护舰特种部队。"北欧海盗"Bv5-10型全地形车118辆,BvS-10MK2型24辆,81毫米迫击炮若干门,105毫米L-118型牵引炮18门,"标枪"自行炮若干门,"鹰狮"2400TD突击登陆气垫艇4艘。"山猫"AHMK7型直升机6架,"海王"HCMK4型直升机37架,"赫夫姆"超高速导弹若干枚,"玛姆巴"式反坦克导弹4枚。

空军4.039万人。主要基地有:沃丁顿、林汉姆、科宁斯比、柯茨摩尔、琉查尔斯、利明、迈尔哈姆、洛西茅斯、金洛斯。编有1个运输旋翼机中队,9个战斗攻击机中队,1个侦察飞行中队,1个电子侦察机飞行中队,2个预警机中队,2个搜索救援机飞行中队,2个加油机/运输机飞行中队,6个运输机中队,2个改装训练飞行中队,1个教练机飞行部队,11个运输直升机中队,1个电子侦察无人机中队,1个核生化联合团。作战飞机334架,侦察机9架,电子战机"猎谜"式RI型2架。预警机"望楼"E-3D型6架。运输机92架,教练机366架。直升机175架。"捕食者"MQ-9型无人机5架。导弹:"响尾蛇"A1M-91/AIM-9L/I型导弹、"天空闪光"空空导弹、AIM-120B/AIM-120C5型先进中程空空导弹、"阿拉姆"空射反雷达导弹、"硫磺石"反坦克导弹、"双模硫磺石"反坦克导弹、"幼苗"AGM-65G2型反坦克导弹、"风暴之影"反坦克导弹若干枚。炸弹:传统炸弹包括MK82型、CRV-7型,激光制导炸弹包括"宝石路"Ⅱ、"宝石路"ⅢGBU-10型、"宝石路"Ⅱ/Ⅲ增强型、"宝石路"IVGBU-24型若干枚。皇家空军团编有3个战术生存作战中队及司令部,7个地面中队,1个联合"轻剑"式地空导弹训练部队。

空军防务直升机学校装备"松鼠"AS-350型直升机28架、"格里芬"HT1型7架。

预备役团编有1个航空运动中队,2个情报中队,5个地面中队,1个司令部中队,1个C-130型运输机预备役飞行员飞行中队,1个航空医疗中队。

战略核力量1000人。英国皇家海军"前卫"级弹道导弹核潜艇4艘(每艘装备可装载"旗鱼"导弹的533毫米导弹发射装置4个,最多可装载"三叉戟"D5UGM-133A型潜射弹道导弹16枚,每艘最多携带弹头48枚,每枚导弹可携带分导式多弹头12枚,若干"三叉戟"D5式导弹被装配于战略核潜艇中),潜射弹道导弹48枚(作战弹头少于160枚)。

预备役部队8.2274万人。

部署 陆军主要部署在英国和德国境内。海军重点部署在英吉利海峡沿岸一线及直布罗陀海峡。空军集中在德国境内和英格兰地区。

兵役制度 实行志愿兵役制,服役期3、6、12、15年不等,最长为22年。各级军官最高服役年限：元帅和上将为60岁、中将59岁、少将57岁、准将至少校55岁，尉官从授予军衔起，16年不能晋升至少校军衔就必须退役。此外，英国的预备役分为两种，一种为正规预备役，另一种为支援与辅助预备役。

驻外兵力 驻阿富汗参加北约国际安全援助部队人员9500人。其中陆军设1个师司令部、1个空降突击旅司令部（配备1个侦察团、2个空降营、2个空降突击营、2个轻装步兵营，装备"豺狼""弯刀""勇士""斯巴达""马士提夫""背脊犬""疣猪""猎狼犬"等战车若干辆，L-118、GMLRS等火箭炮若干门，"阿帕奇"AH-64D型、"山猫"式、"赫尔墨斯"450型飞机若干架）。海军配备"海王"HCMK4型直升机，空军配备"狂风"GR4/GR4A型战斗机、"大力神"巴-130型军用运输机、"支妞干"CH-47型直升机、"莫林"HCMK3型、"阴影"R1型飞机，"捕食者"MQ-9型飞机若干架。驻阿拉伯海参加联合海上部队第50任务部队武装侦察直升机1架，参加联合特遣部队150任务护卫舰1艘。驻阿拉伯海及亚丁湾参加联合特遣部队151任务辅助舰艇1艘。驻亚美尼亚/阿塞拜疆参与欧洲安全与合作组织明斯克小组1人。驻阿森松岛空军23人。驻北大西洋参加巡逻任务驱逐舰/护卫舰1艘、泊船1艘。驻南大西洋参加巡逻任务驱逐舰/护卫舰1艘、泊船1艘。驻巴林皇家海军100人，空军配备BAe-125型飞机1架、BAe-126型飞机1架。驻伯利兹陆军70人。驻波黑参加欧洲维和部队"木槿花"维和行动4人，欧洲安全与合作组织驻波黑2人。驻英属印度洋领地海军40人，在迪戈加西亚有1个海军/海军陆战队基地。驻文莱陆军550人，配备1个廓尔喀兵营、1个联合训练中心、1个直升机飞行部队，装备直升机3架。驻加拿大陆军370人，配备2个训练单位，海军10人，空军10人。驻塞浦路斯陆军1700人，配备2个步兵营，海军20人，空军870人，配备1个搜索救援机中队，装备"休伊"贝尔412型飞机4架，雷达E机1架，参加联合国驻塞浦路斯维和部队271人，1个步兵连。驻刚果民主共和国参加联合国驻刚果（金）特派团军事观察员4人。驻福克兰群岛陆军420人，配备1个防空特遣队，装备"轻剑"FSC导弹，海军420人，配备近岸巡逻艇1艘，空军680人，1个运输旋翼机舰队装备"台风"FGR4式E-F型战机4架、1个搜索救援机中队装备"海王"IAH3A/HAR-3型飞机，1个运输机舰队装备"大力神"C-130型、VC-10K3/4型飞机若干架。驻德国陆军1.823万人，配备1个军团司令部、1个装甲师，辖2个武装旅；海军40人，空军260人。驻直布罗陀陆军270人，包括直布罗陀兵团的175人，空军70人。驻亚丁湾及索马里海盆参加北约"大西洋盾"行动护卫舰1艘。驻伊拉克皇家海军75人，配备1个海上运输队，参加北约驻伊拉克训练团15人，联合国伊拉克援助团军事现旗员1人。驻罗马尼亚陆军训练队120人。驻科威特陆军35人。驻摩尔多瓦共和国参加欧洲安全与合作组织驻摩尔多瓦1人。驻尼泊尔陆军280人。驻荷兰空军

120人。驻北海参加北约第一扫雷特遣队扫雷艇1艘。驻阿曼陆军40人,海军30人,空军20人,配备"哨兵"侦察机1架、"三星"加油机1架。驻波斯湾参加联合特遣部队152任务扫雷艇2艘、登陆艇2艘、运油船1艘,其他船只2艘。驻卡塔尔空军配备C-130J型飞机4架。驻塞尔维亚参加科索沃维和部队4人,欧洲安全与合作组织驻塞尔维亚3人,欧洲安全与合作组织驻科索沃10人。驻塞拉利昂参加国际军事顾问培训团30人。驻苏丹参加联合国驻苏丹特派团5人。驻乌干达参加欧盟训练任务2人。驻美国540人。

外国驻军 美国欧洲司令部9221人,在英国皇家空军莱肯希思基地驻有1个战斗机联队(配备有1个战斗机中队,装备"战隼"F-15C/F-15D型战斗机24架),在英国皇家空军米尔登霍尔驻有1个加油机联队(装备"同温层"KC-135型空中加油机),在米尔登霍尔另有一个特殊任务组(装备"战斗禽爪"-2MC-130H型特种作战运输机5架、"战斗阴影"MC-130P型特种作战加油机5架、"大力神"C-130E型运输机1架)。美国战略司令部:在菲林代尔斯沼地驻有1个弹道导弹预警系统战略基地,1个雷达跟踪站。

第二章 亚洲国家军力

阿富汗：国际安全援助部队大量驻扎

国名 阿富汗伊斯兰共和国。

主要统计 面积65.23万平方公里。人口约2911.75万（2010年）。国内生产总值199亿美元（2012年）。国防预算2.5亿美元（2011年）。是世界第二大毒源"金新月"的中心，2009年鸦片种植面积12.3万公顷，全年鸦片产量达6900吨，约占全球鸦片总产量的90%。在阿富汗34个省中，不种植鸦片的省从18个增加到20个。

国防政策 根据"波恩协定"，2001年12月之后所有的民兵武装均由中央政府指挥，但地区领袖仍保有他们的军队，仍在继续分立派别。

武装力量 国民军目前拥有约13.6万人，总部设在喀布尔。北约国际安全援助部队拥有超过7.1万人，其中包括3.1万美军。国际安全援助部队2009年在喀布尔建立了军事训练中心，2010年3月已能每月训练5000人。

陆军约13.2万人。编成5个地区司令部，6个军部，1个师部，21个旅，另有1个独立旅和6个独立营。拥有各型坦克若干辆，步兵战车若干辆，装甲输送车若干辆，各型火炮若干门，各型迫击炮若干门，"飞毛腿"等地对地导弹若干枚，AT-11-3型反坦克导弹若干枚，SPG-9型73毫米、B-10型82毫米无坐力炮若干门，M-1939型37毫米等高射炮若干门，"萨姆"-7/13型地空导弹若干枚。

空军4200人。拥有3个基地，主要装备有安-32型运输机7架，安-26型运输机2架，米-35型直升机9架，米-17型直升机24架，L-39型教练机2架。

准军事部队国民警察部队11.9639万人，处于内政部控制之下。

阿联酋：外籍军人约占 30%

国名 阿拉伯联合酋长国。简称阿联酋。

主要统计 面积 8.36 万平方公里。人口 470.7307 万（2010 年）。国内生产总值 2400 亿美元（2010 年）。国防预算 79.6 亿美元（2010 年）。石油和天然气资源非常丰富。截至 2009 年年底，已探明石油储量为 130 亿吨，占世界石油总储量的 9.5%，居世界第六位。天然气储量 6.43 万亿立方米，居世界第七位。境内无铁路，各酋长国之间有高速公路相连。公路全长约 4080 公里，约有 34.5 万辆汽车。有 15 个港口，308 个码头，年货物吞吐量为 7 亿吨。截至 2009 年，共有机场 39 个，其中国际机场 6 个、直升机机场 5 个。

国防体制 联邦最高委员会决定，联邦总统兼任武装力量最高统帅。最高军事决策机构是"武装力量总司令部"。最高军事行政机关是国防部。武装力量由正规军和准军事部队组成。正规军分陆、海、空三个军种。联邦总统通过武装力量总司令部、国防部和陆、海、空三军司令部领导和指挥全军。

武装力量 现役部队约 6.6 万人（外籍军人约占 30%）。

陆军 5.9 万人（包括迪拜的 1.5 万人），下辖 2 个装甲旅，3 个机械化步兵旅，2 个步兵旅，1 个炮兵旅，1 个王室卫队旅。主战坦克 331 辆；轻型坦克 76 辆；装甲侦察车 69 辆；步兵战车 433 辆；装甲运兵车 620 辆；火箭炮 66 门；迫击炮 135 门；反坦克导弹 305 枚；防空导弹 20 余枚。

海军 2500 人。拥有导弹护卫舰 2 艘；导弹巡逻快艇 8 艘；猎雷艇 2 艘；登陆艇 16 艘；两栖登陆舰艇 7 艘；潜水供应舰 1 艘；中型港口拖船 2 艘。海军航空兵装备有轻型运输机 2 架，反潜直升机 14 架，多用途直升机 11 架。

空军 4500 人（包括空中警察联队）。编成 9 个强击机中队，1 个侦察机中队，1 个搜救中队，3 个运输机中队，1 个教练机联队，2 个攻击直升机中队，1 个运输直升机中队。拥有战斗机 101 架，武装直升机 49 架，教练机 47 架，空地导弹若干（AGM-65G"小牛"型，AGM-114"海尔法"型，Hydra-70 型，Hakeem1/2/3（A/B）"霍特"型），地面攻击巡航导弹若干枚，中程空空导弹若干（A1M-9L"响尾蛇"型，R-550"魔术"型），反辐射空空导弹若干枚（"来卡"型，AIM-120AMRAAM 型）。

防空部队编成 2 个防空旅（每个旅下辖 3 个营），3 个近程防空导弹营。装备有自行式防空导弹发射器若干（"响尾蛇"型，RB-70 型）；牵引式防空导弹发射器若干（MIM-23B"霍克"改进型，"轻剑"型）；便携式防空导弹发射器若干部（"轻标枪"型，9K38Igla 型）；海军防空导弹发射器若干部（"西北风"型）。

海岸警卫队隶属于内政部,装备有快速巡逻艇9艘;巡逻艇42艘。
兵役制度 实行志愿兵役制。
驻外兵力 北约驻阿富汗国际安全援助部队35人。
外国驻军 法国86人(装备有"幻影"2000-5型歼击机3架、KC-135F型空中加油机1架),韩国130~150人(在阿联酋特种作战学校参加训练),美国2个炮兵连(装备有MIM-104"爱国者"型防空导弹)。

阿曼:军事上与海湾合作委员会成员国相互协调

国名 阿曼苏丹国。

主要统计 面积30.95万平方公里。人口290.51万(2010年),国内生产总值764亿美元(2012年)。国防预算40.4亿美元(2011年)。截至2009年年底,石油剩余可采储量8亿吨,当年产量3850万吨;天然气剩余可采储量0.98万亿立方米,当年产量248亿立方米,液化天然气出口量121.7亿立方米。此外,煤储量约3600万吨,金矿储量约1182万吨,铜储量约2000万吨,铬100万吨。水产资源丰富,无铁路,运输主要依靠公路,主要港口有3个。民用机场有首都国际机场和萨拉拉机场。由内地油田至法赫尔港铺设有输油管道,总长279公里。

国防体制 最高军事决策机构为国防委员会,国防部是最高军事行政机关,武装部队由正规军、预备役和准军事部队组成,正规军分陆、海、空三个军种。国家元首通过国防部指挥陆、海、空三军。

国防政策 阿曼是海湾合作委员会成员国,在军事防御方面与该组织其他成员国相互协调。

武装力量 现役部队约4.26万人。

陆军2.5万人。编成1个装甲旅司令部,2个装甲团,1个装甲侦察团;2个步兵旅司令部,8个步兵团,1个独立步枪连,1个空降团,1个步兵侦察团,1个中型炮兵团,2个野战炮兵团,1个防空炮兵团,1个野战工程兵团。拥有主战坦克117辆,轻型坦克37辆,装甲侦察车41辆,装甲运兵车206辆,火炮233门,反坦克导弹发射器88部,火箭发射器若干部,防空导弹发射器自行式20部、便携式54部,防空高炮26门。

海军4200人,拥有导弹护卫舰2艘;导弹巡逻快艇3艘,海岸巡逻艇4艘;巡逻艇4艘,登陆舰艇6艘,水道测量船1艘,运输船2艘,训练船1艘。

空军5000人。编成1个歼击机/强击机中队,1个强击机中队,1个运输机中队,2个中型运输直升机中队,1个教练机中队,2个防空兵中队。拥有强击机26架,运输机16架,教练机26架,直升机16架,轻型运输直升机25架,地空导弹发射器40部,陆基雷达6部,中程空空导弹若干枚,反辐射寻的空空导弹若干枚,空地导弹若干枚。

王室卫队6500人。王室卫队旅约5000人,装备有轻型坦克9辆,轮式装甲运兵车73辆,多管火箭炮6门,便携式反坦克导弹发射器若干部,便携式防空导弹发射器14部,自行式火炮9门;王室快艇中队150人,装备有巡逻艇1艘,游艇2艘,运输舰1艘;王室飞行队250人,装备有载人运输机5架,中型运输直升机6架。

准军事部队4400人,其中部族国土卫队4000人,海岸警察卫队400人(装备有近海巡逻艇2艘,巡逻快艇9艘,巡逻艇24艘),空中警察联队装备有轻型运输机4架,轻型运输直升机5架。

兵役制度 实行志愿兵役制。

外国驻军 英国陆军40人,海军20人,空军20人。"三星"型坦克1辆,"猎迷"MR2型海上侦察机1架,"哨兵"级潜艇1艘。

阿塞拜疆:特别重视与北约集团的军事合作

国名 阿塞拜疆共和国。

主要统计 面积8.66万平方公里。人口约900万(2010年1月)。国内生产总值688亿美元(2012年)。国防预算14.2亿美元(2011年)。石油和天然气资源丰富,石油探明储量35亿~40亿吨。主要工业产品产量,石油5000万吨(2009年)。天然气236亿立方米(2009年)。发电量222亿千瓦时(2009年)。

国防体制 总统为武装力量最高统帅。最高国防决策机构为国家安全委员会,成员包括总统、全体内阁部长、武装力量参谋长,由总统任主席。国防部为政府中的一个部,是最高军事行政机关。武装力量由正规军和准军事部队组成。正规军分为陆、海、空三个军种。最高指挥机构为武装力量参谋部。总统通过国防部和武装力量参谋部对全国武装力量实施领导和指挥。

国防政策 特别重视发展与北约的合作,首先是在军事和军事技术领域。与北约的相互协作被视为保障国家安全与外高加索稳定及未来与北约可能进行的一体化的重要条件。这种国防政策得到了力图加强在本地区影响的美国与西方主要国家的支持。

武装力量 现役部队约6.8万人。

陆军约5.7万人。编有5个陆军司令部,23个摩步旅,1个炮兵旅,1个火箭炮旅和1个反坦克团。装备有坦克320辆,装甲步兵战车127辆,装甲输送车469辆,火炮282门,反坦克导弹250余枚,地空导弹40余枚,地地导弹4枚,地面雷达若干部,无人驾驶空中飞行器6架。

海军约2200人。装备有海岸巡逻舰艇5艘,扫雷艇2艘,两栖登陆艇4艘,支援和辅助舰船1艘。

空军约7900人。编有1个战斗机中队,1个攻击战斗机团,1个运输机中队,1个教练机中队和1个直升机团。装备有战斗机米格-25PD型23架、米格-21型4架,攻击战斗机苏-25型6架、苏-24型5架、苏-17型4架,运输机安-12型1架、雅克40型3架,教练机L-29型28架、L-39型12架、米格25PU型3架、苏-17U型1架、苏25UB型2架,直升机米-24型15架、米-2型20架,无人驾驶空中飞行器4架,地空导弹SA-2/3/5型100枚。

预备役部队约30万人。

准军事部队约1.5万人。其中边防部队5000人,内卫部队1万人。

兵役制度 实行自愿制与合同制相结合的兵役制度,服役期为17个月。

驻外兵力 驻阿富汗90人,驻科索沃(塞尔维亚)3人。

军队节日 武装力量日6月26日。

巴基斯坦:建设一支与本国"安全环境"相适应的武装力量

国名 巴基斯坦伊斯兰共和国。

主要统计 面积79.6万平方公里(不计克什米尔),人口1.92亿(2011年),国内生产总值2319亿美元(2012年)。国防预算52亿美元(2011年)。主要矿藏储备有天然气4920亿立方米、石油1.84亿桶、煤1850亿吨、铁4.3亿吨、铝土7400万吨,还有大量的铬矿、大理石和宝石。2009年7月至2010年3月,主要农作物产量为小麦2386.4万吨,大米688.3万吨,玉米348.7万吨,甘蔗4937.3万吨,棉花1269.8万包。公路全长259618公里,公路客运量占客运总量的90%,公路货运量占货运总量的96%。铁路全长7791公里,2009年7月至2010年3月客运量为5897万人次,货运量为463万吨。水运:商船11艘,国际港口2个。空运:巴基斯坦国际航空公司有民航飞机40架,飞往38个国际机场和24个国内机场,航线全长38.09万公里。

国防体制 宪法规定,总统为武装部队统帅。最高国防政策决策机构为内阁防务委员会,成员有国防部长、外交部长、财政部长、内政部长等,其中总统任主席。参谋长联席会议主席、三军参谋长、国防部秘书长出席内阁防务委员会会议。国防部为政府中的一个部,是贯彻执行内阁防务委员会决议的最高军事行政领导机构,主要负责三军的财务管理、武器生产与采购等工作。国防部首脑为国防部长,国防部秘书长负责主持日常工作。国防部下设防务局、生产局和国防情报局。参谋长联席会议在行政上受国防部领导,但在军事指挥上直属总统,主要负责拟定三军联合战略计划、研究武装力量的兵力与编成、向内阁防务委员会提供国防咨询,其成员有三军参谋长和国防部秘书长,主席由三军参谋长轮流担任,任期3年,武装力量由正规军、准军事部队和预备役部队组成。正规军分为陆、海、空三个军种。总统通过国防部和参谋长联席会议对全国武装力量实施领导指挥。

国防政策 维护国家独立、主权和领土完整;反对印度称霸南亚,争取同南亚小国加强军事合作,共同抗衡印度;主张建立"南亚无核区",同印度签订互不侵犯条约。适当增加军费,努力建设一支与本国"安全环境"相适应的武装力量,重点是提高武器装备现代化水平。武器装备来源贯彻多方引进与自产相结合的方针,强调发展国防工业,努力提高自力更生能力。不排除发展核武器的选择,以制约印度。在加强正规军建设的同时,积极发展准军事部队,保持充足的预备役兵源。

武装力量 现役部队约61.7万人。

陆军55万人。编成9个军部、2个装甲师、9个军炮旅、18个步兵师、7个独立装甲旅、6个独立步兵旅、1个机械化旅、5个独立炮兵旅、7个工程兵旅、1个地区司令部(师级)、3个装甲侦察团、1个特种部队群(3个营)、1个地区防御司令部、10个直升机中队。拥有主战坦克2461辆,装甲输送车1266辆,牵引火炮1629门,自行火炮260门,火箭炮52门,迫击炮约2350门,反坦克导弹500枚,无坐力炮3700门,高炮(高射机枪)1900余门(挺),地空导弹2990枚,飞机航测机2架、运输机4架、观测机30架、效用机90架、攻击直升机26架、支援直升机54架、效用直升机81架、训练直升机22架。

海军约2.2万人(含海军航空兵、海军陆战队和海上保安部队)。基地设在卡拉奇(舰队司令部),正在修建的基地为瓜达尔和奥马拉。拥有潜艇11艘,驱逐舰2艘,护卫舰8艘,导弹快艇6艘,巡逻艇3艘,扫雷艇13艘,支援舰9艘。海军航空兵装备作战飞机16架、武装直升机16架,海军陆战队约1400人。

空军约4.5万人。编成3个地区司令部、5个攻击战斗机中队、10个战斗机中队、1个侦察机中队、6个搜索救援机中队、1个海上反潜侦察机中队、2个运输机中队、1个救援直升机中队、1个运输直升机中队、7个地空导弹连。装备作战飞机331架,武装侦察机15架,反潜巡逻机7架,运输机27架,直升机37架,教练机190架,地空导弹约150枚,空地导弹若干枚,空空导弹若干枚。

准军事部队约30.4万人,其中国民警卫队18.5万人,边防部队6.5万人,装备装甲输送车45辆,别动队(属内务部)4万人,北方轻骑部队1.2万人,海上保安厅约2000人,海岸警卫队装备快艇23艘。

兵役制度 实行志愿兵役制。新兵招募的年龄:陆军17~21岁,海军17~20岁,空军16~28岁。士兵服役年限:陆军7年,海、空军7~8年。士兵服役期满后转为预备役。预备役服役年龄:将官59岁,校官52岁,尉官48岁。

驻外兵力 有相当数量的军人在中非、利比亚、布隆迪、阿富汗、苏丹、多哥、西撒哈拉等国和地区参加联合国维和行动。

军队节日 国防节:9月6日。

巴勒斯坦:只拥有准军事部队

国名 巴勒斯坦国。

主要统计 根据1947年11月联合国关于巴勒斯坦分治的第181号决议规定,在巴勒斯坦地区建立的阿拉伯国家,面积为1.15万平方公里(实际控制面积为2500平方公里)。但由于当时阿拉伯国家反对该决议,而未在决议规定的地区建立阿拉伯国。1948年5月,第一次中东战争爆发,以色列占领了第181号决议规定的大部分阿拉伯国领土,1967年第三次中东战争中,以色列占领了该决议规定的全部阿国领土。1988年11月,巴勒斯坦全国委员会第19次特别会议宣告成立巴勒斯坦国,但未确定其疆界。自马德里和会至今,巴勒斯坦通过与以色列和谈,陆续收回了约2500平方公里的土地。人口1125万(2010年6月),其中加沙地带和约旦河西岸人口为405万人,其余为在外的难民和侨民,主要信仰伊斯兰教。国内生产总值53.63亿美元(2010年),人均国内生产总值1408.8美元(2010年)。巴勒斯坦工业水平低,规模小,主要为加工业。农业是巴勒斯坦的经济支柱。农产品丰富,水果、蔬菜和橄榄(油)是外贸出口的重要组成部分,占出口产品的25%。可耕地面积为16.6万公顷。从事农业的劳动力占劳动力总数的20%左右。由于爆发巴以冲突,巴交通建设陷入停滞状态。

武装力量 准军事部队5.6万人。根据巴以双方1993年达成的《奥斯陆协议》(即《加沙—杰里科先行自治协议》),巴方可以拥有一支用于保障约旦河西岸和加沙地带巴勒斯坦人的社会秩序和内部安全的警察部队。其警察部队的主要组成部分包括:

国家安全部队包括加沙地带和约旦河西岸的部队,由阿巴斯领导。国家安全部队是巴勒斯坦民族权力机构履行军队职能的警察部队,是巴权力机构最主要的部队。其主要职责是维护巴勒斯坦控制的加沙和约旦河西岸城市地区的安全,并为联合地区协调办公室及与以色列进行的联合机动巡逻提供人员。下设民事警事部队9000人。负责包括加沙和约旦河西岸在内的地区,由阿巴斯领导,负责维持法律和社会秩序。另外还设有情报局、海岸警卫队、空军小分队、民防联队及代替边防部队的海关人员等。

情报局由阿巴斯领导。

民防联队1000人。

军事情报警察主要负责收集有关以色列的情报,处理内部安全事务。

预防安全警察(安全预警部队)包括加沙和约旦河西岸。安全预警部队是巴民族权力机构区域内规模最大的情报和内务部队。

总统安全部队(亦称第17旅或17部队),约3000人。1970年成立的总统安全部队是一直保卫以阿巴斯为首的巴勒斯坦民族权力机构重要成员和官员机构的精锐部队。17部队下设内勤、安保、通讯、特种驾驶、特种作战、后勤等部门,均由经过严格的政治审查且绝对忠于阿巴斯和巴解组织的志愿者组成。

特种部队1200人。主要由现役安全部队成员及各派武装人员组成,以应对巴勒斯坦内部混乱的安全局势。

警察部队主要装备有一些轻武器、1架飞机及5架直升机(1架AB-212型,2架米-8型,2架米-17型),导弹"圣杯"SA-7型地空导弹、"毒刺"防空导弹若干枚。

准军事组织主要包括"坦齐姆"、阿克萨烈士旅及"哈马斯"等。

"坦齐姆"是巴勒斯坦解放组织主流派别法塔赫的准军事部队,成立于1995年,成员在1万~4万人之间。该组织在约旦河西岸的负责人是马尔万巴尔古提、加沙地带的负责人是马希尔族利。

"阿克萨烈士旅"是沙龙在2000年9月强行"参观"阿克萨清真寺导致巴以大规模流血冲突之后成立的。该组织是一个地下民兵组织,是从法塔赫分离出来的巴勒斯坦武装派别,成员多达数千人,主要由城区和村庄中的主战分子组成,其许多成员曾在阿拉法特领导的巴勒斯坦民族权力机构的各种安全部队中任职。大本营设在约旦河两岸城市纳布卢斯和拉姆安拉,并在约旦河西岸和加沙地带的难民营设有分支机构。

"哈马斯"的全称是伊斯兰抵抗运动,由巴勒斯坦人艾哈迈德·亚辛于1987年建立。1989年,以色列当局宣布其为非法组织并取缔该组织的一切活动。有正式成员2万多人,多是年轻人,其中不少是大学生。"哈马斯"组织严密、纪律严明、制度严格,既有公开活动,又有秘密活动和军事组织。其下设的军事分支控制着受过特殊训练的突击部队,主要装备有突击步枪、火箭炮、地雷、反坦克导弹、简易爆炸装置等武器。"哈马斯"坚决反对中东和平进程。

中国:不断提高完成多样化军事任务的能力

国名 中华人民共和国。

主要统计 陆地面积960万平方公里,管辖海域300多万平方公里。2010年年末总人口13.40亿。2012年,国内生产总值519322亿元,比上年增长7.8%。其中,全年粮食总产量达58957万吨,比上年增加1836万吨;全年全国规模以上工业增加值按可比价格计算比上年增加 10.0%;全年固定资产投资(不含农户)364835亿元,比上年名义增长 20.6%;全年社会消费品零售总额 207167 亿元,比上年名义增长 14.3%;全年城镇居民人均支配收入 24565 元,比上年名义增长 12.6%;国防预算 6702.74 亿元,比上年预算执行数增加 676.04 亿元,增长 11.2%。

国防政策 中国是发展中的社会主义国家,坚定不移地走和平发展道路,对内努力构建社会主义和谐社会,对外推动建设持久和平、共同繁荣的和谐世界。中国奉行防御性的国防政策,坚持永远不称霸,永远不搞军事扩张。新形势下中国的国防政策,主要包括以下内容:巩固国防,抵御侵略,制止武装颠覆,捍卫国家的领土、领空、领海主权和海洋权益,维护国家在太空、电磁、网络空间的安全利益,维护国家安全统一,保障国家发展利益;实现国防和军队建设全面协调可持续发展,科学统筹中国特色军事变革与军事斗争准备、机械化建设与信息化建设、诸军兵种作战能力建设、当前建设与长远发展、主要战略方向建设与其他战略方向建设,不断提高军队的现代化建设效益和防卫作战能力。贯彻积极防御的军事战略方针,坚持独立自主和全民自卫原则,加强武装力量建设和边防、海防、空防建设,提高国家战略能力,加强以信息化为主要标志的军队质量建设,实施科技强军战略,依靠科技进步加快战斗力生成模式的转变,走有中国特色的精兵之路;统筹经济建设和国防建设,实行军民融合式发展,在全面建设小康社会进程中实现富国和强军的统一,反对任何形式的恐怖主义,积极参加国际反恐合作,共同防范和打击国际恐怖活动,努力发展与各国军队的友好关系,积极开展军事交流与合作,反对军备竞赛,主张通过公正、合理、全面、均衡的原则,实行有效裁军和军备控制,防止大规模杀伤性武器的扩散,维护世界和平稳定,营造有利于国家和平发展的安全环境。

军事战略: 始终奉行积极防御的军事战略。其基本点是:坚持自卫立场,坚持后发制人,坚持人民战争。适应世界军事发展的新趋势,依据国家安全和发展战略的要事,中国制定了新时期积极防御的军事战略方针。其要义是:立足打赢信息化条件下的局部战争,综合考虑当代战争形态演进和国家面临的主要安全威胁,着眼最复杂最困难的情况做好防卫作战准备,注重遏制危机和战争,坚持军事斗争与政治、外交、经济、文化、法律等各领域的斗争密切配合,积极营造有利的安全环境,主动预防、化解危机,慑止冲突和战争的爆发;着力提高军队应对多种安全威胁、完成多样化军事任务的能力,以增强打赢信息化条件下局部战争的能力为核心,提高维护海洋、太空、电磁空间安全和遂行反恐维稳、应急救援、国际维和任务的能力;坚持和发展人民战争的战略思想,始终依靠人民建设国防、建设军队,实行精干的常备军和强大的后备力量相结合,健全统一高效的国防动员机制,发展信息化条件下人民战争的战略战术。

国防体制与领导机构: 中央军事委员会是中国共产党中央委员会的军事机关,

又是中华人民共和国国家机构的组成部分。

中国共产党中央军事委员会是中国武装力量的最高统率机构。负责党和国家的最高军事决策和军事指挥，根据党的路线、方针、政策和国家安全与发展的需要，确定军事战略，领导军事建设。《中国共产党章程》规定，党的中央军事委员会组成人员由中央委员会决定。中华人民共和国中央军事委员会领导全国武装力量。其职权是：统一指挥全国武装力量，决定军事战略和武装力量的作战方针，领导和管理中国人民解放军的建设，制定规划、计划并组织实施，向全国人民代表大会或者全国人民代表大会常务委员会提出议案；根据宪法和法律，制定军事法规，发布决定和命令，决定中国人民解放军的体制和编制，规定总部及军区、军兵种和其他军区级单位的任务和职责，依照法律、军事法规的规定，任免、培训、考核和奖惩武装力量成员，批准武装力量的武器装备体制和武器装备发展规划、计划，协同国务院领导管理国防科研生产；会同国务院管理国防经费和国防资产。《中华人民共和国宪法》规定，中央军事委员会由主席、副主席若干人、委员若干人组成，实行主席负责制。主席由全国人民代表大会选举产生，对全国人民代表大会及其常务委员会负责。其他组成人员由全国人民代表大会或其常务委员会根据中央军委主席的提名决定。任期与每届全国人民代表大会任期相同。2012年党的十八届一中全会上，习近平同志当选为中央军委主席，范长龙、许其亮当选为中央军委副主席，常万全、房峰辉、张阳、赵克石、张又侠、吴胜利、马晓天、魏凤和当选为中央军委委员。2013年3月，十二届全国人大一次会议上，习近平同志当选为中华人民共和国中央军委主席，范长龙、许其亮当选为中华人民共和国中央军委副主席，常万全、房峰辉、张阳、赵克石、张又侠、吴胜利、马晓天、魏凤和当选为中华人民共和国中央军委委员。

人民武装委员会，从中央到县各级建立的群众武装建设的专门机构。主要任务是：研究贯彻党中央、国务院、中央军委有关民兵建设的各项方针、政策和指示，根据上级地方党委和军事机关的有关指示，结合本地区情况，研究解决民兵工作中的重大问题；研究贯彻有关兵员动员和转业、复员、退伍战士安置工作的方针、政策。中央军委人民武装委员会由中央军委、国家机关有关部门、人民解放军各总部和有关人民团体的负责人组成。办事机构设在中国人民解放军总参谋部动员部。省（直辖市、自治区）、地、县（市）党委人民武装委员会，由各级党委吸收有关部门的负责同志组成，主任由同级党委指定一名书记担任。办事机关分别为省军区、军分区、县（市）人民武装部。

中华人民共和国国防部，中华人民共和国国务院的军事部门。根据《中华人民共和国宪法》规定，国务院领导和管理国防建设事业。国务院设立国防部，一切需要由政府负责的军事工作，经国务院做出相应决定，通过国防部或以国防部的名义组织实施。国防部在接受国务院领导的同时也接受中央军事委员会的领导。

中国人民解放军总参谋部，中央军委领导下负责组织武装力量建设和作战指挥的军事领导机关。设有办公厅和作战、情报、通信、军训和兵种、军务、动员、电子对抗、陆航、政治、外事、管理等部门。

中国人民解放军总政治部，中央军委领导下负责全军政治工作的领导机关。设有办公厅和组织、干部、宣传、保卫、纪律检查、联络等部门。

中国人民解放军总后勤部，中央军委领导下负责全军后勤工作的领导机关。设有司令部、政治部和财务、军需、卫生、军交运输、物资油料、基建营房、审计等部门。

中国人民解放军总装备部，中央军委领导下负责全军武器装备工作的领导机关。设有司令部、政治部和综合计划、军兵种装备、陆军装备科研订购、通用装备保障、电子信息等部门。

中国武装力量由人民解放军、人民武装警察部队、民兵组成，在国家安全和发展战略全局中具有重要地位和作用，肩负着维护国家主权、安全、发展利益的光荣使命和神圣职责。

陆军主要担负陆地作战任务，包括机动作战部队、边海防部队、警卫警备部队等。按照机动作战、立体攻防的战略要求，陆军积极推进由区域防卫型向全域机动型转变，加快发展陆军航空兵、轻型机械化部队和特种作战部队，加强数字化部队建设，逐步实现部队编成的小型化、模块化、多能化，提高空地一体、远程机动、快速突击和特种作战能力。陆军机动作战部队包括18个集团军和部分独立合成作战师（旅），现有85万人。集团军由师、旅编成，分别隶属7个军区。其中，沈阳军区下辖第16、39、40集团军，北京军区下辖第27、38、65集团军，兰州军区下辖第21、47集团军，济南军区下辖第20、26、54集团军，南京军区下辖第1、12、31集团军，广州军区下辖第41、42集团军，成都军区下辖第13、14集团军。

海军是海上作战行动的主体力量，担负着保卫国家海上方向安全、领海主权和维护海洋权益的任务，主要由潜艇部队、水面作战舰艇部队、航空兵、陆战队、岸防部队等兵种组成。按照近海防御的战略要求，海军注重提高近海综合作战能力现代化水平，发展先进潜艇、驱逐舰、护卫舰等装备，完善综合电子信息系统装备体系，提高远海机动作战、远海合作与应对非传统安全威胁能力，增强战略威慑与反击能力。海军现有23.5万人，下辖北海、东海、南海3个舰队，舰队下辖航空兵、基地、支队、水警区、航空兵师和陆战旅等部队。2012年9月，第一艘航空母舰"辽宁舰"交接入列。中国发展航空母舰，对于建设强大海军和维护海上安全具有深远意义。

空军是空中作战行动的主体力量，担负着保卫国家领空安全、保持全国空防稳定的任务，主要由航空兵、地面防空兵、雷达兵、空降兵、电子对抗等兵种组成。按照攻防兼备的战略要求，空军加强以侦察预警、空中进攻、防空反导、战略投送为重点的作战理论体系建设,发展新一代作战飞机、新型地空导弹和新型雷达等先进武器装备,完善预警、指挥和通信网络,提高战略预警、威慑和远程空中打击能力。空军现有39.8万人,下辖沈阳、北京、兰州、济南、南京、广州、成都7个军区空军和1个空降军。军区空军下辖基地、航空兵师(旅)、地空导弹师(旅)、雷达旅等。

第二炮兵是中国战略威慑的核心力量,主要担负遏制他国对中国使用核武器、遂行核反击和常规导弹精确打击任务,由核导弹部队、常规导弹部队、作战保障部队等组成。按照精干有效的原则,第二炮兵加快推进信息化转型,依靠科技进步推动武器装备自主创新,利用成熟技术有重点、有选择改进现有装备,提高导弹武器的安全性、可靠性、有效性,完善核常兼备的力量体系,增强快速反应、有效突防、精确打击、综合毁伤和生存防护能力,战略威慑与核反击、常规精确打击能力稳步提升。第二炮兵下辖导弹基地、训练基地、专业保障部队、院校和科研机构等,目前装备东风系列弹道导弹和长剑巡航导弹。

武装警察部队平时主要担负执勤、处理突发事件、反恐怖、参加和支援国家经济建设等任务,战时配合人民解放军进行防卫作战。武警部队依托国家信息基础设施,建立完善从总部至基层中队的三级综合信息网络系统,发展部队遂行任务急需的武器装备,开展针对性训练,提高执勤、处置突发事件、反恐怖能力。武警部队由内卫部队和警种部队组成,内卫部队包括省(自治区、直辖市)总队和机动师,警种部队包括黄金、森林、水电、交通部队,公安边防、消防、警卫部队列入武警序列。

民兵是不脱产的群众武器组织,是人民解放军的助手和后备力量。民兵担负参加社会主义现代化建设、执行战备勤务、参加防卫作战、协助维护社会秩序和参加抢险救灾等任务。民兵建设注重调整规模结构,改善武器装备,推进训练改革,提高以支援保障打赢信息化条件下局部战争能力为核心的完成多样化军事任务能力。民兵组织分为基干民兵和普通民兵组织。基干民兵组织编有应急队伍、联合防空、情报侦察、通信保障、工程抢修、交通运输、装备维修等支援队伍,以及作战保障、后勤保障、装备保障等储备队伍。

附:中国台湾省军事概况

主要统计 面积3.6万平方公里,由台湾本岛(面积为3.5873万平方公里)、澎湖列岛(面积为126.86平方公里)及84个小岛(面积为0.14平方公里)组成。其中台湾主岛是中国第一大岛。截至2010年年底,台湾总人口为2316.21万。2010年,"国内生产总值"4297亿美元,人均1.86万美元;"国防"预算90.42亿美元(3002亿元新台币),占岛内GDP的3%;出口总额2746亿美元,较2009年增加34.8%,其中对中国大陆(含香港)出口所占比重为41.8%;进口总额2514亿美元,较2009年增加44.2%,其中以自日本进口占20.7%居首,自中国大陆(含香港)进口占14.9%次之。2010年,重要矿产进口量分别为原油4534.8万吨,煤炭6331.5万吨,铁矿1893万吨,天然气1124.9万吨。发电量2073.8亿千瓦时,其中自有发电量1577.9亿千瓦时(2010年);普通钢材生产量3167.4万吨,进口量258万吨,特殊钢材生产量248.3万吨。粮食产量152.4万吨。

军事战略 2008年5月马英九担任台湾地区领导人后,全面检讨两岸形势与台湾的军事战略。2009年3月和10月,台防务部门出版《四年防务总检讨》和《2009年度防务报告书》,对马英九当局的安全理念、防务思想和军事战略构想进行了全面阐述。根据马英九提出的"固若磐石"的安全理念指导,明确了"预防战争、国土防卫、应变制变、防范冲突、区域稳定"的防务战略目标,确立了"防卫固守、有效吓阻"的军事战略构想。这种战略属于"守势防卫"性质。该战略规定台军的任务是:防卫固守,确保领土安全,有效吓阻,维持坚实战力,反制封锁,维护海空交通命脉;联合截击,阻止敌人接近本土;地面防卫,不使敌人登陆立足。为完成上述任务,台军正大力推进"国防转型",转型重点包括强化"国防组织效能"、调整兵力结构、推动全募兵制政策、精进建军规划机制、检讨军备发展机制、精实联战指挥机制,力图通过转型,大幅提高台军以C4ISR为核心的联合资电、联合制空、联合制海、联合地面防卫、非对称战力等关键能力。为进一步加强台军的建设,马英九提出台湾军费预算要占GDP的3%。

军事体制 基本架构由"总统""国家安全会议""行政院""国防部"组成。"总统"为"三军统帅",直接通过"国防部长统帅三军"。"国家安全会议"为安全的最高咨询机关。"行政院"负责制定"国防政策",统合整体"国力",督导所属各机关办理"国防"有关事务。"国防部"隶属于"行政院",对台湾军政、军令、军备三大系统有领导与指挥权。武装力量由正规军、后备力量和准军事力量组成。正规军分为陆、海、空三个军种和宪兵等。

武装力量 现役总兵力约27.5万人。各军种主战兵力单位以陆军联兵旅、海军舰队和空军联队为编组架构。

陆军约10万人。编有3个军团指挥部、4个防卫指挥部和1个航空指挥部。下辖作战部队包括7个地区指挥部、7个联兵旅(3个机步旅、4个装甲旅)、2个航空旅、1个特战指挥部。此外,还编有14个军团及防指部直属营、1个通信电子战群等。后备旅负责守备。拥有各型坦克1000余辆,步战车225辆,装甲输送车等装甲车辆950辆,大口径火炮1368门,反坦克导弹1000余枚,高炮500余门,各型直升机200架,地空导弹约250枚。

海军约4万人(含海军陆战队)。其中,舰队指挥部下辖7个舰队(2个驱逐舰队、2

个巡防舰队及特业舰队、两栖勤务舰队、基隆级舰战队各1个)、1个潜水艇战队、1个海军航空指挥部、1个海洋监侦指挥部、岸基反舰飞弹大队及反舰飞弹快艇大队,陆战队指挥部下辖3个陆战旅(2个陆战旅、1个基地警卫旅)及4个大队。拥有潜艇4艘,水面舰船440余艘,其中主战水面舰艇30艘、两栖舰船18艘,作战飞机(含直升机)50余架。

空军约3.7万人。编有1个作战指挥部(辖战管联队、通航资联队及气象联队),1个防空炮兵指挥部,1个教育暨准则发展指挥部,1个基地指挥部(松山),7个飞行联队(5个战术战斗机联队、2个混合联队)及其他战斗和战斗支持部队。拥有作战飞机400余架,其中IDF("经国"号)型战机130架、F-16型战机146架、幻影-2000型战机57架,地空导弹发射架200余部,高炮近300门。

后备部队平时编有3个地区后备指挥部、21个县市后备指挥部、8个新训旅和3个后备训练中心;战时编成地面后备部队、勤务后备部队、政战后备部队及海军舰岸后备部队。现列管后备军人约284万人。平时进行适当编组与训练,每年按计划施教、勤召训练,强化后备军人专长技能,战时支持军事作战。

联勤部队编有联合后勤支持指挥部(辖7个地区支持指挥部)、1个兵整中心、2个基地勤务厂和1个储备中心。宪兵部队辖4个宪兵指挥部。"国防部"直属作战部队,辖导弹指挥部和资电作战指挥部。

部署 台军根据其兵力裁减,武器装备更新,相应调整兵力部署。陆军设有5个战区及金门、马祖2个防指部,作战部队均部署在其防区内。第一作战区为澎湖列岛及周边海区,部署装甲和有关部队,第二作战区为中央山脉以东大浊水溪以南、大竹嵩溪以北地区,主要部署打击等部队;第三作战区为后龙溪与大浊水溪以北地区,主要部署有几个打击旅,第四作战区为八掌溪与大竹嵩溪以南地区,主要部署有几个打击旅,第五作战区为中央山脉以西、后龙溪以南、八章溪以北地区,主要部署有几个打击旅;金门防指部防区部署有地区指挥部,马祖防指部防区部署有地区指挥部。海军作战部队在固定的基地部署,左营部署有3个舰队,在高雄、基隆、苏澳、马公各部署有1个舰队。空军作战部队依机场部署,台南、清泉岗、嘉且、花莲、台东、挑园、屏东、新竹各部署有1个飞行联队,海空雷达部队部署在外岛和本岛适宜阵位。

兵役制度 实施义务兵与志愿兵役制相结合的兵役制度,并计划2011年开始实施募兵制。

朝鲜:以"主体思想"和"先军政治"为指导

国名 朝鲜民主主义人民共和国。

主要统计 面积12.3138万平方公里,人口2399万(2010年),铁路里长8800

多公里(其中电气化铁路总长2000多公里),公路77500公里,海港主要有清津、南浦、元山、兴南和罗津等,国际机场1处,即平壤顺安国际机场。

国防体制 朝鲜劳动党中央委员会总书记、党中央军事委员会委员长兼国防委员会委员长为武装力量最高统帅。朝鲜宪法规定,国防委员会"指挥统率全部武装力量,负责一切国防事务",具有决定军事部门中央机关的成立和撤销、宣布战争和发布动员令、负责国家武装力量和国防建设、设立或取消国防部门所属中央机关、对重要军事干部的任命罢免、颁布军事称号等权力。劳动党中央设有军事部、军事二部、作战部和民防部、赤卫队部等负责军事的部门。共和国政府设有人民武装力量部。常备武装力量为朝鲜人民军,分陆、海、空三个军种,常设领导机关为总参谋部和总政治局。

国防政策 为防止美日韩发动"第二次朝鲜战争",朝鲜武装力量始终处于"攻势防御"状态。据介绍,朝鲜前线司令部拥有的陆军3个军团和朝鲜海空军50%的力量及12个特种游击旅可同时突破"军事分界线"南侧的美韩联军防御。朝鲜海空军剩余的50%力量和炮兵指导局管辖的弹道导弹部队则将对集结在公海的美日韩军舰和驻韩、驻日美军基地进行打击。以民兵为主的二线部队将负责长时间反空袭行动。最高司令部手里还握有占单兵力量40%的特种部队、机械化步兵、远程炮兵和工兵作为总预备队,随机应变。

武装力量 现役部队119.0万人(2010年)。

陆军约95万人。编有20个军(其中1个装甲军、4个机械化军、12个步兵军、2个炮兵军、1个首都防御军)、27个机械化步兵师、15个装甲旅、14个机械化步兵旅、21个炮兵旅、9个多管火箭炮旅。特种作战部队8.8万人,辖10个狙击旅(包括2个两栖旅和2个空降旅)、12个步兵旅(包括3个空降旅)、17个侦察营、1个炮兵空降营、8个特种任务营。6个直属炮兵旅、1个"飞毛腿"地对地导弹旅、1个"蛙"式地对地导弹旅、14个特种炮弹火箭炮旅。拥有主战坦克约3500辆,轻型坦克约560辆,装甲运输车约2500辆,牵引火炮约3500门,火箭炮约2500门,迫击炮约7500门,地对地导弹约300枚,地对空导弹约10000枚,无后坐力炮约1700门,防空高炮约11000门。

海军约4.6万人。编有东海和西海2个舰队司令部。拥有潜艇26艘、小型潜艇37艘,护卫舰3艘,猎潜艇5艘,导弹快艇34艘,鱼雷艇100艘,巡逻艇约160多艘,扫雷艇25艘,水陆两栖登陆艇10艘,水陆支援船7艘。

岸防部队编有岸舰导弹团2个,"蚕"式导弹发射架6套,可能另有机动发射装置若干;122毫米、130毫米、152毫米岸炮若干门。

空军11万人。编为4个航空师,33个航空兵团、3个独立航空兵营、19个地空导弹旅,共有各型作战飞机约590架,运输机约220架,直升机约300架,教练机约

230架,空对空导弹若干枚,地对空导弹约 4000 余枚。

准军事部队中安全部队 18.9 万人,包括岸防部队和公共安全部队,其指挥序列为旅、营、连、排,装备有轻武器、迫击炮和高炮,另有工农赤卫队超过 350 万人,装备有轻武器和少量迫击炮、高射机枪。

兵役制度 实行义务兵役制。服役期:陆军 5~8 年、海军 5~10 年、空军为 3~4 年。义务兵可服役至 40 岁。工农赤卫队服役至 60 岁。

军队节日 建军节 4 月 25 日。

菲律宾:半数以上舰艇和陆战队部署在西部海区

国名 菲律宾共和国。

主要统计 面积 30 万平方公里。2010 年,人口 9524.7 万,国内生产总值 2504 亿美元(2012 年),国防预算 14.8 亿美元(2011 年),粮食 2214.85 万吨,2010 年工业总产值约为 2.9 万亿比索(约合 674.42 亿美元),农林植业总产值约 203 亿美元,海运能力商船(载重 100 吨以上)1499 艘、总载重量 1380.71 万吨,民航能力固定航班机场 21 处、客运量 102.92 亿人公里、货运量 2.41 亿吨公里。

国防体制 总统为武装力量最高统帅。国家安全委员会是国防安全最高决策机构,由总统担任主席,主要职责是研究有关国防的重大问题,协助总统做出国防安全的重大决策。国防部是最高军事行政机关,负责制定和实施国防计划和政策。武装部队司令部为最高军事指挥机构,总参谋长是总统之下的最高指挥官。总统通过国防部和武装部队司令部对全国武装力量实施领导和指挥。武装力量由正规军准军事部队组成。正规军分陆、海、空三个军种。准军事部队由警察部队、国民防卫军组成。

国防政策 重点加强首都及西部南沙海区的防卫,有半数以上的舰艇和陆战队部署在西部海区。全国海空军基地主要有 5 处,其中空军基地 3 处(克拉克、库比岬、马尼拉),海军 3 处(三格莱/卡维特、三宝颜、宿费)。

武装力量 现役部队 12 万人。

陆军 8 万人。编有 6 个军区,1 个首都防区司令部,8 个步兵师(各辖 3 个步兵旅、1 个炮兵营),1 个特种作战司令部(下辖 1 个轻装甲旅,1 个骑兵侦察团,1 个特战团),5 个工程兵营,1 个炮兵团,1 个总统卫队,3 个快速反应连。拥有轻型坦克 65 辆,步兵战车 85 辆,装甲输送车 520 辆,牵引炮 242 门,迫击炮 40 余门,无坐力炮若干门,飞机塞斯纳 2 架,P-206A 型 1 架,"空中女王"1 架。

海军约 2.4 万人(含陆战队)。编有 6 个海军区。拥有护卫舰 1 艘,巡逻舰艇 62

艘(其中近海巡逻13艘、近岸巡逻舰艇49艘),两栖舰艇7艘,后勤支援舰船6艘。海军陆战队7500人。编有2个旅6个营。拥有装甲输送车109辆,105毫米牵引炮150门,107毫米迫击炮若干门。海军航空兵装备飞机13架,其中7架为直升机。

空军约1.6万人。编有1个战斗机中队,1个海上巡逻机中队,3个运输机中队,1个防暴机中队,5个直升机中队,4个搜索救援机中队,2个教练机中队。作战飞机30架,武装直升机25架。拥有S-211型战斗机15架,武装直升机25架,海上巡逻机1架,海上侦察机1架,运输机15架,防暴机15架,直升机65架,总统专机各型机8架,搜索救援机AB-4125P型6架、UH-1M型27架,教练机44架(具有作战能力),无人侦察机2架,空空导弹"响尾蛇"若干枚。

预备役部队13.1万人。其中陆军10万人,海军1.5万人,空军1.6万人。

准军事部队国民警察4.05万人,编有15个地区司令部、73个省级司令部,装备飞机5架。海岸警卫队3500人,装备有巡逻艇61艘、轻型飞机3架。国民防卫军4万人,编有56个营。

兵役制度 实行志愿兵役制,服役年限最少不得低于3年,最多30年。

军队节日 建军节3月22日。

格鲁吉亚:奉行"量少质精"的建军原则

国名 格鲁吉亚。

主要统计 面积6.97万平方公里。2010年,人口421.9万,国内生产总值113亿美元,国防预算7.5亿拉里(约合4.02亿美元),工业总产值为45.66亿拉里(约合25.61亿美元)。全年总货运量4905.82万吨,总客运量3.938亿人次,铁路实际运行长度1561公里(均为电气化铁路),公路总长2.0329万公里,海运主要海港有巴统和波季,国际机场为第比利斯和巴统机场。

国防体制 格鲁吉亚武装力量组建于1992年4月30日。根据《国防法》规定,国家最高权力机关确定国防政策和通过国防领域的法律。总统任武装力量最高统帅。国防部负责指挥武装力量。

国防政策 实行防御性国防政策,基本目标是保卫国家的独立、主权和领土完整。目前,已基本实现军队职业化,奉行"量少质精"的建设原则。2009年,格总统签署命令将海军划归内务部边防局,改用北约军衔体制。2010年3月18日,格国防部宣布修改《国防法》,将空军编制取消直接并入陆军。

武装力量 现役部队约20.7人。

陆军约17.8人。编有1个陆军司令部,5个步兵旅,1个特种旅,2个陆战队步兵营,2个炮兵旅。装备坦克T-72型坦克41辆、T-55型坦克2辆(23辆库存);装甲步兵战车MP-1型19辆(9辆库存)、BMP-2型32辆(5辆库存)、HRM-IK型1辆;装甲输送车MT-LB型8辆、HTR-70型17辆(1辆库存)、BTR-80型15辆(5辆库存);火炮185门,其中牵引火炮69门,自行火炮35门,火箭炮18门,迫击炮63门;反坦克导弹10余枚;反坦克炮40余门;地空导弹若干枚(SA-13型)。

海军约1600人。编有1个海军司令部。装备有海岸巡逻艇4艘,两栖登陆艇1艘,基地2个(分别驻第比利斯和波季)。

空军约1300人。装备有战斗机10架(其中苏-25型3架、苏-25K型7架);运输机9架(其中安-2型6架、图-134A型1架、雅克-40型2架);教练机10架(L-29型9架、苏-25UB型1架);直升机23架(其中支援直升机米-81型16架、综合训练直升机UH-1H型7架);地空导弹1-2营套SA-11型、8营套SA-80型、6-10背套SAM最新改进型。

国民警卫队约1600人,编有1个摩步旅和1个训练中心。

准军事部队约1.2万人。其中边防部队约5400人,海岸警卫队巡逻艇11艘,内卫部队约6300人。

兵役制度　实行义务兵役制和合同兵役制相结合,服役期18个月。

外国驻军　俄罗斯驻军约7000余人,编有2个摩步旅。

军队节日　建军节:4月30日。

韩国:建设"精锐的现代化强军力量"

国名　大韩民国。

主要统计　面积9.9万平方公里。2010年,人口4850.0万,国内生产总值11543亿美元(2012年),国防预算242亿美元(2011年)。陆、海、空交通运输均较发达,全国已建成铁路网和高速公路网。铁路总长7889公里,其中干线5636公里。2004年3月,首尔—釜山高速铁路开通,全长412公里,最高时速300公里。地铁总长548公里,其中首尔327.9公里,在世界主要城市中位居前列。公路总长约10.2万公里,其中高速公路3447公里。水运以海运为主,主要港口有釜山、浦项、仁川、群山、本浦、济州、丽水等。民航能力:开通国际航线339条,国际机场8个,国内航线机场20个。

国防体制　总统为全国武装力量最高统帅,通过国防部对军队实施领导和指挥。国家安全保障会议为最高国防决策机构,由总统任主席,其成员包括国务总理、国防部长官、国家情报院院长、参谋长联席会议主席、统一部长官、外交通商部长官等。国防部是总统统率武装力量的最高行政机构,主要负责制定国防政策和军队建设计划。国防部下辖参谋长联席会议,国防部长官的军令权通过参谋长联席会议主席实施。参谋长联席会议统率三军本部(陆军本部、海军本部和空军本部),是全军的作战最高指挥机构。参谋长联席会议主席在国防部长官的直接领导下行使对陆海空三军部队的作战指挥权,并在战时或遇有紧急情况时有权直接下达作战指令,参加国家安全保障会议,向总统汇报情况和提出决策性意见,而且还能决定三军种参谋总长推荐的军级以上指挥官人选。韩国参谋长联席会议设1名上将级主席和1名中将级副主席。

武装力量 现役部队约65.5万人。

陆军约52.2万人。编有3个集团军、12个军、47个师、21个旅。拥有主战坦克2330辆,装甲步兵战车2040辆,装甲运兵车2480辆,牵引火炮105毫米、155毫米、203毫米共约3500门,自行火炮155毫米、175毫米、203毫米共1040门,无坐力炮57毫米、75毫米、90毫米、106毫米若干门,迫击炮81毫米、107毫米共6000门,反坦克火炮76毫米、90毫米共58门,反坦克导弹若干枚,高射炮20毫米、30毫米、35毫米、40毫米共600门,地对空导弹约1138枚。另外,陆军航空兵装备有攻击直升机AH-1F/-J型共60架、休斯500MD型45架、BO-105型12架,运输直升机CH-47E型18架、MH-47E型6架,直升机休斯500D型机130架、UH-1H型20架、UH-60P型130架、AS-332L型3架。

海军约6.8万人(含陆战队2.8万)。编有3个舰队司令部。拥有潜艇11艘、小型潜艇11艘、驱逐舰10艘、护卫舰9艘、猎潜艇28艘、导弹快艇5艘、近海巡逻艇75艘、巡逻舰1艘、扫雷艇14艘、登陆舰艇12艘、海上支援舰船24艘。另外,海军航空兵编有3个反潜中队,装备有8架作战飞机、29架直升机;海军陆战队2.8万人,编有2个师、1个旅,主战坦克M-47型60辆,装甲突击车LVTP-7型60辆、AAV-7A1型42辆,牵引火炮105毫米、155毫米若干门,岸对舰导弹"鱼叉"式若干枚。

空军约6.5万人。编有作战司令部1个、南部战斗司令部1个、飞行团10个、防空炮兵司令部1个、教育司令部1个、战术飞行团1个、防空管制团1个、侦察飞行团1个、训练飞行团1个,拥有作战飞机491架,空对地导弹包括"小牛"式空对地导弹、"哈姆"高速反辐射导弹、AGM-130战术空对地导弹、"恰夫纳普"空对地导弹各若干枚,空对空导弹包括"麻雀"系列导弹、"阿姆拉姆"军列导弹等各若干枚,地对空导弹包括奈基、霍克等系列导弹各若干枚。

准军事部队包括民防部队约350万人,海洋警察约4500人(装备有大型巡逻艇1艘、中小型巡逻艇91艘、直升机休斯500型9架)。

兵役制度 实行全民兵役制,并招募志愿兵。陆军服役期为26个月,空军和海军为30个月。

外国驻军 美国驻军约 2.5 万人,其中陆军约 1.7 万人,编有 1 个陆军集团军司令部和 1 个步兵师;海军 254 人,海军陆战队 133 人;空军 7857 人,编有 1 个航空队司令部(第 7 航空队),2 个战斗机联队(配备有 64 架作战飞机),其中编有 3 个战斗机中队(装备 F-16 型飞机 40 架)、1 个侦察飞行中队(装备有 12 架 A-10 型侦察机、12 架 OA-10 型侦察机)、1 个特殊控制中队(装备有 MH-53J 重型直升机和 USMC-130 型运输机)。

军队节日 建军节:10 月 1 日。

吉尔吉斯斯坦:根据自卫和纯粹防御的原则建设军队

国名 吉尔吉斯共和国,简称吉尔吉斯斯坦。

主要统计 面积 19.85 万平方公里。2010 年,人口 555.02 万,国内生产总值 65 亿美元(2012 年),国防预算 1.67 亿美元(2011 年),工业总产值为 1244.12 亿索姆(其中,采矿业产值 26.136 亿索姆,加工工业产值为 1001.521 亿索姆,能源、天然气和水资源生产服务产值 216.458 亿索姆),粮食 174.66 万吨。公路总货运量为 3587.65 万吨,总客运量为 5.322 亿人次。铁路完成货运量 103.22 万吨,客运量 71.33 万人次。民航固定航班机场 2 处,航空客运量 46.41 万人次,航空货运量为 1000 吨。

国防体制 宪法规定,总统为武装力量最高统帅。最高国防政策决策机构为国家安全委员会。国防部为政府中的一个部,是最高军事行政机关。武装力量由正规军和准军事部队组成。正规军分陆、空两个军种。最高军事指挥机构为总参谋部。总统通过国防部和总参谋部对全国武装力量实施领导指挥。

国防政策 自 1994 年以来奉行面向未来的独立自主的国防政策。其主要内容包括:主张以和平方式解决国内政治问题以及全球性和地区性问题。宪法规定,吉尔吉斯斯坦不承认进行战争的权利,但发生侵略吉尔吉斯斯坦和与集体防御义务相联系的其他国家的情况除外。向国外派兵须经不少于最高会议代表总数 2/3 的多数票通过的决议决定;禁止动用武装力量来解决国内政治问题。为消除自然灾害的后果以及在法律直接规定的其他类似情况下可动用军队;吉尔吉斯斯坦国家谋求普遍而公正的和平、互利合作以及用和平方式解决全球性和地区性问题,恪守国际法公认原则;可能破坏各族人民共同和平生活的行为,鼓吹和煽动民族间仇视情绪都是违反宪法的。

武装力量 现役部队约 1.09 万人。

陆军约 8500 人。编有 2 个摩步旅、1 个山地摩步旅、1 个防空旅、1 个炮兵旅,1

个特种旅。拥有主战坦克 T-72 型 150 辆,装甲侦察车 BRDM-2 型 30 辆,装甲步兵战斗车 BMP-1/BMP-2 型 320 辆,装甲输送车 BRT-70/BRT-80 型 35 辆,牵引火炮 100 毫米、122 毫米、152 毫米 141 门,自行火炮 122 毫米 18 门,迫榴炮 120 毫米 12 门,火箭炮 122 毫米、220 毫米 21 门,迫击炮 120 毫米 54 门,反坦克制导武器 AT-3/AT-4/AT-5 型 26 部,火箭筒 73 毫米若干具,无坐力炮 73 毫米若干门,反坦克炮 100 毫米 18 门,高炮 23 毫米、57 毫米 48 门。

空军约 2400 人。编有 2 个航空团(1 个团配有 L-39 型机;1 个团配有米格-21 型、安-12 型、安-26 型机),1 个战斗机团(配有 L-39 型机),1 个直升机团(配有米-24 型、米-4 型机),若干地空导弹团(配有 SA-2、SA-3、SA-4 型地空导弹若干枚)。拥有战斗机米格-21 型 48 架、库存 24 架,运输机安-12 型 2 架、安-26 型 2 架,教练机 L-39 型 4 架、库存 24 架,直升机米-24 型 9 架、米-8 型 23 架,地空导弹 SA-2/SA-3/SA-4 型若干枚。

准军事部队约 9500 人,包括边防部队 5000 人,内卫部队 3500 人,国民卫队 1000 人。

军队节日　建军节:5 月 29 日。

柬埔寨:富有实战经验的军队

国名　柬埔寨王国。

主要统计　面积 18.1035 万平方公里。2010 年,人口 144 万,国内生产总值 142.4 亿美元(2012 年),国防费 1.9 亿美元(2011 年),国内生产总值约 114.4 亿美元。交通运输以公路和内河运输为主,全国公路总长约 3 万公里,内河航运以湄公河、洞里萨湖为主。有 3 个国际机场,6 个国内机场,国内航空公司有 5 条主要国际航线,外方航空公司有 11 条主要航线。

国防体制　柬宪法规定国王是国家军队最高统帅,但不指挥军队。"柬王国武装部队(高棉王家军)总司令部"是武装部队的最高指挥机构,国防部既是总司令部的办事机构,又是军队的最高行政机关,下辖总参谋部。总参谋部负责全军的作战指挥、后勤供应和技术保障。武装力量由正规军、地方部队和准军事部队组成,正规军分陆、海、空三个军种。总司令通过国防部对所有武装力量实施领导和指挥。

武装力量　现役部队约 12.43 万人。

陆军约 7.5 万人。划分为 6 个军区(包括 1 个首都特别军区),编有 12 个步兵师(计划缩减至 7 个师),3 个独立旅、1 个警戒旅 (辖 4 个营)、9 个独立步兵团、3 个装甲营、1 个特种作战团、4 个工程兵团、若干个独立侦察营、炮兵营和防空营。拥有重型坦克160辆,轻型坦克20辆,装甲侦察车若干辆,步兵战车70辆,装甲输送车约250辆,牵引炮约400余门,火箭炮若干门,迫击炮若干门,无坐力炮若干门,高炮(机枪)若干门(挺),地空导弹若干部。

海军约2800人。其中陆战队1500人(编成7个步兵营、1个炮兵营),有1个岛防及岸防旅,舰艇部队编有内向巡逻和沿海防御部队。拥有巡逻艇原苏制"图利亚"级水翼艇2艘、原苏制"斯坚卡"级近海巡逻艇2艘,近岸巡逻艇2艘,100吨以下巡逻艇4艘,快速巡逻艇2艘;原苏制车辆人员登陆艇3艘。

空军约1500人,有5个空军基地,其中飞行员80人。编有1个飞行团、1个防空团。拥有战斗机(单座)约20架,运输机约20架,教练机5架,直升机约20架。

省级地方部队约4.5万余人,每个省至少编有1个步兵团。

准军事部队约6.7万人,包含警察部队。

兵役制度 服役年龄为18~35岁。服役期为陆军5年、海军18个月。民兵每年与正规军一起服役3~6个月。

军队节日 建军节:11月9日。

卡塔尔:一支装备比较精良的小型军队

国名 卡塔尔国。

主要统计 面积11521平方公里。人口150.8322万(2010年)。2012年,国内生产总值1834亿美元,国防预算25亿美元。已探明石油储量为28亿吨,居世界第13位,天然气储量25.78万亿立方米,居世界第3位。为中东重要的液化天然气出口国,液化天然气年产量能达到7700万吨(2010年)。无铁路。公路总长为900公里。主要海港3个,拉斯拉凡港是世界上最新、最大的处理液化天然气的港口。有机场5个,多哈国际机场有连接欧洲和亚洲的20余条航线。

国防体制 埃米尔为国家元首和武装部队最高统帅,通过国防部和武装部队总司令部实施对武装力量的领导与指挥。

国防政策 主要依赖它与沙特阿拉伯结成的联盟、它在海湾合作委员会中的成员身份及它对西方所具有的战略价值,确保其有足够的外军部队对付外部威胁。其军队有一半士兵不是卡塔尔血统,大多数是阿拉伯和巴基斯坦血统。作战时,卡塔尔有望征召约10万人的部队。

武装力量 现役部队1.18万人。

陆军8500人。编成1个坦克旅(下辖1个坦克营,1个机械化步兵营,1个迫击炮中队,1个反坦克营),3个机械化步兵营,1个特种部队连,1个野战炮兵营,1个皇家卫队旅（下辖3个步兵团）。拥有主战坦克AMX-30型30辆,装甲侦察车68辆,AMX-IORC型12辆、EE9"响尾蛇"型20辆、"白脑"型12辆、V-150"突击队"型8辆、VBL型16辆,装甲步兵战车AMX-IOP型40辆,装甲运兵车AMX-VCI型30辆、"剪刀鱼"11型36辆、VAB型160辆,自行火炮155毫米28门,牵引式火炮155毫米12门,多管火箭炮ASTROS11型4门,迫击炮自行式81mm4门、81mm26门、120mm15门,反坦克导弹发射器148部,无后坐力反坦克火箭筒84mm大约40门（"卡尔·古斯培夫"型）。

海军1800人（包括海上警察）。编有1个司令部,位于多哈。拥有巡逻舰艇21艘,快速导弹巡逻艇7艘,巡逻快艇4艘（由海上警察使用）,巡逻艇10艘（Q-31系列3艘,另有7艘不同型号的巡逻艇由海上警察使用）,坦克登陆舰1艘（可容纳3辆主战坦克,110人）。基地为多哈。海岸警卫队编成1个导弹连,装备有3部导弹发射器。

空军1500人。编成1个歼击机/强击机中队,1个运输机中队,1个攻击直升机中队,若干个运输直升机中队。拥有强击机12架,包括"幻影"M-2000ED型9架,"幻影"M-2000D型3架；运输机8架,包括C-17"环球霸王"型2架,A-340型1架,B-707型2架,B-727型1架,"猎鹰"900型2架；教练机"阿尔法喷气"型6架；直升机反水面舰艇型8架（"突击队员"Mk3型）；多用途直升机31架,包括AW-139型18架,SA-341"小羚羊"型2架,SA-342"小羚羊"型11架；中型运输直升机4架,包括"突击队员"MK2A型3架,"突击队员"MK2C型1架；防空导弹发射器75部,包括"西北风"型24部,自行式9部（"罗兰"11型）,便携式42部（"吹管"型10部,FIM-92A"毒刺"型12部,9K32"箭"-2型20部）；空地导弹包括AM-39"飞鱼"型、"阿帕奇"型、"霍特"型若干枚；中程空空导弹包括R-550"魔术"型、反辐射空空导弹（"米卡"型）若干枚。

兵役制度 实行志愿兵役制。

外国驻军 英国空军4架C-130J,美国中央司令部约530人,1个重装旅作战分队,美国空军空中作战中心。

科威特:美军在海湾地区最大的陆军基地

国名 科威特国。

主要统计 面积1.7818万平方公里。2012年,人口305.1万,国内生产总值1734亿美元。国防预算44.1亿美元（2011年）。石油和天然气储量丰富,现已探明的石油储量1040亿桶,居世界第五位；天然气储量为1.78万亿立方米,居世界第19位（2010

年)。海运能力,商船(载重100吨以上)215艘,总载重量320万吨(2007年)。民航能力,固定航班机场1处,客运量370万人次,货运量14万吨(2008年)。

国防体制 国家元首(埃米尔)为武装力量最高统帅。国防部是最高军事行政机构,负责国防行政事务。武装力量主要由正规军和准军事部队组成。正规军分陆、海、空三个军种,准军事部队隶属内政部。

武装力量 现役部队1.55万人。

陆军1.1万人。编有3个装甲旅、2个机械化步兵旅、1个机械化侦察旅、1个炮兵旅、1个工兵旅、1个后备队旅、1个埃米尔卫队旅、1支特种部队(正在组建中)、1个突击营;1个防空司令部(辖2个高炮连、4个"霍克-111"导弹连、5个"爱国者-2"导弹连、6个"防空卫士""阿斯派德"导弹连)。拥有主战坦克约370辆(存有75辆);装甲步兵战车BMP-2型76辆、HMP-3型120辆、"沙漠武士"(及其同类战车)254辆;装甲输送车M-113A2型230辆、M-577型40辆、TH390"法赫德"40辆(库存)、"狐狸"11辆;火炮,155毫米自行火炮113门,包括M-109A3型23门、AU-F-1型18门(库存)、TPZ-1"狐狸"11门;MKF斗型18门、PL7A5型54门;300毫米多管火箭炮27门("旋风"9A52型);迫击炮81毫米60门、107毫米M-30型6门、120毫米RT-F1型12门;反坦克导弹118枚以上,包括自行式74枚、便携式44枚以上;无坐力炮284毫米"卡尔·古斯塔夫"式约200门;地空导弹"阿斯派德"12枚、便携式"星爆""毒刺"48枚;牵引火炮35毫米"厄利肯"式12门以上。

海军约2000人(含海岸警卫队500人),基地设在瓜拉亚角。拥有导弹艇10艘,两栖中型登陆艇2艘,后勤与支援舰船1艘。

空军2500人。每年飞行时间210小时。编有2个攻击战斗机中队、1个防暴兼教练机中队、2个运输机中队、1个训练攻击直升机中队、1个武装直升机中队、1个防空司令部(下辖16~17个地空导弹连)。拥有攻击战斗机F/A-18型"大黄蜂"39架(F/A-18C型31架、F/A-J8D型8架);运输机B-7373-200型1架、DC-9型1架、L-100-30型3架;教练机MK64型"霍克"11架、TMK52型"图卡诺人"8架;武装直升机2AEE-64D型"阿帕奇"12架;攻击直升机SA-342型"瞪铃"13架(每架配备高亚音速光学遥控导战术空地导弹若干枚);直升机AS-332型"超级美洲豹"5架、SA-330型"美洲豹"5架。

预备役部队2.37万人,服役年龄至40岁,每年训练1个月。

准军事部队约7100人,其中国民警卫队约6600人,编有1个装甲营、1个特种兵营、3个国民警卫营、1个宪兵营,拥有装备装甲侦察车20辆、装甲输送车92辆;海岸警卫队500人,装备巡逻艇58艘以上(江河巡逻艇38艘以上、海岸巡逻艇

10艘、通用巡逻艇10艘),两栖通用登陆艇3艘。

兵役制度 实行义务兵役制,义务兵服役期限为2年(大学生1年),预备役期为14年。

外国驻军 美国、英国、德国等在科威特驻军约2万人,其中美军约1.7万人,科威特是美军在伊拉克作战部队的主要后勤供应基地,同时也是美军在海湾地区最大的陆军基地。美军在科威特部署了2个导弹连。英国驻扎科威特陆军35人、空军6人。

老挝:对外军事合作步伐日益扩大

国名 老挝人民民主共和国。

主要统计 面积236800平方公里,人口643万(2010年),2012年国内生产总值约92.2亿美元,国防预算约1840万美元(2011年)。公路总长36831公里。水运内河航道总长4600公里。国际机场4个。

国防体制 《老挝人民革命党章程》和《老挝人民民主共和国宪法》明确规定:老挝人民军由老挝人民革命党领导和指挥,党主席(总书记)为武装部队最高统帅。国防组织体系由中央国防和治安委员会、国防部、内务部组成。人民革命党通过这两级机构对全国武装力量进行指挥和管制。中央国防和治安委员会是国家的最高军事领导和决策机构,人民革命党主席(总书记)兼任中央国防和治安委员会主席。国防部是中央国防和治安委员会对老挝人民军实施领导的权力机关,同时又是全军各兵种的指挥机关,负责直接掌握和判断国际国内军事、政治形势,制定各时期的军事方针;对全军各部队的兵员补充、作战战备、作战指挥、行政管理、武器装备、军费预算、国防科研和军事培训等实行统一领导和调配。国防部下辖总参谋部、总政治部、总后勤部,分别行使军事指挥、政治教育、后勤技术保障等职能。内务部是老挝警察部队的领导机关。

国防政策 随着军队建设质量的提高,老挝军队对外军事合作步伐也日益扩大,近年来先后与俄罗斯、印度、马来西亚、越南、菲律宾等国拓展了军事交流与合作的内容。2003年1月,印度决定向老挝援助一批军事装备和物资,并承诺提供技术帮助。2003年4月,老挝与越南签署了越南帮助老挝培训指挥干部和特种部队及完成军队通信系统改造等多项协议。近年来,老挝又向俄罗斯订购了一批新式防空武器。

武装力量 现役部队5万余人,准军事力量10万人。

陆军约5万人。划分为4个军区,编有1个装甲营,5个步兵师,7个独立旅,65个独立连;5个炮兵营,9个防空炮兵营;1个工程兵团,1个通信队;2个工兵团。拥有主战坦克25辆,轻型坦克阿76型10辆,装甲运输车50辆,火炮62门以上,牵引火炮

62门,迫击炮若干门,无坐力炮若干门,反坦克火箭若干门,地空导弹若干门,高炮若干门。内河部队约600人。装备有内河巡逻艇共52艘,两栖武装登陆艇4艘。

空军约3500人。编为2个团、1个飞行大队,拥有战斗机共24架,轻型运输机共15架,教练机8架,海空多用途直升机12架,运输直升机重型15架。主要由前苏联提供和从万象政权的皇家空军手中接管。

海军约1700人(主要为内河部队),装备有内河船艇110多艘,编成4个艇队,有芒宽、巴能、纳坎、他曲、南盖、巴色等8个基地。

准军事力量(民兵自卫队)10万人以上,包括各村"家园守卫队"和地方民兵。

兵役制度　实行义务兵役制,服役期最少为18个月。

军队节日　老挝人民军成立日:1月20日(1949年)。

黎巴嫩:时刻准备反击以色列的侵略

国名　黎巴嫩共和国。

主要统计　面积1.0452万平方公里。人口425.4万(2010年)。国内生产总值413亿美元(2012年)。国防预算15.6亿美元(2011年)。海运能力,商船(载重100吨以上)165艘。民航能力,固定航班机场1处,年客运量600万人次,年货运量6万吨。

国防体制　宪法规定:总统为武装力量最高统帅;最高国防决策机构为最高国防委员会,其成员有总统、内阁部长、武装部队、总参谋长等,由总统任主席;国防部为最高军事行政机关,负责军队与地方部门的协调,提供防务咨询和建议,进行国际军事交往等工作;武装力量由正规军和准军事部队组成,正规军分陆、海、空三个军种;最高军事指挥机构为武装部队司令部;总统通过国防部和武装部队司令部对全国武装力量实施领导和指挥。

国防政策　从国家财经实力、人口和社会宗教特点等现实出发,黎巴嫩武装力量建设的基本方向是:保持常备水平,时刻准备反击以色列的侵略、保障国内宪法制度;培训高素质军事干部,培养和教育全体人员对祖国和人民的忠诚;提高武装部队技术装备水平,保障各部队最低必须水平上的物质技术保障。

武装力量　现役部队5.91万人。

陆军约5.7万人。编有5个军区、11个机械化步兵旅、1个总统警卫旅、1个武装警察旅、1个特别行动团、5个特种兵团、1个空中突击团、1个海上突击团、2个炮兵团。拥有坦克约330辆,装甲侦察车54辆,装甲输送车约12401辆,轻型战车约380辆,火炮约540门,迫击炮约370门,便携式导弹约38枚,火箭筒约3263具,无坐力炮约113门,高炮约81门,地对空导弹约84枚,战术无人空中飞行器约8架。

海军约1100人。主要基地,包括朱尼耶、贝鲁特。拥有近岸巡逻艇7艘,巡逻小艇3艘,江河巡逻艇15艘,两栖登陆艇2艘。

空军约1000人。主要基地3处,包括贝鲁特、里亚格、科勒亚特。编有1个攻击机中队、1个攻击直升机中队、4个通用直升机中队、1个训练直升机中队、1个要员专用直升机联队。拥有攻击机共7架,教练机3架,攻击直升机8架,要员专用直升机1架,通用直升机约40架。

准军事部队,内部治安部队约2万人,编有1支警察部队,1支地区护卫队、1支军事护卫队,装备装甲输送车60辆,海关装备巡逻艇7艘。

非国家组织多哈协议后,黎巴嫩内阁吸纳了各主要政党的代表人士,其中包括真主党的支持者。真主党仍保留着自己的军事武装,估计约有武装人员2000人,装备有火箭炮、迫击炮、反坦克导弹、反舰导弹等进攻武器。

兵役制度 实行义务兵役制与志愿兵役制相结合的兵役制度。义务制服役期为18个月,志愿制至少签3年合同。

外国驻军 2010年,联合国驻黎巴嫩维和部队(简称"联黎部队")约1.35万人,继续在黎南部地区监督和维持停火。其成员分别来自阿根廷、澳大利亚、奥地利、比利时、文莱、加拿大、智利、中国、克罗地亚、塞浦路斯、丹麦、萨尔瓦多、爱沙尼亚、芬兰、法国、德国、加纳、希腊、危地马拉、匈牙利、印度、印度尼西亚、爱尔兰、意大利、韩国、卢森堡、马其顿、马来西亚、尼泊尔、荷兰、新西兰、挪威、波兰、葡萄牙、卡塔尔、俄罗斯、塞拉利昂、斯洛伐克、斯洛文尼亚、西班牙、瑞典、瑞士、坦桑尼亚、土耳其、美国等45个国家。

军队节日 建军节:8月1日。

马来西亚:武装部队主要驻守在边界地区

国名 马来西亚。

主要统计 面积33.0257万平方公里,人口2830万(2010年),国内生产总值3035亿美元(2012年),国防预算32.59亿美元(2011年),石油2.4亿桶(2009年),天然气20685亿立方英尺(2009年),粮食254.5万吨(2009年)。海运能力:商船(载重100吨以上)552艘,总载重达291.63万吨(2008年)。民航能力:固定航班机场39处,客运量337.08亿人公里、货运量14.25亿吨公里(2008年)。

国防体制 国家元首为武装力量最高统帅,最高国防决策机构为国家安全委员会,总理兼任主席;内阁设国防部,为最高军事行政机关;武装力量由正规军和准军事部队两部分组成;正规军分陆、海、空三个军种,各军种均设参谋部,最高军事指挥机构为武装力量司令部。

国防政策 马来西亚武装部队主要驻守在边界地区,特别是"紧急状态"时期以对抗游移在马泰边界的马共游击部队,防止菲律宾南部叛乱组织入境及消灭在马六甲海峡上进行攫夺活动的海盗。在国际上,马来西亚武装部队的主要工作是参与联合国维持和平部队的维和行动。

武装力量 现役部队约10.9万人。

陆军约8万人。编有2个军区,1个军,4个师,1个机步旅,11个步兵旅,1个空降旅(包括3个空降营、1个轻型炮兵团、1个轻型坦克中队)、5个装甲团,1个特战团(3个营),14个炮兵团,5个工兵团,1个陆航直升机中队。拥有主战坦克48辆,轻型坦克26辆,装甲侦察车394辆,装甲战车44辆,装甲输送车835辆,牵引炮164门,迫击炮232门,反坦克导弹60枚,火箭炮584门,无坐力炮260门,高炮60门,地空导弹48枚,直升机20架,攻击机165架。

海军约1.4万人(含海军航空兵)。编有1个海上司令部和关丹、拉布安、兰卡威3个海军区。拥有导弹护卫舰2艘,护卫舰8艘,巡逻艇14艘,扫雷艇24艘,两栖舰艇21艘,后勤支援舰船9艘。海军航空兵约160人,装备反潜机6架、运输机6架。

空军约1.5万人。编有2个航空师,4个攻击战斗机中队,1个战斗机中队,1个攻击战斗机兼侦察机中队,1个海上侦察机中队,4个运输机中队,4个直升机中队、1个地空导弹中队。拥有作战飞机80架,其中攻击战斗机各型34架、战斗机各型29架,武装侦察机2架、海上侦察机4架,运输机32架,运输直升机37架,无人驾驶飞机3架,教练机共101架,空空导弹若干枚。

预备役部队约5.16万人。其中陆军5万人,海军1000人,空军600人。

准军事部队约2.46万人。其中警察1.8万人(编成5个旅),海上警察约2100人,地区治安警察4500人。

边境侦察部队1200人,人民志愿团24万人。

部署 以东经109度线为界把其本土和所属海域分为东、西两部分,划成两个海军区。全国主要海、空军基地7处,其中海军基地4处(关丹、拉布安/山打根、卢本、双溪安图)、空军基地3处(吉隆坡、亚罗士打、吉打)。

兵役制度 实行志愿兵役制与义务兵役制相结合的兵役制度,志愿兵服役期为10年。

驻外兵力 2010年共有878人在国外参加联合国维和行动。

外国驻军 2010年澳大利亚128人,其中陆军115人、空军13人。

军队节日 建军节:9月16日。

蒙古：一改对国际事务默默无声的常态

国名 蒙古国。

主要统计 面积156.65万平方公里。人口270.1万（2010年），其中蒙古族人口占80%，哈萨克族占6%。国内生产总值102亿美元（2012年）。国防预算4740万美元（2011年）。工业总产值为15.19亿美元（2010年）。谷物35.5万吨（2010年）。牲畜3270万头（2010年）。交通以铁路和公路为主，2010年各种运输工具运货总量为2940万吨，客运总量为2.51亿人次。固定航班机场1处，为乌兰巴托"成吉思汗"机场。

国防体制 宪法规定，总统为武装力量总司令，通过国防部国民会议对军队实施指挥。国防部国民会议为国防部最高决策机构，由国防部长任主席，负责制定并组织实施国防政策，完善军队体制编制，管理国防经费，任命团以上、副总参谋长以下各级干部，并负责对外军事合作。国防部为负责国防事务的最高行政机关。总参谋部为负责武装力量作战训练和全面建设的最高指挥机关，负责制订军事战略计划，统一指挥各军兵种部队。武装力量由现役部队、预备役部队和准军事部队组成。

国防政策 蒙古于1994年制定的国家安全构想中，把美国列为俄罗斯和中国之外的第三个重要国家，这标志着蒙古的国家安全战略从冷战时期完全依附于苏联，转向借助外力同时制衡两大强邻。2000年，蒙古军队第一次派员参加了美国主导的代号为"集中-2000"的维和军事演习，此后一发不可收。"9·11"事件后的国际形势为蒙古带来了更多的机遇。蒙古一改对国际事务默默无声的常态，明确表态支持美国在阿富汗的反恐战争和在伊拉克的军事行动，并派军队参与阿富汗和伊拉克重建。

武装力量 现役部队约1万人。

陆军约8900人。编有6个摩步团，1个快速反应营，1个独立营，1个炮兵团。装备坦克370辆（T-54/55型），装甲侦察车120辆（BRDM-2型），装甲步兵战车310辆（BMP-I型），装甲输送车150辆（8TH-60型），牵引火炮约300门，火箭炮130门，迫击炮140门，反坦克炮200门。

国土防空军约800人。编有1个运输机中队，1个攻击直升机中队和2个防空团。装备运输机9架（其中空中客车A-310型1架，安-2型6架，安-26型1架，波音737型1架），直升机13架（其中攻击直升机米-24型11架，运输直升机米-8型2架），高炮150门。

预备役部队陆军 13.7 万人。

准军事部队 7200 人。其中,边防部队 6000 人,内卫部队 1200 人。

兵役制度 实行以义务兵役制、合同兵役制为主,等同兵役、税代兵役等多种服役形式为辅的混合兵役制。义务兵役制的对象是 18~25 岁的男性公民,服役期为 1 年。

驻外兵力 驻刚果(金)联合国军事观察员 2 人,驻中非乍得联合国特派团 1 人,驻利比里亚联合国维和人员 1 个步兵连 250 人,驻苏丹联合国军事观察员 2 人,驻西撒哈拉联合国军事观察员 4 人。

军队节日 建军节:3 月 18 日。

孟加拉国:积极谋求提高国防现代化水平

国名 孟加拉人民共和国。

主要统计 面积 14.3998 万平方公里。人口约 1.644 亿(2010 年),国内生产总值 1227 亿美元(2012 年)。国防预算 11.37 亿美元(2011 年)。天然气储量为 3113.9 亿立方米,煤储量 7.5 亿吨。森林面积约 200 万公顷。公路总里程 22.2593 万公里。铁路总里程 2880 公里。空运国际机场 3 个,国内机场 5 个。

国防体制 宪法规定,总统为武装力量最高统帅。陆、海、空三军分立,三军参谋长分别是三军的最高首长。国防部由文官掌管,仅负责军事预算、军工生产和装备采购等行政事务,对军队无指挥权。准军事部队由内政部管辖,平时负责边、海防和内卫治安,战时配合正规军作战。

国防政策 近些年来,孟加拉积极谋求提高国防现代化水平。1971 年独立后,苏联为其提供了大量的武器装备;1975 年穆吉布·拉赫曼遇刺后,齐亚·拉赫曼政府在军事装备的更新上转向中国。2013 年,孟加拉总理谢赫·哈西娜历史性访俄,双方签署了 10 亿美元的军购协议。

武装力量 现役部队约 15.7 万人。

陆军约 12.6 万人。编有 7 个步兵师、17 个步兵旅(68 个营)、1 个装甲旅(2 个装甲团)、1 个炮兵师(6 个炮兵团)、1 个工兵旅、1 个防空旅。

拥有主战坦克 T-59 型 174 辆、T-69 型 58 辆,轻型坦克 T-62 型约 40 辆;装甲输送车 BTR-80 型 70 辆、BTR-70 型 60 辆、MT-LB 型若干辆;牵引炮 105 毫米 190 门,122 毫米 20 门、130 毫米 40 门;迫击炮 82 毫米 300 门、120 毫米 50 门;无坐力炮 106 毫米 200 门;反坦克炮 57 毫米 18 门、76 毫米 50 门;高炮 37 毫米 16 门、57 毫米 130 门;地空导弹 HIY-5A 型 20 枚。

海军约1.69万人。基地:吉大港(司令部)、达卡、库尔纳。拥有护卫舰5艘,导弹快艇10艘,鱼雷快艇4艘,近海巡逻艇32艘,海岸巡逻艇8艘,近岸巡逻艇4艘,江河船艇5艘,扫雷艇4艘,登陆艇14艘,支援舰船8艘。

空军约1.4万人。编有4个攻击/战斗机中队、3个直升机中队。拥有作战飞机76架,攻击/战斗机A-5型18架、F-6型10架、F-7M型和FT-7B型31架、米格-29型8架、C-130B型4架;运输机安-32型3架;直升机"贝尔"型13架、米-17型17架;教练机30架(其中8架L-39ZA型具有作战能力);空空导弹AA-2型若干枚。

准军事部队约6.39万人,其中孟加拉步枪队3.8万人(边防部队,编成41个营),武装警察5000人,保安部队2万人,海岸警卫队910人。

兵役制度　实行志愿兵役制。陆军士兵一般要服役20年。

驻外兵力　有相当数量的军人在中非、利比亚、阿富汗、苏丹、多哥、西撒哈拉等国和地区参加联合国维和行动。

军队节日　建军节:11月21日。

缅甸:注重并加速与美日的军事合作

国名　缅甸联邦共和国。

主要统计　面积67.6578万平方公里。人口5399.98万(2010年),2012年国内生产总值531亿美元,2011年23.6%的预算将用于国防。农业为国民经济基础,占国民生产总值的40.2%,其中稻谷产量3160万吨,出口大米90余万吨,豆类出口量居世界第二位,水产品出口额为4.96亿美元。工业生产总值占国民生产总值的20%,其中已开发陆上油田18个,年产石油100万吨(2009年),探明石油储量685万吨;已开发海上、陆地天然气田3个,年产天然气130多亿立方米,探明天然气储量2832亿立方米。目前在建电站共67个,装机总容量为4546.8万千瓦。全国有军工企业13家。交通以水运为主,有内河航道约9219英里,内河船只537艘;有远洋海港111个,载重100吨以上海运商船44艘,总载重量135.4万吨。铁路3579英里,在建1778英里。公路21361英里,在建1815英里。民航机场82个(含直升机机场6个),国内大城市和主要旅游景点均已通航,与近20个国家和地区建立了直通航线。

国防体制　国防军总司令部为最高军事指挥机关,下设军种司令部。陆军司令部负责陆军作战指挥,海军司令部负责海军作战指挥,空军司令部负责空军作战指挥。国防军总司令为全国武装力量的最高统帅,并可直接提名占议会四分之一席位的军人议员。国防部为最高军事行政机关,统管作战、训练和军工等工作。全国分为6大战区,由6个国防部特别行动局管辖。第1特别行动局,下辖中央司令部、西北司令部和北方司令部,覆盖曼德勒省、实皆省和克钦邦;第2特别行动局下辖东北司令部、东方司令部和三角地区司令部,覆盖掸邦和克耶邦;第3特别行动局下辖西南司令部、南方司令部和西方司令部,覆盖伊洛瓦底省、勃固省、马圭省、若开邦和钦邦;第4特别行动局下辖沿海司令部和东南司令部,覆盖德林达依省、孟邦和克伦邦;第5特别行动局下辖仰光司令部,覆盖仰光省;第6特别行动局下辖内比都司令部,覆盖首都内比都。

国防政策 近些年来,缅甸十分注重并加速与美日的军事合作。2013年,缅甸总统吴登盛在访美期间,与奥巴马广泛讨论了军事合作问题,包括缅甸引进美国先进武器装备,并接受军事训练,参加同美国及盟国联合演习,向美军提供军事基地或设施用地;同时,日本大型训练舰"鹿岛"号计划2013年10月访缅,这将是二战后日舰首次靠缅港口。

武装力量 现役部队总兵力50余万人(含7所国防高等院校,14所军队医院及其他后勤部门人员)。准军事部队约13万人,其中警察部队9万余人、民兵3.5万人、渔业部门约250人。

陆军约46.8万人。编有13个军区,10个机动步兵师,21个野战旅,14个战役司令部,34个战术司令部,437个步兵营,10个装甲营,14个高炮营和37个独立炮兵连。拥有主战坦克150辆,轻型坦克105辆,各型装甲侦察车115辆,装甲输送车325辆,各型牵引火炮278门,其中火箭炮30门,迫击炮80余门,无坐力炮1000余门,反坦克炮60门,各型高炮46门。

海军约1.7万人(含陆战队800人)。设海军总部(内比都)、战略海军司令部(仰光)、海军训练司令部(赛可依)及5个地区海军司令部,管辖7个大型海军基地(仰光、勃生、墨吉、毛淡棉、塔韦、实兑、海基岛),陆战队1个营。拥有轻型巡洋舰、轻型护卫舰6艘,攻击艇、巡逻艇60艘,两栖舰艇18艘,支援船只10艘。

空军约2.3万人(含空降兵及其他人员约1000人)。编成9个空军基地(勃生、莫比、敏哥拉东、马圭、密支那、丹老、南伞、汕特、霍马林),编有3个战斗机中队、2个攻击战斗机中队、2个防暴机中队、1个运输机中队和4个直升机中队。空降兵1个营。拥有作战飞机157架,其中各型战斗机70架,攻击/战斗机22架,防暴机33架,各型运输机19架,教练机45架,联络机4架。直升机共66架,部分战机配备空地导弹、半雷达及红外创导空空导弹。

兵役制度 根据2011年颁布的《人民兵役法》,实行全民义务兵役制。

军队节日 建军节:3月27日。

尼泊尔：近年来尼中两军关系发展很快

国名 尼泊尔联邦民主共和国。

主要统计 面积14.7181万平方公里。人口2985.27万（2010年），国内生产总值194亿美元（2012年），国防预算2.07亿美元（2011年）。水力资源丰富，水电蕴藏量为8300万千瓦时。耕地面积为325.1万公顷。运输以公路和航空为主，截至2008年3月中旬，公路总长17982公里。有各类机场45个，直升机停机坪120个，除首都有1个国际机场外，其余为简易机场。

国防体制 总统为武装力量最高统帅，通过军队司令部、国家安全委员会、国防部指挥和管理军队。国家安全委员会由总理、国防部长和军队参谋长组成，总理任主席。军队司令部是总统统率军队的指挥机构，由参谋长领导。国防部由主官组成，对军队无指挥权，主要负责军事预算、武器装备和军需物资的供应，办理外国的军事援助，确定兵员补充，对军官的提升、任免提出建议。武装力量主要由现役部队和准军事部队组成，现役部队只有陆军。

国防政策 中国是尼泊尔亲密友好的邻居和重要的合作伙伴，尼泊尔在涉藏、台湾等中国核心问题上一贯予以中方坚定支持。近年来，中尼两军关系发展很快，实现了"全方位"高层互动，签订了有关军队医疗合作等协议。此前，印度一直垄断对尼泊尔的武器、弹药援助，甚至连尼泊尔的军机都由印度提供。

武装力量 现役部队约9.6万人（包括飞行联队在内）。

陆军约9.6万人。编有6个步兵师司令部，1个河谷司令部，16个步兵旅（63个营），32个独立步兵旅，1个特种作战旅（1个空降营、1个机械化步兵营、1个独立特种作战营），1个突击队营，1个炮兵司令部（4个炮兵团），1个防空司令部（2个防空团、4个独立防空连），1个工程兵司令部（5个营）。拥有装甲侦察车40辆，装甲输送车40辆，火炮95门以上，迫击炮81毫米若干门、120毫米M-43型70门，牵引高炮14.5毫米30门、37毫米若干门、40毫米L/60型2门。

飞行联队约320人。拥有运输机5架，直升机12架。

准军事部队约6.2万人，其中武装警察约1.5万人，警察4.7万人。

部署 陆军主要部署在加德满都和尼泊尔与印度边境一带。

驻外兵力 尼泊尔军队有部分人员分别在布隆迪、东帝汶、刚果、埃塞俄比亚/厄立特里亚、海地、利比里亚、中东、塞尔维亚、塞拉利昂、苏丹、叙利亚、以色列等国参加联合国维和行动。2006年8月17日，联合国常务副秘书长布朗在贝鲁特主持召开联合国驻黎巴嫩维和部队增兵会议，部分与会国家承诺派兵，其中尼泊尔承诺向黎派出 1 个机械化营。

军队节日 建军节:5 月 9 日。

日本:进一步加快军事扩张步伐

国名 日本国。

主要统计 陆地面积 37.79 万平方公里,包括北海道、本州、四国、九州四个大岛在内共有 6852 个岛屿。人口 1.2806 亿(2010 年);国内生产总值约 5.963 万亿美元(2012 年);国防预算约合 514 亿美元(2011 年);粗钢 11900 万吨(2008 年);原油对外依存度为 99.6%(2007 年);发电量 1192.771 亿千瓦时(2007 年);水运能力,截至 2003 年 4 月,港口总数为 1084 个,年吞吐量为 1 亿吨以上的港口有千叶、名古屋、横滨等,截至 2007 年 6 月,各种商船数为 4622 艘(1000 吨以上),总吨位约 1144.0 万吨;民航能力,全国共有大型国际机场 5 个,大型国内机场 26 个,年客运量国际航线 1768.1 万人次,国内定期航线 9484.9 万人次,年货运量国际航线 137.6 万吨,国内定期航线 95.2 万吨。

国防体制 日本国防组织的最高领导人、自卫队的最高统帅是内阁总理大臣,他代表内阁对自卫队行使最高指挥监督权。内阁会议是国防问题的最高决策机构,负责对提交国会审议的有关国防问题的法律草案、预算草案做出决定,制定有关政令,决定有关国防问题的重大方针和计划。安全保障会议是国防问题的最高审议机构,为以下人员组成,根据《内阁法》第 9 条的规定预先指定的国务大臣、财务大臣、内阁官房长官、国家公安委员会委员长、防卫大臣,内阁总理大臣任主席。当主席认为必要时,可让有关国务大臣、联合参谋长及其他有关人员列席会议,陈述意见。安全保障会议的职责是审议有关国防的重要事项,处置重大紧急事态的重要问题。防卫省是在内阁总理大臣领导下处理国防事务的行政机关,其任务是"管理、指挥陆上、海上、航空自卫队,处理与此有关的事务"。防卫大臣负责日本本国的国防事务,可不经过内阁,自行向国会两院提出与国防相关的法案及预算案。联合参谋部隶属防卫省,是防卫大臣统一指挥、管理自卫队的最高参谋和指挥机构。其主要职责是统一陆、海、空自卫队的指挥与作战运用、协调兵力的海外派遣和引进导弹防御系统、完善对大规模恐怖活动的应急反应机制等。联合参谋长是自卫队军衔和资历最高的现役人员,受防卫大臣的指挥和监督,辅佐防卫大臣在自卫队运用问题上进行决策,同时执行其对陆、海、空三自卫队的命令。

国防政策 战后,日本奉行"重经济、轻军备"的吉田战略,选择了依靠美国保卫日本的国家安全战略。20世纪70年代以来，随着国际形势的变化及两次"石油危机"和"美元冲击"带来的恐慌，日本认识到在继续维持日美同盟关系的同时，还应全面发展其同本地区各国的关系，积极主动地创造和平稳定的周边环境。在此背景下，日本从20世纪80年代开始将"综合安全保障战略"作为日本的国家安全战略。冷战结束和"9·11"事件对21世纪的国际格局产生了重大而深远的影响。一方面，冷战时期两极对峙的格局不复存在，各国之间爆发大规模对抗和战争的可能性大大降低；另一方面，两极格局瓦解，新的稳定的世界格局尚未形成，各种不确定因素和安全威胁在增多。日本认为，朝鲜和中国对日本安全构成了现实和潜在的威胁，同时还认为包括大规模自然灾害和新型威胁等多种事态是日本军事力量需要面临的主要任务。为适应这变化，日本在国家安全战略方面也进行了调整。2004年10月14日，在小泉首相的私人咨询机构"安全保障与防卫力量恳谈会"提交的报告中，提出了"统合安全保障战略"的概念。其主要精神在《2005年度以后的防卫计划大纲》中基本得到了反映。该"防卫计划大纲"将日本的战略目标定位为保卫本土安全和改善国际环境，并提出要通过三个层次的努力予以实现，即自主努力、盟国协作和国际合作。对于威胁，强调应根据威胁形态综合采用军事、经济和外交等多种手段予以消除或应对。与先前的"综合安全保障战略"相比，"统合安全保障战略"将日本的战略视野由以往的所谓"一国主义"拓展到地区乃至全球安全领域，在安全手段的运用上突出强调了军事力量的核心地位，更加强调自主努力。2009年，"安全保障与防卫力量恳谈会"在给麻生首相的报告书中提出了日本新的国家安全战略构想——"多层次合作安全保障战略"。根据报告书的阐述，这一战略思想的基本内涵是三大政策目标和四大安全手段。三大政策目标包括确保日本的安全、防止威胁的出现、维持与构建国际体系。四大安全手段包括日本的自主行动、与同盟国的合作、地区内合作、与国际社会的合作。相对于以往的"综合安全保障战略"和"统合安全保障战略"，"多层次合作安全保障战略"的主要特点有三。第一，第一次提出日本应在国际安全体系中发挥秩序设计者的作用。第二，更加重视地区安全合作。第三，大力倡导突破日本安全政策"禁区"的思想。安倍晋三执政之后，进一步加快了军事扩张的步伐，包括扩充自卫队编制、把军费提高到历史高位及意欲修改日本《防卫计划大纲》等。

武装力量 现役部队约24.4万人。

陆上自卫队约16万人，其中现役人员约15.1万人，应急预备役人员约9000人。编成5个军区，基本作战单位为9个师，6个旅，8个防空导弹群，1个中央快速反应集团。共装备坦克880辆（90型、74型），装甲车1860辆，自行火炮290门，飞机464架（含固定翼和旋转翼飞机）。

海上自卫队约4.6万人。编成1个联合舰队(辖1个护卫舰队、1个航空集团、1个潜艇舰队、2个扫雷队群、1个开发指导队群和其他直辖部队)和15个地方队。共装备各型作战舰艇149艘,其中驱逐舰、护卫舰52艘,潜艇16艘,其他舰艇81艘,共装备各型飞机292架,其中作战飞机171架。

航空自卫队编制约4.7万人。编成1个航空总队(辖3个航空方面队、1个航空混成团、6个防空导弹群、1个航空支援集团),1个航空教育集团(辖2个训练航空团、3个飞行教育团)和1个航空开发实验集团。共装备各型飞机约820架,其中作战飞机340架(含战斗机260架、侦察机10架、预警机20架、运输机50架、空中加油运输机4架)。防空导弹群6个。

部署 陆上自卫队参谋部驻东京都。北部军区所辖防区为北海道地区,司令部驻札幌市,辖4个师(旅)、1个防空导弹群、1个工兵群、1个炮兵群。东北部军区所辖防区在本州地区东北部,司令部驻仙台市,辖2个师、1个炮兵群、1个防空导弹群、1个工兵群。东部军区所辖防区在本州地区中部,司令部驻东京都,辖2个师(旅)、1个防空导弹群、1个工兵群、1个空降群。中部军区所辖防区在本州地区西南部,司令部驻伊丹市,辖4个师(旅)、1个防空导弹群、1个工兵群。西部军区所辖防区在九州和冲绳地区,司令部驻熊本市,辖3个师(旅)、1个防空导弹群、1个工兵群。防卫大臣直辖的第1直升机群驻木更津,特种作战群驻船桥市,补给本部和通信群驻东京都。海上自卫队参谋部驻东京都,分为横须贺、吴、佐世保、舞鹤、大凑5个警备区。在横须贺警备区的横须贺基地部署有联合舰队、护卫舰队、潜艇舰队司令部、第1护卫队群、第2潜艇队群、扫雷队群、开发队群、情报业务队群、海洋业务队群及横须贺地方队。航空集团司令部驻续撤市。教育航空集团司令部驻柏市。吴基地驻有第4护卫队群、第1潜艇队群、练习舰队司令部及吴地方队。佐世保基地驻有第2护卫队群和佐世保地方队。舞鹤基地驻有第3护卫队群和舞鹤地方队。大凑基地驻有大凑地方队。补给本部驻东京都。航空自卫队参谋部驻东京都。北部防空区:千岁部署有第2航空团、第3防空导弹群,三泽部署有北部航空方面队司令部、第3航空团、北部航空警戒管制团、第6防空导弹群。中部防空区:小松市、小美玉市分别部署有第6和第7航空团,各务原市部署有第4防空导弹群,狭山市部署有第1防空导弹群、中部航空警戒管制团、中部航空方面队司令部。西部防空区第5、第8航空团分别部署在宫崎县儿汤郡部富町和福岛县筑上郡椎田町,春日市部署有第2防空导弹群、西部航空警戒管制团及西部航空方面队司令部。西南防空区冲绳县那霸市设有西南航空混成团司令部,并部署有第83航空队、第5防空导弹群、西南航空警戒管制队。航空总队、航空支援集团司令部驻府中市。航空教育集团、航空开发实验集团司令部分别驻泧松市和狭山市。补给本部驻东京都。

兵役制度　由于日本二战战败之后被盟军解除武装并实行"和平宪法",在战后成立的军事力量只能冠以"自卫队"的名称,日本至今尚无正式的战后兵役法,但1954年制定的《自卫队法》中对兵役制度做了详尽的规定。按照规定,日本实行志愿兵役制,称募兵制。上等兵(含)以下实行任期制:陆上自卫队为2年(专业技术兵为3年),海上和航空自卫队为3年。任期届满后,根据本人志愿并经审查合格后可继续延长任期,军士和军官为职业军人,实行退休制。各级退休年龄分别为:将官60岁(联合参谋长62岁),上校56岁,中校、少校55岁,上尉至上士54岁,中士以下53岁。对从事医务和音乐等职业的上校以下军人,其退休年龄适当延长,最长可到60岁。

外国驻军　2010年,美国驻军实际员额为3.5598万人,其中陆军2677人、海军3539人、海军陆战队1.7002万人、空军1.2380万人。

军队节日　自卫队纪念日:7月1日。

沙特阿拉伯:军事装备海湾地区质量第一

国名　沙特阿拉伯王国。

主要统计　面积225万平方公里。人口2624.60万(2010年),国内生产总值7273亿美元(2012年),国防预算485.4亿美元(2011年)。沙特油气资源丰富,截至2009年底,沙特石油探明储量363亿吨,居世界第一(2010年,沙特原油平均日产量820万桶,石油出口收入2030亿美元);天然气探明储量7.92万亿立方米,居世界第五。地下水总储量为36万亿立方米,是世界上最大的液化海水生产国,海水淡化量占世界总量的21%左右。海运能力,商船载重100吨以上约400艘,船舶吨位275万吨(2007年)。民航能力,固定航班机场28处,有40条国际航线,24条国内航线,每天平均260个航班,有各类大型客机116架,客运量2700万人次、货运量35.7万吨(2007年)。

国防体制　国王为武装力量最高统帅。最高国防决策机构为最高国防会议,成员有国王、国防与航空大臣、财政大臣、经济与计划大臣、通信与信息技术大臣、外交大臣和武装力量总参谋长,由国王任主席。国防部为最高军事行政机构,总参谋部为最高军事指挥机构。武装力量由正规军、国民警卫队和准军事部队组成。正规军分陆、海、空和防空军四个军种。国王通过国防部和总参谋部对全国武装力量实施领导和指挥。

武装力量　现役部队约23.4万人。

陆军约 7.5 万人,编有 3 个装甲旅(每个旅辖有 1 个机械化营、1 个野战炮营、1 个装甲侦察营、1 个防空营、1 个反坦克营、3 个坦克营),5 个机械化旅(每个旅辖有 1 个野战炮营、1 个防空营、1 个支援营、1 个坦克营、3 个机械化营),1 个空降旅(辖有 2 个空阵营、3 个特种护航队),1 个王室警卫团(辖有 3 个警卫营),1 个炮兵旅(辖有 5 个野战炮营、2 个多管火箭炮营、1 个导弹营),1 个陆军航空兵司令部(辖有 2 个航空旅)。拥有主战坦克 910 辆,装甲侦察车 300 辆,步兵战车 780 辆,装甲输送车 2240 辆,火炮约 868 门,自行炮 170 门,多管火箭炮 60 门,迫击炮 400 门,牵引火炮 110 门,反坦克导弹 1950 枚以上,无坐力炮 450 门,火箭炮约 200 门,武装直升机约 55 架,地空导弹 1000 枚以上。

海军约 1.35 万人(包括海军陆战队 3000 人)。编有 1 个海军司令部(驻利雅得)、2 个舰队司令部(即东部舰队和西部舰队,分别驻朱拜勒和吉达)。设有海军基地 4 个,即达曼、沃季、米萨卡角、加尔角。拥有护卫舰 7 艘,轻型护卫舰 4 艘,导弹快艇 9 艘,巡逻艇 56 艘,反水雷舰艇 7 艘,登陆艇 8 艘,辅助舰船 7 艘,油船 2 艘。海军陆战队约 3000 人,编有 1 个海军步兵团(辖有 2 个步兵营),装备装甲输送车 140 辆。海军航空兵装备有攻击直升机 15 架,支援直升机 25 架,效用直升机 6 架。

空军约 2 万人。编有 7 个攻击战斗机中队,6 个战斗机中队,1 个预警机中队,2 个多功能中队,7 个以上教练机中队,3 个运输机中队,2 个直升机中队,若干个加油机中队。拥有飞机约 590 架,包括攻击战斗机 150 架,战斗机 126 架,侦察机 10 架,预警机 5 架,加油机 15 架,改装训练机(具有作战能力)14 架,运输机 45 架,直升机 78 架,教练机 122 架(内有 50 架具有作战能力),皇家专机共 16 架,直升机 4 架以上。空对地导弹若干枚,空对空导弹若干枚。

防空军约 1.6 万人,编有 19 个地空导弹营,73 个地空导弹分队,配有 17 部 AN/FPS 型雷达,约 1140 门高炮,3700 余枚地空导弹。

工业安全部队约 9000 人以上。属于沙特新型安全系统,负责监控与危机管理。

国民警卫队约 10 万人,其中现役 7.5 万人,部族部队 2.5 万人。编有 3 个机械化步兵旅(每个旅辖有 4 个营)、5 个步兵旅、1 个骑兵仪仗队。装备侦察车 450 辆,装甲步兵战车 1117 辆,装甲输送车约 1400 辆、存库 810 辆,牵引火炮 90 门,迫击炮、无后坐力炮若干门,便携式反坦克导弹约 120 枚,牵引火炮 160 门。

准军事部队约 1.55 万人,包括边防部队 1.05 万人、海岸警卫队 4500 人和特种安全部队 500 人。其中,边防部队隶属于内政部,司令部设在利雅得,下辖 9 个地区司令部,编有若干海上巡逻、边防、防卫、岸防部队,装备直升机 18 架;海岸警卫队装备巡逻艇 10 艘,小型安全巡逻舟约 250 艘,两栖舰船 13 艘,后勤支援舰船 4 艘,基地设在阿兹赞姆;特种安全部队500人,装备装甲人员输送车若干辆。

兵役制度 正规军平时实行志愿兵役制,战时实行义务兵役制。18~35岁男性经批准参军,服役期限一般为2~3年(普通兵种2年,特殊兵种3年)。

外国驻军 海湾合作委员会(海合会)在沙特驻有"半岛之盾"部队,主要由沙特、科威特、卡塔尔、巴林、阿曼和阿联酋等成员国派出的部队组成,编制为9000人,配备有先进的武器装备。美军在沙特驻有250余人。

斯里兰卡:近年来十分注重现代化建设

国名 斯里兰卡民主社会主义共和国。

主要统计 面积6.561万平方公里。人口2065万(2010年),国内生产总值594亿美元(2012年)。国防预算12.8亿美元(2011年)。

国防体制 宪法规定,总统为武装部队总司令。最高国防决策机构为国家安全委员会,成员有国防部长、国家安全部长、陆、海、空三军司令、警察总监等,主席由总统兼任。国防部为最高军事行政机构。武装力量由正规军、预备役部队和警察组成。正规军分陆、海、空三个军种。总统通过国家安全委员会、国防部和陆、海、空三军司令部对全军实施领导和指挥。

国防政策 近年来,斯里兰卡军队十分注重现代化建设。2010年2月,在斯里兰卡总统贾帕克萨访问俄罗斯期间,两国签订军火协议,俄罗斯将向斯里兰卡提供3亿美元的贷款,用于斯里兰卡购买相关武器及军民两用装备。斯里兰卡外交部长表示,"在这份军火协议中,我们最为关注的是技术转让方面的内容,其中包括新军事科技和最新卫星技术等"。

武装力量 现役部队约16.1万人。

陆军约11.8万人(含3.99万人应召再服现役者)。编有9个师部、1个空中机动旅、33个步兵旅、1个独立特遣旅、1个突击旅、1个装甲团、3个装甲侦察团(营)、3个野战炮兵团(含2个重炮团、1个轻型炮团)、3个野战工程兵团。拥有主战坦克62辆,装甲侦察车15辆,步战车62辆,装甲输送车217辆,牵引炮157门,火箭炮22门,迫击炮784门,无坐力炮约40门,高炮30门,无人侦察机1架。

海军约1.5万人(含2400名应召再服现役者)。基地设在科伦坡(总部和西方海军司令部)、亭可马里(主要基地和东方海军司令部)、坎凯桑图赖(北方海军司令部)、麦达万齐亚(中北海军司令部)、穆利卡鲁姆(西北海军司令部)、加勒(南方司令部)。拥有海岸巡逻作战舰艇131艘,两栖登陆舰1艘。

空军约2.8万人。拥有作战飞机22架,直升机23架,运输机17架,运输直升机 6 架,通用直升机 7 架,教练机 SF-260TP 型 19 架,无人侦察机 3 架。

预备役部队约 5500 人,其中陆军 1100 人,海军 2400 人,空军 2000 人。

准军事部队约 8.86 万人。

兵役制度 实行志愿兵役制。

塔吉克斯坦:重点加快边防部队建设步伐

国名 塔吉克斯坦共和国。

主要统计 面积 31 万平方公里。人口 70.61 万(2010 年 12 月),国内生产总值 75.9 亿美元(2012 年),国防预算 0.55 亿美元(2011 年)。油气资源储量为石油 1.131 亿吨,天然气 8630 亿立方米(2010 年)。发电量 2453.9 亿千瓦时(2008 年)。粮食产量 94.28 万吨(2008 年)。交通主要以公路为主,占全国运输总量的 85.3%,承担着全国 78% 的货物运输和 98% 的旅客运输任务,公路总长 1.3747 万公里,2010 年货运量为 5020.6 万吨,客运量 5.21 亿人次。铁路总长 918 公里,2010 年货运量 1043.9 万吨,客运量 59.38 万人次。空运方面,有多个国际航班和多条国际航线,其他机场有杜尚别机场、胡占德机场、库利亚布机场,2010 年航空货运量为 2163 吨,客运量为 76.53 万人次。

国防体制 宪法规定,总统为武装力量最高统帅。最高国防政策决策机构为国家安全委员会。国防部为政府中的一个部,是最高军事行政机关。武装力量由正规军和准军事部队组成。正规军分陆、空两个军种。最高军事指挥机构为总参谋部。总统通过国防部和总参谋部对全国武装力量实施领导和指挥。

国防政策 塔军以"军事防御"为指导思想,在强调通过独联体集体安全防御体系保障本国安全,与驻塔俄军共同担负国土防御任务的同时,重点加快了本国边防部队的建设步伐。塔不使用武力或以武力相威胁来达到政治、经济和其他目的,主张通过政治手段解决国家间的冲突争端,赞同与独联体国家签署地区集体安全条约并制定统一的军事政策,组建共同的战略力量。塔不把任何国家和国家联盟视为敌人,不准备向任何国家发动进攻,不首先使用武力。

武装力量 现役部队约 8800 人。

陆军约 7300 人,编有 3 个摩步旅(包括 1 个战术侦察大队)、1 个炮兵旅、1 个空中突击旅、1 个防空团。拥有主战坦克 37 辆,装甲步兵战车 23 辆,装甲输送车 23 辆,牵引火炮 10 门,火箭炮 3 门,迫击炮 10 门,地空导弹 20 余枚。

空军约 1500 人,编有 1 个运输机中队(配有图-134A 型机),1 个直升机中队(配有米-24 型机、米-17 型机、米-8 型机)。拥有作战飞机 1 架,武装直升机 4 架,战斗运输机1架,直升机16架。

准军事部队约7500人,包括内卫部队3800人、国民卫队1200人、紧急情况部队2500人和边防部队若干人。

外国驻军 法国空军160人,装备C-160型运输机2架、C-130运输机1架;印度空军1个前沿作战基地;俄罗斯驻军陆军5500人,编为3个摩托化步兵旅,配有主战坦克120辆、装甲战斗车350辆、迫击炮7门、火箭炮190门,空军配有苏-25型攻击机5架、米-8型支援直升机4架。

军队节日 建军节:2月23日。

泰国:推进三军现代化进程

国名 泰王国。

主要统计 面积51.3115万平方公里。人口6851.6万(2010年),国内生产总值3655亿美元(2012年),国防预算43.4亿美元(2011)。粮食产量3628万吨(2010年),水果产量832.7万吨(2009年)。海运能力,全国47个港口,商船(载重100吨以上)351艘,总载重量119.45万吨(2008年)。民航能力,固定航班机场37处,其中国防机场8个,同53个国家、80个航空公司有固定航线,客运量383.45亿人公里、货运量16.71亿吨公里(2008年)。

国防体制 国王为武装力量最高统帅。最高国防决策机构为国家安全委员会,隶属于内阁,总理兼任主席。最高咨询机构为国防委员会,隶属于国防部。国防部是最高军事行政机关,负责制定、实施国防政策和计划。武装力量由正规军和准军事部队两部分组成。正规军分陆、海、空三个军种。最高军事指挥机构为最高司令部。国王名义上是三军统帅,实际上是国务院通过国防部和最高司令部对全国武装力量实施领导和指挥。

国防政策 近年来,泰国为推进三军现代化进程,国防预算有较大增加,其2009年财政预算中(包括2008年到2018年的两个五年阶段),第一个五年阶段中,军费从占GDP比率的1.5%增加到1.8%,第二个五年阶段中,这一数字将增至2%;近年来,泰国逐步摆脱美国,转而与中国保持良好的军事合作,包括通过以物换物的方式从中国购进军品,进行联合军演等。

武装力量 现役部队约30.6万人。

陆军约19万人,编有4个军,2个小军,2个骑兵师,3个装甲师,2个机械化师,1个轻型步兵师,2个特种作战师,1个炮兵师,1个高炮师(6个高炮营),1个工程兵师,4个经济开发师,8个独立步兵营,4个侦察连,1个陆航团(3个空中机动连)和1

支正在组建的快速反应部队。拥有主战坦克333辆,轻型坦克515辆,装甲侦察车32辆,装甲输送车950辆,牵引火炮553门,自行火炮20门,迫击炮1900门,反坦克导弹318枚,无坐力炮各型180门,高炮1900门,地空导弹若干枚,侦察机40架,运输机10架,联络机10架,教练机33架,直升机212架(其中武装直升机5架)。

海军约6.98万人(含陆战队、海军航空兵和原防部队),编有3个作战舰队和1个海军航空兵联队,拥有直升机航母1艘,导弹护卫舰2艘,小型护卫舰9艘,巡逻艇87艘,扫雷舰艇19艘,两栖舰艇9艘,后勤支援舰船15艘;海军航空兵1200人,装备作战飞机17架,武装直升机10架;海军陆战队2.3万人,编有1个师,2个步兵团,1个炮兵团,1个两栖攻击营,1个侦察营,装备装甲输送车57辆,牵引火炮48门,高炮14门,反坦克导弹24枚。

空军约4.6万人,编有4个航空师,1所飞行训练学校,9个攻击战斗机中队,1个电子侦察机中队,1个皇家飞行中队,3个运输机中队,1个联络机中队,1个测量机中队,2个直升机中队。拥有攻击战斗机287架(其中F-16型50架),电子侦察机5架,航测机6架,运输机57架,教练机123架,联络机40架,直升机47架,空空导弹若干枚,地空导弹若干枚。

准军事部队约15.87万人,其中,"猎勇"部队约2万人,保卫国土志愿队5万人,海上警察2200人,航空警察500人,边境巡逻警察4.1万人,地方警察4.5万人。

预备役部队约4.5万人,编有4个陆军预备役师。

部署 陆军按4个军部署,重点部署在中部和东南部地区。海军部署在各海军基地,陆战队驻梭桃邑海军基地。空军各飞行大队分别驻各空军基地。主要军事基地18处,其中海军基地5处(曼谷、宋卡、攀牙、梭桃邑、那空拍侬),空军基地13处(廊曼、柯盼、打卡里、华富里等)。

兵役制度 实行义务兵役制,服役期2年。

驻外兵力 2010年共派出9名军事观察员参加联合国在苏丹的维和行动,阿拉伯海及亚丁湾海域联合海上力量第151特遣舰队派驻护卫舰、补给舰各1艘。

外国驻军 美国太平洋司令部所属122人。

军队节日 建军节:1月18日。

土耳其:北约组织的一支重要军事力量

国名 土耳其共和国。

主要统计 面积178.36万平方公里。人口7571万(2010年),国内生产总值约合7645亿美元,人均国内生产总值9730美元(2012年),国防预算179亿美元

(2011年),森林面积122万平方公里,煤产量8430万吨(2009年),钢产量2900万吨(2009年)。全国公路总长42.7万公里(2006年),其中高速公路总长1892公里;铁路总长8697公里(2008年)。全国海运主要港口13个,商船(载重100吨以上)565艘,总载重量466万吨(2007年)。民航能力,普通机场102处,国际机场6处,直升机专用机场21处(2009年)。

国防体制 宪法规定,总统为武装力量最高统帅。最高国防决策机构为国家安全委员会,成员有总统、总理、总参谋长、国防部长、内政部长、外交部长和宪兵司令,由总统任主席,基本任务是制订战争动员计划、议决国家军事政策和其他有关国家安全的重大问题。武装力量的最高决策机构为最高军事委员会,由总理、总参谋长和陆、海、空三军司令部司令及宪兵司令组成,任务是讨论和决定武装部队各级军官任免和调动、提升和退休、国防费用的计划和分配、军队编制和军法军纪等问题。国防部为政府的一个部门,是最高军事行政机构,设部长、副部长等。部长由总理任命的文职官员担任,任务是负责武装部队的征兵、武器装备、后勤补给、军工生产等工作。武装力量由正规军和准军事部队组成,正规军分陆、海、空三个军种。最高军事指挥机构为总参谋部,总参谋长由总统根据总理提名在担任过陆、海、空三军司令的上将中任命,任期4年。总统通过国防部和总参谋部对全国武装力量实施领导和指挥。

国防政策 基于国家安全利益和地缘战略的考虑,近年来,土耳其一方面注重在军事领域与其他北约成员国之间的合作;另一方面也不断加强与中国的军事合作,包括加入上海合作组织及购买中国"红旗-9"导弹等。

武装力量 兵力现役部队约51.1万人,准军事部队15.33万人。

陆军约40.2万人,编有4个集团军司令部,10个军司令部,1个特种作战司令部(下辖4个突击旅),2个步兵师,17个装甲旅,15个机械化步兵旅,11个步兵旅,4个炮兵训练旅,4个步兵训练旅,4个航空团,1个攻击直升机营,3个航空营。拥有主战坦克4503辆,装甲侦察车250余辆,步兵战车650辆,装甲输送车3643辆,火炮7450余门,自行炮2868门,火箭炮84门,迫击炮5813门,无坐力炮3869门,高炮1664门,反坦克导弹1363枚,地空导弹1935枚。另装备作战飞机168架,直升机290架。

海军约4.86万人(含海军陆战队3100人,海岸警卫队2200人),辖1个海军司令部(驻安卡拉)、1个舰队司令部(驻格尔居克)、1个北部地区和博斯普鲁斯海峡司令部(驻伊斯坦布尔)、1个南部地区和爱琴海司令部(驻伊兹密尔)、1个训练司令部(驻安挺诺瓦亚施瓦)。主要基地格尔居克、厄蒂里、恰纳卡莱、峡雷利、巴汀、伊兹宿尔、伊斯坦布尔、佛卡、阿克萨兹、去塔利亚、梅尔俊、伊斯坎达茹恩等。拥有常规潜艇

14艘,导弹护卫舰17艘,巡逻艇252艘,巡逻艇18艘,两栖类舰艇46艘,辅助舰船49艘。海军陆战队3100人,辖1个海军陆战队司令部、1个团、3个营和1个炮兵营(装备18门火炮)。海军航空兵辖1个训练中队和若干攻击机中队,装备有用于反潜作战的武装直升机16架(AB-204AS型3架,AB-212型13架),教练机7架。

空军约6万人,编有2个战术空军司令部,7个战斗机中队,7个攻击战斗机中队,2个侦察机中队,1个预警机中队,1个搜索机中队,1个加油机中队,5个运输机中队,3个教练机中队,10个通信联络机中队,3个改装训练机中队,6个防空导弹旅,8个"鹰"M1M-23式导弹部队。拥有作战飞机426架,侦察机35架,预警机1架(另定购3架),空中加油机7架,运输机77架,教练机198架,直升机40架,无人机28架,地空导弹约200枚,反辐射导弹若干枚,空空导弹若干枚。低空导航监视系统80套,激光制导炸弹若干枚。

预备役部队约37.87万人,其中陆军25.87万人、海军5.5万人、空军6.5万人。

准军事部队约15.33万人,其中宪兵和国民警卫队15万人(其中预备役5万人),组建有1个装甲边防师,2个装甲旅,1个突击旅,拥有装甲侦察车若干辆,装甲输送车560辆,作战飞机若干架,运输机2架,直升机56架。海岸警卫队3250人,装备近岸巡逻艇72艘、运输机3架、直升机8架。

兵役制度 实行义务兵役制,士兵服役期6~15个月。

驻外兵力 驻阿富汗参加北约国际安全援助部队1790人,1个步兵营旅部和2个步兵营;驻波斯海及印度洋参加由美国牵头的第151特遣部队1艘护卫舰;驻地中海1艘护卫舰参加北约"积极奋进"行动,1艘扫雷艇参加北约水雷对抗措施小组;驻波黑参加"木槿花"维和行动273人,辖1个步兵连,参加欧洲安全与合作组织驻波黑观察员2人;驻塞浦路斯3.6万人,辖1个军部、2个步兵师、1个独立机械化步兵旅、1个装甲旅、1个炮兵旅、1个突击团、1个航空指挥部,坦克449辆,装甲输送车627辆,牵引火炮102门,自行炮90门,火箭炮6门,迫击炮450门,高炮114门,无坐力炮192门,飞机7架;驻伊拉克参加北约伊拉克训练团2人;驻黎巴嫩参加联合国黎巴嫩临时维和部队504人;驻塞尔维亚参加北约科索沃国际维和部队479人,参加欧洲安全与合作组织驻塞尔维亚观察员1人,参加欧洲安全与合作组织驻科索沃观察员12人;参加联合国苏丹特派团3人。

外国驻军 驻有以色列空军一支战斗机分遣队,配有"战隼"F-16战斗机。美国在因吉尔利克驻有1支雷达通信部队,美国欧洲司令部在伊兹密尔和安卡拉驻有支援部队,在因吉尔利克设有1个空军基地,共1560人。

军队节日 建军节:8月30日。

土库曼斯坦：奉行中立性军事学说

国名 土库曼斯坦。

主要统计 面积49.12万平方公里。人口517.6万（2010年），国内生产总值336亿美元（2012年），国防预算2.33亿美元（2011年）。矿产资源丰富，主要有石油、天然气、芒硝、碘、有色及稀有金属等。铁路总长约2600公里，公路总长1.4万公里，内河航道654公里（2010年）。主要港口有里海沿岸的元首市港和贝克达什港。阿什哈巴德与13个国家的17个城市开通直航，全国主要机场有6个。天然气管道有中亚—中央管道、土库曼斯坦—伊朗管道和中国—中亚管道等（2010年）。

国防体制 宪法规定，总统为武装力量最高统帅。最高国防政策决策机构为国家安全委员会。国防部为政府中的一个部，是最高军事行政机关。武装力量由正规军和准军事部队组成。正规军分陆、海、空三个军种。最高军事指挥机构为总参谋部。总统通过国防部和总参谋部对全国武装力量实施领导和指挥。

国防政策 奉行中立性军事学说，不参加任何集团和同盟，不设明确的假想敌，不发展核武器等大规模杀伤性武器，不发动、不挑起军事争端或战争，除自卫外，不参与任何可能导致战争或军事冲突的政治行动。在军事建设上，要求军队效忠总统，保持中立，强调军队的规模、装备和作战能力以合理、有效为标准，努力开展生产经营，力争实现自给自足。为"北约和平伙伴关系"成员国之一，但与北约的合作有限。

武装力量 现役部队约2.2万人。

陆军约1.85万人，编有5个军区、3个摩托化步兵师、2个摩托化步兵旅、1个摩托化训练师、1个炮兵旅、2个防空旅、1个导弹旅、1个火箭炮团、1个反坦克团、1个工兵团、1个独立空中突击营。拥有主战坦克约680辆，装甲侦察车约170辆，装甲步兵战车942辆，装甲输送车829辆，牵引火炮269门，自行火炮56门，迫/榴炮17门，火箭炮131门，迫击炮97门，反坦克导弹100枚，火箭筒若干具，反坦克炮72门，高炮70门，防空导弹53枚，地地导弹10枚。

海军约500人，土宣布有意组建海军和海岸巡逻队，并在土库曼巴什拥有一个配有6艘舰艇的小型基地，现拥有海上巡逻艇10艘。

空军约3000人（包括防空军），编有2个战斗机和地面攻击战斗机航空中队（配有米格-29型机、苏-17型机、米格-290型机、苏-25MK型机），1个混合运输机中队（配有安-26型机、米-24型机、米-8型机），1个战术侦察大队（配有苏-7B型机、L-39型机），若干地空导弹中队（配有50枚SA-2/SA-3/SA-5型地空导弹）。拥有武装直升机 10 架,战斗机 22 架,战斗攻击机 67 架(41 架以上正在整修),运输机 1 架,教练机 7 架,直升机 18 架,地空导弹 50 枚。

军队节日 独立日:10 月 2 日(1991 年)。

文莱:与英、美、新、马签订防御协议

国名 文莱达鲁萨兰国。

主要统计 面积 5765 平方公里。人口 40.7045 万(2010 年),国内生产总值 166 亿美元(2012 年),国防预算 3.27 亿美元(2011 年)。东南亚主要产油国和世界主要液化天然气生产国,已探明原油储量为 14 亿桶,天然气储量为 3900 亿立方米。有 11 个森林保护区,面积为 2277 平方公里,86% 的森林保护区为原始森林。公路总长为 3773.7 公里。穆阿拉深港是主要港口,另有诗里亚港和卢穆港等,主要供出口石油和液化天然气使用,2007 年共有各类注册船只 262 艘,2008 年 1~6 月份装卸货物 48.12 万吨。首都斯里巴加湾市有国际机场,皇家航空公司有 10 架客机,开辟了 26 条国际航线。

国防体制 苏丹为武装力量最高统帅,通过国防部和武装部队司令部实施对武装力量的领导与指挥。

国防政策 文莱已与英国、美国、新加坡和马来西亚签订了防御协议。根据协议,文莱与美国、新加坡和马来西亚进行联合训练和演习,英国和新加坡在文莱分别拥有 1000 和 500 人的基地。文莱还是东南亚联盟的成员。

武装力量 现役部队约 7000 人,预备役 700 人(陆军)。

陆军约 4900 人,编成 3 个步兵营,1 个支援兵营(下辖 1 个装甲侦察中队,1 个工程兵中队),1 个预备役营。拥有轻型坦克 20 辆,轮式装甲运兵车 45 辆,迫击炮 24 门,火箭发射器若干部。

海军约 1000 人,编成 1 个特种部队中队。拥有巡逻舰艇 12 艘,通用登陆艇 4 艘。

空军约 1100 人,编成 1 个海上巡逻机中队,1 个教练机中队,1 个运输直升机中队,2 个防空兵中队。拥有海岸巡逻机 1 架,教练机 4 架,运输直升机 23 架,地空导弹发射器 12 部。

准军事部队约 2250 人,廓尔喀预备役分队 400~500 人,编成 2 个步兵营,文莱皇家警察 1750 人,装备有巡逻艇 10 艘。

兵役制度 实行志愿兵役制。

外国驻军 新加坡陆军 1 个训练营地(步兵轮训),空军 1 所训练学校和 1 个

直升机特遣队；英国陆军550人,1个廓尔喀营,1个训练分队,1个直升机飞行小队(装备有3架直升机)。

乌兹别克斯坦:真正实现军队职业化

国名 乌兹别克斯坦共和国。

主要统计 面积44.74万平方公里。人口2779.4万(2010年),国内生产总值511亿美元(2012年),国防预算0.7亿美元(2011年)。资源丰富,矿产资源储量总价值约为3.5万亿美元,现探明有近100种矿产品(2010年),其中黄金储量占世界第4位,石油已探明储量为5.84亿吨,凝析油已探明储量为1.9亿吨,天然气已探明储量为2.055万亿立方米,煤储量为20亿吨,铀储量占世界第7位,铜、钨等矿藏也较为丰富。民航能力,固定航班机场9处,拥有350架各类飞机,有70多条航线,其中国际航线4条(2010年)。

国防体制 宪法规定,总统为武装力量最高统帅。最高国防政策决策机构为国家安全委员会。国防部为政府中的一个部,是最高军事行政机关,负责管理国防预算、军工生产、后勤、动员和民防等工作。

国防政策 乌兹别克斯坦将职业化改革作为军事建设的首要任务,力求使本国军队与世界最先进的军队达到同一水平,真正实现职业化。军事改革的目标是建立一支数量适中、机动性强、装备先进、训练有素、有能力保卫国家边界和领土完整、保障人民和平与安宁的武装力量。当发生战争或武装冲突时,乌奉行的原则是使用本国武装力量和与乌签署集体安全合约的成员国一起反击侵略行动。乌坚持中立原则,不与任何国家为敌,不使用本国力量反对他国,任何时候不对别国首先采取军事行动,不对任何国家提出领土要求。

武装力量 由正规军和准军事部队组成。正规军分陆、空两个军种。最高军事指挥机构为武装力量联合参谋部。总统通过国防部和武装力量联合参谋部对全国武装力量实施领导和指挥。

武装力量 现役部队约6.7万人。

陆军约5万人,编有4个军区、2个作战司令部、1个塔什干司令部,1个坦克旅、11个摩步旅、1个山地步兵旅、3个空中突击旅、1个空降旅、6个炮兵旅、1个火箭炮旅、1个特种旅。拥有主战坦克340辆,装甲侦察车19辆,装甲步兵战车约400辆,装甲输送车约290辆,牵引火炮200门,自行火炮83门,迫/榴炮54门,火箭炮108门,迫击炮42门,反坦克导弹若干枚,反坦克炮36门。

空军约1.7万人,编有7个固定翼和直升机团,包括2个轰炸机团、1个战斗机团、1个侦察运输机团、若干个运输机中队、若干个战术侦察大队、2个直升机团。拥有武装直升机29架,战斗机55架,战斗攻击机93架,侦察机11架,电子侦察运输机39架,运输机2架,教练机5架(另有库存9架),直升机110架,空空导弹若干枚,空地导弹若干枚,地空导弹45枚,标准反辐射导弹若干枚。

准军事部队约2万人,其中内卫部队1.9万人,国民卫队1000人。

外国驻军　德军驻军163人,装备C-160运输机。

军队节日　建军节:9月5日。

新加坡:坚持"毒虾""鱼群""大鱼"三原则

国名　新加坡共和国。

主要统计　面积704平方公里。人口483.6万(2010年),国内生产总值2765亿美元(2012年),国防预算76.5亿美元(2010年)。海运能力,商船(载重100吨以上)946艘,总载重量1492.92万吨(2008年)。民航能力,固定航班机场1处,客运量4092.3万人次、货运量191.33万吨(2010年)。

国防体制　总统为武装力量最高统帅。国防部为政府中的一个部,对武装部队拥有领导和管理权。武装力量由正规军和准军事部队两部分组成。正规军分陆、海、空三个军种。最高军事指挥机构为总参谋部。

国防政策　鉴于新加坡国土面积狭小,没有战略纵深,必须能够"御敌于国门之外"。为此,从李光耀起,提出军事安全战略三原则:一是"毒虾"原则,即新加坡应成为"能产生剧毒的小虾",既能与"鱼群"共存,又不会被"大鱼"吞掉,这实际上是强调新加坡武装力量要保持有效的威慑能力,使大国不敢对新加坡轻举妄动。二是"鱼群"原则,即新加坡十分注重联防自保,寻求集体安全,靠集体的力量遏制潜在的敌人。其安全体系有三个层次,包括维持和加强与马来西亚、英国、澳大利亚、新西兰的五国联防;推动东盟国家在政治和经济上的合作,并创造条件把东盟合作的领域扩大到地区安全方面;支持在维护国际安全方面充分发挥作用的联合国。三是"大鱼"原则,即新加坡讲遏制,靠的是双管齐下,既要加入"鱼群",又要拉住"大鱼"。这条"大鱼",就是美国。

武装力量　现役部队约7.25万人。

陆军约5万人。编有3个混合师(现役与预备役混合编组,各辖2个步兵旅、1个机械化旅、1个侦察营、2个炮兵营、1个高炮营、1个工程兵营)、1个快速反应师、4个装甲侦察营、8个步兵营、1个突击营、4个炮兵营、4个工程兵营、1个导弹营。拥有坦克546辆,装甲侦察车22辆,步兵战车272辆,装甲输送车192辆,反坦克导弹30余枚,无坐力炮290门,高炮30门,地空导弹75枚。

海军约9000人。编有3个司令部:舰队司令部(辖2个舰队)、海岸司令部、海军后勤司令部。拥有潜艇4艘,导弹护卫舰3艘,小型护卫舰6艘,巡逻艇23艘,扫雷舰艇4艘,两栖舰艇4艘,后勤支援舰船2艘。

空军约1.35万人。编有5个攻击战斗中队,2个侦察/运输机中队,1个预警机中队,1个加油机中队,3个教练机中队,4个直升机中队,3个无人侦察机中队,4个机场防卫中队。拥有攻击战斗机97架,武装侦察机28架,空中预警机4架,加油机9架,海上巡逻机5架,侦察/运输机9架,直升机64架,教练机56架,无人侦察机40架,空空/空地导弹若干枚。

预备役部队约31.25万人,其中陆军30万人,海军5000人,空军7500人。

准军事部队9.38万人,其中警察1.2万人(包括廓尔喀警卫营1800人),民兵约8.18万人。

部署 全国共有军事基地5处,其中海军基地3处(三巴旺、裕廊、樟宜)、空军基地2处(丁加、巴耶黎巴)。

兵役制度 实行义务兵役制,服役期限2~3年。

驻外兵力 驻澳大利亚230人(建有2所飞行训练学校,配有AS-332/532型飞机12架、S-211型飞机27架)。驻文莱1个步兵训练营和1个直升机分遣队。驻法国200人。驻中国台湾地区3个训练营地。驻泰国1个训练营地。驻美国250人,租用CH-47D型飞机6架、F-16C/D型飞机9架。

外国驻军 美国122人(陆军8人、海军83人、空军13人、海军陆战队18人)。

军队节日 建军节7月1日。

叙利亚:达到和保持与以色列的"战略均衡"

国名 阿拉伯叙利亚共和国。

主要统计 面积18.518万平方公里(包括仍被以色列占领的戈兰高地约1200平方公里),人口2220万(2010年),国内生产总值2.77万亿叙镑,约合583亿美元(2010年),人均国内生产总值2592美元(2010年),国防预算约合22.36亿美元(2011年)。叙利亚工业基础薄弱,现代工业只有几十年的历史。2011年3月以来,叙利亚局势发生动荡,对叙经济发展造成严重的负面影响。农业在国民经济中占据重要位置,粮食产量500.4万吨(2009年)。畜牧业发展以养牛、绵羊、山羊和鸡为主。天然气储量6500亿立方米,输油管道1条,总长663公里,日输油量25万桶

(2010年)。铁路总长2798公里。公路总长4.586万公里。海运能力，港口5处，商船3313艘，其中载重100吨以上137艘，总载重量62.6万吨(2010年)。民航固定航班机场7处。

国防体制 宪法规定，总统为武装力量总司令。最高军事统帅机关是武装力量总司令部，下辖国防部和总参谋部。国防部是政府中的一个部，是最高军事行政机关，主管军队的行政、训练和军工生产等项工作。武装力量由正规军和准军事部队组成。正规军分陆、海、空三个军种。总参谋部在总司令部和国防部领导下，平时主要负责陆军工作，临战或战时则根据总司令的命令协调陆、海、空三军的作战行动。叙军政治局负责全军政治宣传工作，受总司令部和叙复兴党总部领导。总统通过国防部、总参谋部和三军司令部对全军实施领导和指挥。

国防政策 叙利亚拥有继埃及和伊拉克之后阿拉伯世界第三大的军事力量，目前在对其老化的装备进行升级或更换，以达到和保持与以色列的"战略均衡"。

武装力量 现役部队约29.5万人。

陆军约22万人，编有3个军司令部，7个装甲师(每师辖1个炮兵旅、3个装甲旅、1个机械化旅)，3个机械化师(每师辖1个装甲旅、2个机械化旅、1个炮兵旅)，1个共和国卫队师(辖3个装甲旅、1个机械化旅、1个炮兵旅)，1个特种部队师(辖10个特种部队团)，4个独立步兵旅，2个独立炮兵旅，2个独立反坦克旅，5个边防旅，4个地地导弹旅(每旅各辖3个营)，1个岸防导弹旅。拥有主战坦克4950辆，装甲侦察车590辆，装甲步兵战车2450辆，装甲运输车1500辆，牵引炮2030门，自行火炮500门，火箭炮500门，迫击炮410门，高炮2600门，反坦克导弹4190枚，地空导弹4184枚，地地导弹94枚。

海军约5000人，主要基地拉塔基亚、塔尔图斯、米纳特-埃尔贝达。拥有护卫舰2艘，海岸巡逻艇22艘，扫雷舰7艘，两栖舰艇3艘，后勤支援舰3艘，反潜直升机13架，水雷战直升机13架。

空军约4万人，编有26个攻击战斗机中队、4个装甲侦察机中队、1个运输机中队、3个攻击直升机中队、1个教练机中队。拥有战斗机158架，攻击机309架，侦察机48架，运输机22架，教练机111架，武装直升机71架，支援机120架。

防空部队约6万人，编有2个防空师、25个防空旅(约150个地空导弹火力单元)、2个地空导弹团(每团2个营)。

预备役部队约31.4万人，其中陆军28万人，组建有1个装甲师部(辖4个装甲旅与2个装甲团)，31个步兵团和3个火炮团；海军4000人；空军1万人；防空兵2万人。

准军事部队中宪兵约8000人，工人民兵(人民军)10万人。

兵役制度 实行义务兵役制,服役期 30 个月。预备役最高服役年限为 45 岁。

军队节日 建军节 8 月 1 日。

伊拉克:新军以打击非法武装和恐怖袭击活动为主要任务

国名 伊拉克共和国。

主要统计 面积 44.18 万平方公里(包括 924 平方公里水域和伊拉克、沙特中立区伊拉克部分 3522 平方公里),人口 3147 万(2010 年),国内生产总值 2125 亿美元(2012 年),国防预算 44.6 亿美元(2011 年)。可耕地面积占国土总面积的 27.6%,农业人口占全国人口的三分之一,主要农作物有小麦、大麦和椰枣等,粮食不能自给。石油工业是经济主要支柱,伊拉克已探明的石油储备量跃居世界第 2 位,约为 1431 亿桶(2010 年),天然气储量居世界第 10 位,约为 3.17 万亿立方米(2010 年),日均产油约 270 万桶,日出口量约 190 万桶,石油年收入达 522 亿美元(2010 年)。国内交通运输以公路为主,公路总长 3.97 万公里(2010 年),但多数公路在海湾战争和伊拉克战争中受损严重。铁路总长 2027 公里(2010 年)。海运主要港口有乌姆盖斯尔港和贝克尔港,商船(载重 100 吨以上)32 艘,总载重量 60.62 万吨(2009 年)。民航有巴格达、巴士拉国际机场 2 处,较小的民用机场 3 处(2003 年受战争影响,伊拉克航空业陷于瘫痪,2004 年开始恢复部分国际航班,目前已开通了巴格达—安曼、伊斯坦布尔—埃尔比勒等国际航线)。

国防政策 伊拉克战争结束之后,新组建的伊拉克军队主要任务是打击非法武装和恐怖袭击活动,其警察部队亦是以执行打击恐怖袭击活动任务为主,但今后将逐步转向维持地方治安、调查侦破刑事案件等方面。

武装力量 现役部队 65.9 万人。

陆军约 23.8 万人,编有 1 个装甲师(辖 3 个装甲旅和 1 个机械化旅)、10 个摩托化步兵师(共辖 38 个摩托化步兵旅)、2 个步兵师、1 个轻型步兵师、2 个特种作战旅、3 个独立摩托化步兵旅。拥有主战坦克 212 辆,装甲侦察车 478 辆,步兵战车 434 辆,装甲运输车 1479 辆,火炮若干门。

海军约 2600 人,其中,海岸防卫部队基地位于乌姆盖斯尔,装备巡逻艇 38 艘,鱼雷艇 16 艘。

空军约 5200 人,编有 2 个侦察中队、1 个运输机中队、4 个直升机中队和 1 个教练机中队。装备侦察机 8 架,运输机 22 架,教练机 26 架,直升机 70 架,地空导弹若干枚。

内卫部队约 34.3 万人,其中警察部队 29.9 万人,国家警察 4.4 万人。

伊朗：大力加强军队正规化、一体化建设

国名 伊朗伊斯兰共和国。

主要统计 面积164.5万平方公里，人口7508万（2010年），国内生产总值约合5489亿美元，国防预算约70.4亿美元（2011年）。铁矿储量47亿吨，铜矿储量30亿吨，石油储量1384亿桶，天然气储量28.13万亿立方米（2009年），钢铁产量1200万吨（2010年），发电量4100万千瓦时（2009年）。生产各类汽车130万辆（2008年），在中东地区居首位。农业在国民经济中占重要地位，产粮1亿吨（2008年）。公路总长18万公里，客运量8.458亿人公里，货运量5.115亿吨公里（2008年）。铁路总长8702公里，客运量141亿人公里，货运量205亿吨公里（2008年）。海运能力，货船（载重100吨以上）9000艘，油轮（20万吨以上）26艘，油轮总吨位超过450万吨（2008年）。民航能力，现有主要机场83个（2009年），其中包括8个国际机场、21个国家级机场、25个国内机场、14个军用机场等，拥有飞机132架。

国防体制 伊朗宪法规定，总统、宗教领袖为武装力量最高统帅。最高国防委员会是领袖领导下的军事决策机构，成员有总统、国防部长、武装部队总参谋长、伊斯兰革命卫队总司令及领袖指定的两名顾问。武装力量由正规军、革命卫队和准军事部队组成。正规军分陆、海、空三个军种。革命卫队由地面部队、海上部队、陆战队和航空部队组成。1989年7月正规军和革命卫队合并，组成松散的联合。

国防政策 两伊战争结束后，伊朗政府大力加强军队正规化、一体化建设，并成立联合指挥部，加速了正规军和革命卫队的一体化管理。

武装力量 现役部队约45.8万人。

陆军约35万人，编有5个军部，4个装甲师（每个师辖2个装甲旅、1个机械化旅、1个侦察团、1个防空营），2个机械化步兵师（每个师辖1个装甲旅、2至3个机械化步兵旅、1个侦察营、1个防空营），4个步兵师（每个师辖3至4个步兵旅、1个炮兵旅），1个独立装甲旅，1个独立步兵旅，1个空降师，1个特种作战旅，6个炮兵部队，数个陆航部队。拥有主战坦克1613辆，轻型坦克"蝎子"式100余辆，装甲侦察车35辆，装甲步兵战车610辆，装甲输送车约640辆，牵引火炮2010门，自行炮310门，无坐力炮200门，火箭炮876门，高炮1700门，迫击炮5000门，运输飞机17架，直升机223架，无人机若干架，地空导弹若干枚，地地导弹若干枚。

海军约1.8万人（包括2600名海军陆战队和2600名海军航空兵），海军基地8处：阿巴斯港（海军司令部所在地）、布什尔、哈尔克、恩泽利港、霍梅尼港、玛沙赫尔港、恰赫巴哈尔、贾斯克。拥有潜艇23艘，护卫舰3艘，轻型护卫舰2艘，导弹巡逻

艇20艘,水雷战舰艇5艘,两栖舰艇23艘,后勤支援舰艇26艘,反舰导弹若干枚。海军航空兵2600人,装备反潜机3架,预警机3架,运输机16架,武装直升机30架。海军陆战队约2个旅,共2600人。

空军约3万人(其中包括1.2万名防空兵),编有14个攻击/战斗机中队、1个侦察机中队、1个加油兼运输机中队、1个巡逻机中队、1个教练机中队、1个直升机中队、5个运输机中队、5个地空导弹中队和16个地空导弹营。拥有战斗机350架,攻击机130架,侦察机48架,运输机140架,武装直升机71架,教练机147架,空地导弹若干枚,空空导弹若干枚。

防空部队约6万人,编有2个防空师,25个防空旅(约150个地空导弹火力单元),2个地空导弹团(每团2个营,每营2个导弹火力单元),共44枚地空导弹。

预备役部队约35.4万人,其中陆军28万人,海军0.4万人,空军7万人。

革命卫队约12.5万人。地面卫队约10万人,编有15个步兵师和若干独立旅,1个炮兵旅,装备有少量的坦克、装甲输送车和火炮。海上卫队约2万人。主要基地6个:阿巴斯港、霍拉姆沙赫尔港、拉雷克岛、阿布穆萨岛、哈卢勒岛、锡里岛等。拥有50艘快艇,配备反坦克导弹、无坐力炮、机枪、舰舰导弹。航空卫队1个旅(约5000人)。导弹卫队:1个"流星-1"或"流星-2"导弹旅、1个"流星-3"战略导弹营、若干个"力量-1""泥石-2"导弹部队,装备有"流星-1"和"流星-2"导弹发射架12至18部,"流星-3"型导弹发射架6部,"力量-1""泥石-2"导弹发射架若干部。

准军事部队中"民众动员军"约45万人,多为青年志愿者,仅装备轻武器。宪兵4万人(包括边防警察),配备伊朗-140型飞机2架、"塞斯纳"185/310型飞机若干架、AB-205/206型直升机24架,另有约90艘巡逻艇。巴斯杰民兵组织约9万人,战时可动员30万人,机动人数最多可达100万。

兵役制度 实行义务兵役制,士兵服役期2年。
驻外兵力 驻波斯湾及印度洋护卫舰1艘,补给舰1艘。
军队节日 军队节3月15日。

以色列:积极进攻战略悄然发生变化

国名 以色列国。
主要统计 面积2.5万平方公里(至2010年以色列实际控制面积),人口729万(2010年),国内生产总值约合2409亿美元(2012年),国防预算130亿美元(2011年)。能源和矿产贫乏,工业部门主要集中在高新技术产业及宝石加工行业,在电子技术、计算机软件、医疗设备、生物技术、信息和通讯技术、钻石加工等领域达到世界尖端水平。粮食不能自给，全国耕地面积为 42 公顷。公路总长 1.809 万公里(2010 年)。铁路总长 1435 公里(2010 年)。海运能力，商船(载重 1000 吨以上)18 艘，总载重量 84.5 万吨(2008 年)。民航能力，机场 30 处，民用飞机 53 架(2008 年)。

国防体制 总理为武装力量最高统帅。最高军事决策机构为国防委员会，成员有总统、总理，以及国防、外交、内政、财政、交通、邮电等部部长和总参谋长等，由总理兼任主席。战时，则成立以总理为首的战时内阁，成员有国防、外交、财政、交通和邮电等部部长。国防部为政府中的一个部，是最高军事行政机关，部长由文官担任，平时负责兵力的动员、国防预算、国防科研与军工生产、军队规章制度的颁布等军事行政和技术业务，战时可行使总司令职权。武装力量由正规部队、预备役部队和准军事部队组成。正规部队分陆、海、空三个军种。最高军事指挥机构为总参谋部，总参谋长为最高军事指挥官，在总理领导下通过 3 个军区司令部、2 个军种司令部及其所属的 14 个兵种司令部对全军实施指挥。

国防政策 长期以来，以色列军队具有很强的攻击性，以夺取战场主动权为最高目标，发起"先发制人"的进攻一直是其不二法门。近年来，随着黎巴嫩真主党武装的崛起、南黎巴嫩仆从军的衰败，以及"哈马斯"对巴勒斯坦主动权的掌控、塔利班和"基地"组织的日益"国际化"，以色列的军事战略已逐渐从昔日的进攻战略转向积极防御战略。

武装力量 现役部队约 17.65 万人。

战略进攻力量：外界普遍认为以色列具有核能力，拥有"杰里科"-1 型导弹及"杰里科"-2 型导弹。2007 年，可携带核弹头的"杰里科"-3 型远程弹道导弹已投入生产。以色列目前至少拥有 200 枚核弹头。

战略防御力量：17 个连配备"霍克"MIM-23B 改造型地空导弹，6 个连配备"爱国者"MIM-104 型弹道导弹，3 个连配备"箭-1"和"箭-2"型反战术弹道导弹，配备"绿松"预警雷达，发射装置部署在哈代拉和帕勒马希姆空军基地。美国欧洲中央司令部在内瓦提姆配备 AN/TPY-2 型可移动雷达系统 1 具。

陆军约 13.3 万人(动员后可达 63.3 万人)，编有 3 个地区司令部(每个司令部辖 2 个常规师、1~2 个地区/边境师、2 个常规旅)，2 个装甲师，4 个步兵师，15 个装甲旅，12 个步兵旅，8 个突击旅，4 个火炮团，8 个自行炮团。拥有主战坦克 3501 辆，装甲侦察车 408 辆，装甲输送车 1.05 万辆，牵引火炮 456 门，自行炮 620 门，多管火箭炮 224 门，迫击炮 4132 门，反坦克导弹 1225 枚以上，地空导弹 1270 枚，地地导弹若干枚，监视雷达若干部。

海军约 7000 人(动员后可达 1.95 万人)，拥有潜艇 3 艘，轻型护卫舰 3 艘，巡逻艇57艘,登陆艇2艘,支援艇3艘。海军航空兵配备中型运输机2架,反潜直升机7架,直升机2架,搜索机17架。海军突击队300人。

空军约3.4万人,编有15个战斗机中队,1个预警机中队,1个加油机中队,3个运输机中队,10个直升机中队,若干个反潜机中队、电子战机中队和教练机中队,1个无人侦察机中队,1个海上侦察机,27个导弹连。拥有作战飞机460架,预警机4架,侦察机6架,电子战飞机8架,海上侦察机3架,加油机9架,运输机77架,教练机37架,武装直升机81架,反潜直升机7架,运输直升机200架,无人侦察机26架(另库存22架),空地导弹若干枚,空空导弹若干枚,防空导弹若干枚,高炮920门,牵引火炮455门。

预备役部队约56.5万人,其中陆军50万人,编有8个装甲师、1个空中机动机械化步兵师、15个装甲旅、4个步兵旅、6个机械化步兵旅、3个空中机动旅、1个空降旅、11个边防步兵旅、6个炮兵团,海军1万人,空军5.5万人。

准军事部队及边防警察8000人。

军事基地,海军基地3处(海法、阿什杜德、埃拉特),空军基地11处。

兵役制度　实行义务兵役制,军官服役期4年,士兵服役期男性3年,女性2年。此后作为预备役人员每年进行训练,男性至41岁(一些专业人员至54岁),女性至24岁(或结婚时)。

驻外兵力　定期向土耳其空军基地派遣空军"战隼"F-16型飞机分遣队。

印度:梦想控制印度洋的军事强国

国名　印度共和国。

主要统计　面积297.47万平方公里,人口12.14亿(2010年),国内生产总值约合1.82万亿美元(2012年),国防预算17000亿卢比,约合348亿美元(2011年)。矿产资源丰富,有矿藏近100种,云母产量世界第一,煤和重晶石产量居世界第三,原煤5.2亿吨,原油2.47亿桶,天然气386.5亿立方米,发电量7564.2亿千瓦时(2009年),钢铁5525万吨,粮食2.47亿吨(2009年)。海运能力:199个港口,吞吐量5.7亿吨。商船(载重100吨以上)888艘,总载量6.5亿吨(2007年)。公路总长334万公里。铁路总长6.33万公里(其中电气化铁路1.78万公里,2008年),货运量5120.54亿吨公里,客运量7300亿人公里(2008年)。共有机场345个,其中国际机场5个,货运量10710万吨公里,国内客运量759320万人公里(2008年)。

国防体制　宪法规定,总统为武装力量最高统帅,总统通过内阁总理对全国武装部队实施领导。现行最高国防决策为内阁政治事务委员会,成员有国防、外交、内政和财政等主要内阁部长,由总理任主席。内阁安全委员会是有关国家安全问题的决策机构,总理任委员会主席,成员有国防、外交、内政、财政等主要内阁部长,列席会议的有国防秘书和陆、海、空三军参谋长等。国防咨询机构有国家安全委员会、国防生产与供应委员会、国防研究与发展委员会、国防计划委员会和联合情报委员会等。国家安全委员会的职能是为政府制定长期军事战略和国家安全战略及处理有关国家安全事务提供咨询。内阁总理任国家安全委员会主席,成员包括内政部长、国防部长、财政部长、外交部长和计划委员会副主席。该委员会通过1名国家安全顾问对下辖的战略政策小组、联合情报委员会和国家安全顾问处进行协调与领导。国家安全顾问由总理首席秘书担任。除国防计划委员会由内阁秘书任主席、最高情报委员会由内阁秘书处安全顾问任主席外,其他委员会均由国防部长任主席,吸收国防国务部长、三军参谋长、国防秘书、国防财政顾问和有关单位负责人参加,分别负责提出和制定有关三军建设及民防、空防、边防和海防方面的有关政策,提出有关作战、情报和国家安全等方面的咨询意见。国防部长委员会下设国防电子委员会、首席人事官委员会、首席供应军官委员会和三军参谋长委员会等。这些下属委员会的职责是在负责范围内就国防政策、国防生产和其他有关军事问题向国防部任委员会提出建议,并通过国防部任委员会,针对需要由内阁研究决定的重大问题向内阁政治事务委员会提出建议。三军参谋长委员会领导联合国防参谋部和10个分委员会,并领导战略部队司令部和安达曼—尼科巴联合司令部。联合国防参谋部职能是参与制定各军种建设规划,协调三军计划、情报和预算等事宜,其成员来自各军种、国防部和外交部。分委员会由三军参谋军官组成,轮流担任主席,分管有关三军联合作战、计划训练、通信、情报、电子战、装备政策和国防计划等方面的协调与咨询。国防部长是最高军事行政长官,直接向内阁总理负责,并由两名国防国务部长协助工作。国防部为国防职能机构,主要由文职人员组成,下设国防局、国防生产与供应局、国防科研局、财政顾问处和国防计划协调执行委员会等机构。印度的武装力量由现役正规部队、准军事部队和后备力量组成。现役正规部队设陆、海、空三个军种。三军种平时无统一的作战指挥机构,由内阁总理通过内阁秘书处协同国防部对三军实行统一指挥,战时通常授权主要军种参谋长实施统一指挥,并通过参战军种设立联合作战司令部(集团军或军级)和联合作战中心(军或师级)实施指挥。军种总部为各军种最高作战指挥与行政管理机构,最高领导人为军种参谋长。陆军参谋长配有3名副委员长协助工作。海、空军设参谋长和2名副参谋长。军种参谋长通过所属地区(军区)司令部对部队实施作战指挥与控制。各军种除地区(军区)司令部外,陆军还设有训练司令部,空军设有训练和保养两个专业司令部,海军的南海司令部履行海军训练司令部的职能,主管海军人员的基础训练与专业训练工作，并负责全部海军水面舰艇和潜艇部队的训练。驻果阿的海军航空兵司令部主管海军航空兵的训练。驻维沙卡帕特南的海军潜艇司令部专门负责海军潜艇部队的训练。核指挥当局控制国家核武器。它由政治委员会及执行委员会组成。政治委员会由总理任主席，是唯一可以授权使用核武器的机构。执行委员会由总理的国家安全顾问任主席，负责为国家指挥当局决策提供咨询，并落实政治委员会的决定。战略部队司令部是一个三军联合司令部，司令为中将军官。战略部队司令接受参谋长委员会主席直接领导，并通过三军指挥系统实施指挥。

国防政策 印度国防政策的基本目标是：控制印度洋，争当世界政治大国和军事强国。印度利用其南亚大国及靠近中亚、扼守印度洋要冲的独特战略地位，抓住冷战结束、世界格局向多极化发展的契机，积极开展大国外交，利用大国关系综合制衡；巩固与南亚邻国的良好关系，继续推行"东进"政策，发展与东盟和亚太国家的关系；加强与非洲国家的交往，扩大其在非洲的影响力。2009年，印美签署防务装备《终端用户监督协议》，为美国向印度出售武器装备提供方便。印美联合军演日益制度化。2010年11月，美国总统奥巴马访印时在印度议会讲话中称："期待着使印度成为常任理事国的联合国安理会改革。"印俄关系稳定发展并不断巩固，两国战略伙伴关系朝着经济、科技、能源、空间和国防等领域发展。目前，印俄两国在联合制造和生产巡航导弹、全球人造卫星导航系统、多功能运输机和战斗机及联合探月领域开展合作。印度同日本在政治、经济、军事和安全方面展开全方位对话，在继续加强两国全球伙伴关系的同时，将合作重点向安全与防务领域扩大。印度与欧盟的军事合作呈现不断增长之势。

印度发展核武器旨在谋求大国地位，对中国形成所谓"核对称"，对巴基斯坦保持核威慑优势，制约外部势力，特别是美国在印度洋的军事存在。继1998年5月成为事实上的核国家之后，印度制定了"最低限度可靠核威慑"的核战略草案，即遵守"不首先使用和不对无核国家使用核武器"的原则，维持足够的核力量，确保印度及其武装力量受到对方核攻击时使用核武器进行惩罚性报复，从而形成战略核威慑。印度以经济建设为中心，在全面提高综合国力的基础上，逐步增加军费，确保国防建设目标的实现。

印度视军事实力为实现国家安全战略目标的主要支柱。依据以威慑为核心的军事战略，印度正建立最低限度可靠的核威慑力量和能够快速反应、实施进攻作战和联合作战的信息化军队。印军明确提出加强国防资源整合，从联合作战需要出发，制定联合部队方案，实现军队机械化和信息化目标。印度努力确保印度在印巴、中印边境地区的军事优势，加大有效"遏制"巴基斯坦支持的民兵对印占克什米尔地区的渗透和进攻，继续将50%的陆军、54%的空军和60%的海军兵力长期部署在印巴边境一线和毗邻区的海域,形成对巴的绝对军事优势。印度官方称:"从阿拉伯海到南中国海都有印度的利益。"为此,印度提出将其专属经济区扩大到 200 海里以外,加紧在马德拉斯、萨尔瓦尔等地修建海军基地,正式启用了新的海军港口基地。印军组建海上特种部队,并计划照美国的模式组建一直海军陆战队,致力于建立一支能够远海作战的远洋海军。

武装力量 现役部队约 131.5 万人。

战略部队司令部编成 4 个导弹联队,主要装备"普里特维"-150 型、250 型和 350 型地地导弹共 60 枚,中程弹道导弹"烈火"-1 型导弹 80~100 枚,"烈火"-2 型导弹 20~25 枚。印度空军部分飞机(如"幻影"2000H 型和苏 30MKI 型飞机)可担任战略打击任务。

陆军约 112.99 万人,编成 6 个军区、9 个军分区、22 个小军区,共 13 个军(其中 3 个突击军,10 个防御军)、37 个师(其中 3 个装甲师,每师辖 2~3 个装甲旅、1 个自行火炮旅,每个自行火炮旅辖 2 个自行炮团和 1 个中型炮团)、8 个独立装甲旅、4 个快反师(每师辖 2 个步兵旅、1 个机械化旅)、18 个步兵师(每师辖 2~5 个步兵旅、1 个炮旅)、10 个山地师(每师辖 3~4 个旅、3~4 个炮团)、2 个炮兵师(每师辖 2 个旅,每个旅辖 3 个中型炮团和 1 个混合炮团)、20 个独立旅(包括 8 个装甲旅、2 个机步旅、7 个步兵旅、2 个山地旅、1 个空降/突击旅)、2 个"大地"地地导弹团、1 个"阿格尼"导弹团、2 个"布拉莫斯"导弹连、4 个防空旅、4 个高炮团和 3 个工兵旅。

主战坦克估计有 4117 辆,装甲侦察车 BRDM 型约 110 辆,装甲步兵战车 BMP-1/2 型 1455 辆,装甲输送车 317 辆。火炮共 10758 门,迫击炮 6520 门。"普里特维"地对地导弹发射架 3~5 部。高炮 2339 门,地空导弹 3500 枚,直升机 222 架。车辆人员登陆艇 2 艘。无人驾驶飞机:"搜索者"和"尼尚特"若干架。反坦克导弹:"米兰"等若干具。

海军约 5.8 万人,编成西、南、东部和远东(设在安达曼群岛布莱尔港)4 个地区海军司令部,2 个海军舰队、25 个舰艇中队、15 个海军航空兵中队。其中,东部舰队和西部舰队分属东、西部海军司令部;南部海军司令部无作战舰队,负责整个海军训练。此外,海军还编有 1 个航空兵司令部和 1 个潜艇司令部。海军装备各种舰艇 163 艘,其中,航空母舰 1 艘、潜艇 16 艘、驱逐舰 8 艘、护卫舰 12 艘、4 型护卫舰 24 艘、巡逻与海岸舰艇 28 艘、扫雷艇 10 艘、两栖登陆舰艇 17 艘、各种直接舰船 47 艘。海军航空兵 7000 余人(含舰载海军航空兵 2000 人),装备作战飞机 26 架、各类直升机 127 架、空空导弹和空地导弹若干枚。编有 1 个战斗机中队、6 个反潜直升机中队、3 个海上侦察机中队、1 个通信机中队、1 个运输机中队、1 个搜救与救援直升机中队、12 个训练机中队。海军陆战队编有 1 个旅(包括 3 个大队),1 个特种突击队,共约1200人。

空军约12.7万人,编成中部、东部、西部、南部和西南部5个地区司令部、2个支援司令部(保养司令部和训练司令部),装备作战飞机665架、直升机270余架。编有36个攻击战斗机中队,6个战斗机中队,装备苏–30K/MKI型、米格–21M型、"美洲虎"、米格–27M型等各类固定翼飞机,2个攻击直升机中队,1个海上攻击中队,1个电子战飞机中队,1个侦察机中队,17个运输机中队,26个运输直升机中队,1个电子情报侦察机中队,1个空中加油机中队。此外,空军还编有38个地空导弹中队,装备萨姆–38、萨姆–16、萨姆–88等型号导弹。空军飞机装备AS–11型、AS–11B型、"鱼叉"AM–39型、"海鹰"空地导弹,以及AA–7型、AA–8型、AA–10型等空空导弹。

准军事部队:印度的准军事部队种类繁多,驻地分散,而且隶属不同的部门。准军事部队是正规部队的辅助力量,平时执行边防、海防巡逻,情报搜集和内卫治安任务;战时配属正规部队执行作战任务。其编制单位通常为部队、营、中队(连)、排、班(哨)5级。部队最高领导为总监,一般为现役中将级军官,以下各级军官为现役或退役军官。营或中队(连)为基本作战单位,各营根据辖区的范围下辖数目不等的中队(连),中队(连)以下为三三制,编组到班。印度准军事部队装备轻便,编制精干,可担负快速突击和独立机动作战任务。目前,印度准军事部队兵力约130万人,其中海岸警卫队9550人,隶属国防部,辖3个航空中队,装备41架飞机,装备有50艘各类舰艇,平时负责近海防卫与治安,战时归海军指挥,协助海军作战;阿萨姆步枪队6.388万人,隶属内政部,编有7个地区司令部,40个营主要负责东北地区各邦的治安任务,各级军官均为陆军军官;边境保安部队20.8万人,编有157个营;中央工业保安部队9.43万人,隶属内政部;中央后备警察部队22.97万人,编有137个营和13个快速反应营,均隶属内政部;国防安全警卫队3.1万人,隶属国防部,负责国防部驻地的安全和警卫工作;印藏边境警察3.63万人,编有30个营,隶属内政部;国家安全卫队7357人,隶属内阁秘书处,负责反恐怖行动,成员来自印度三军、中央后备警察部队和边境保安部队;铁路保安部队7万人;国家步枪队6.5万人,隶属国防部,担负反暴乱任务,编有55个营,分布在15个地区,设8个司令部,主要成员来自陆军退役人员和预备役部队;印度尼泊尔不丹边境部队,3.15万人;特种边境部队1万人,隶属内阁秘书处,主要为藏人;特种保安部队3000人,负责要员安全;邦武装警察45万人(包括24个邦的印度后备特种警察),主要负责本邦的治安任务,特殊情况下可调往其他邦执行任务。

后备力量为不脱产的民间武装,平时协助警察维持社会治安和参加抢险救灾,战时担负民防任务,补充正规军。其组织较为松散,每年只须参加短期的军事集训。经费开支一般由中央政府和邦(中央直辖区)按比例分摊。分为第一线预备役和第二线防务力量，约 347 万人。第一线预备役由印度陆海空三军退役军官组成。服预备役的最高年限为 50 岁。第四线预备役现有兵力 115.5 万人。包括陆军预备役人员 96 万人、海军预备役人员 5.5 万人、空军预备役人员 14 万人。第二线防务力量主要是民间军事组织，成员志愿参加。现有实力约 247.5 万人，包括地方军 16 万人，国民学兵团 130 余万人，家乡卫队 51.5 万人，民防组织 50 万人。

部署 陆军设 6 个军区，北部军区司令部设在印占克什米尔的乌达姆普尔，辖 3 个军（含 8 个步兵师、2 个山地师），负责克什米尔地区印巴边境北段和中印边境西段的防务。西部军区司令部驻昌迪加尔，辖 4 个军（含 1 个装甲师、3 个平原整编师、5 个步兵师和 4 个独立防空旅），负责印巴边境中段平原地区防务。东部军区司令部设在加尔各答，辖 3 个军（含 1 个步兵师、7 个山地师），负责印孟边境地区、印缅边境地区和中印边境东段（含中锡边境）地区的防务。中部军区司令部设在勒克瑙，辖 1 个军（含 1 个步兵师、1 个装甲师、1 个平原整编师和 3 个独立旅），负责中央各邦和中部喜马拉雅山边境地区的防务，并担任东、西两个战区的预备队。南部军区司令部设在浦那，辖 2 个军（含 1 个装甲师、3 个步兵师），负责印巴边境南段的防务。西南军区于 2005 年 1 月成立，司令部设在拉贾斯坦邦斋普尔，下辖 2 个军，主要担负拉贸斯坦邦和旁遮普邦与巴基斯坦接壤的边境地区防务。

海军按印度半岛东、西、南部和安达曼—尼科巴群岛及附近海域分别划分为东部、西部、南部和远东 4 个地区海军司令部。西部海军司令部设在孟买，下辖西部舰队，编有印度半数以上的驱逐舰、护卫舰和潜艇，负责阿拉伯海的防御，其基地有孟买、马哈拉施特拉、卡蒂亚瓦尔、瓦杰拉巴胡。东部海军司令部设在维沙卡帕特南，下辖东部舰队，其基地有加尔各答、维沙卡帕特南及马德拉斯海军站和维尔巴胡潜艇基地，辖区为东部沿海及孟加拉湾。南部海军司令部设在科钦，下设海军航空兵司令部，并同时负责海军院校训练。远东海军司令部设在安达曼群岛的布莱尔港，由三军参谋长委员会主席指挥。

空军划分为南部、西南部、中部、东部、南部 5 个地区司令部。西部司令部设在新德里，辖 5 个战术空军中心，9 个米格-21 战斗机中队、1 个米格-29 战斗机中队和 1 个米格-23 战斗机中队及部分对地攻击部队，负责佐德普尔以北（含首都新德里）及印占克什米尔地区防务。西南空军司令部设在甘地纳加尔，下辖 1 个战术空军中心，负责拉贾斯坦以南至古吉拉特和索拉什特且库奇地区防务。中部空军司令部设在阿拉哈巴德，下辖 2 个战术空军中心、8 个运输机中队、3 个战斗机中队，负责整个印度中部的防空作战和军事空运。东部空军司令部设在西隆，下辖 3 个战术空军中心，负责印中、印孟和印缅边境地区防务。南部空军司令部设在特里凡德琅，下辖 1 个战术空军中心，负责印度半岛南端及安达曼-尼科巴群岛和拉克沙德韦群岛的防务。

兵役制度 实行募兵制。服役年限:士兵17年,军士21~28年,低级委任军官(海空军准尉)26~33年。各级军官的最高服役年龄将官60岁,校官55岁,尉官50岁,低级委任军官(海、空军准尉)50岁。

驻外兵力 共派出8500余名军事人员。其中,向阿富汗派驻400名军人;在亚丁湾派遣一支护卫舰队;在象牙海岸派驻6名军事观察员;在民主刚果派驻4243名军人,60名军事观察员;在黎巴嫩派驻910名军人;在叙利亚和以色列边境派驻190名维和军人;在苏丹派驻2633名军人,18名军事观察员;向东帝汶派遣1名观察员。另外,还在塔吉克斯坦法克哈尔设立了空军作战基地。

军队节日 武装部队节:12月7日。陆军节:1月15日。海军节:12月4日。空军节:10月8日。

印度尼西亚:"逐岛防御"的国防军

国名 印度尼西亚共和国。

主要统计 陆地面积190.4443万平方公里,海洋面积316.6163万平方公里(不包括专属经济区)。人口2.35亿(2010年),国内生产总值8782亿美元(2012年),国防预算44.7亿美元(2010年)。煤1.9亿吨(2009年),原油3.11亿桶(2008年),天然气818.4亿立方米(2008年)。粮食8202.8万吨(2009年)。海运能力,商船(载重100吨以上)2014艘,总载重量313.02万吨(2008年)。民航能力,固定航班机场81处,客运量123.89亿人公里,货运量3.41亿吨公里(2008年)。

国防体制 总统为武装力量最高统帅。实行国防与内卫合一的武装体制。国防部负责制定和执行国防政策,国民军总司令部负责军队的管理、教育训练及作战指挥。武装力量由正规军和准军事部队两部组成。正规军分陆、海、空三个军种。总统通过国防部和国民军总司令部对全国武装力量实施领导和指挥。

国防政策 印尼国民军的职能是保卫国家的主权和领土完整,保卫国家的海岸线和连接各岛屿的领空。其建军方针是,建设一支兵力精干、机构合理、具有高度机动和威慑力、拥有先进武器装备和专业人员的现代化军队。同时,印尼不断加强与东盟国家和美国、澳大利亚等国的军事合作,提高整体防御能力,共同维护地区安全。

武装力量 现役部队约32.2万人。

陆军约23.3万人,编有1个战略后备部队司令部,11个军区司令部和1支特种部队。战略后备部队编有2个步兵师,3个步兵旅,2个空降旅,2个野战炮兵团,1个高炮团,2个装甲营,2个工程兵营。11个军区共编有2个步兵旅,60个步兵营,5个空降营,1个混合航空兵中队,1个直升机中队。特种部队编有3个特种大队。

轻型坦克各型350辆,装甲侦察车各型共142辆,步兵战车11辆,装甲输送车各型共356辆,牵引炮各型共135门,迫击炮2875门,无坐力炮135门,火箭炮700门,高炮413门,地空导弹68枚,飞机各型11架,直升机各型71架。

海军约4.5万人(含陆战队和航空兵)。编有东、西2个司令部和1个海上补给司令部。潜艇2艘,护卫舰8艘,轻型护卫舰21艘,舰艇、巡逻舰艇共41艘,扫雷舰艇11艘,两栖舰艇29艘,后勤支援舰船28艘。海军航空兵约1000人。装备飞机75架(其中武装直升机17架),主要用于海上侦察和反潜。

海军陆战队约2万人,编有2个陆战大队,1个陆战旅(含3个步兵营),1个特种营,1个炮兵团。装备有轻型坦克55辆,装甲侦察车21辆,步兵战车34辆,装甲输送车100辆,牵引炮50门,火箭炮12门,高炮150门。

空军约2.4万人,编有东、西2个作战司令部,1个训练司令部,5个攻击战斗机中队,1个战斗机中队,1个海上侦察机中队,1个侦察机中队,5个运输机中队,3个直升机中队,3个教练机中队。作战飞机94架。

攻击战斗机72架,武装侦察机12架,海上侦察机3架,空中加油机2架,运输机62架,联络机6架,直升机38架,教练机101架。空对空导弹、空对地导弹若干枚。

预备役部队40万人。

准军事部队国家警察约28万人,其中海上警察1.4万人。

部署　印尼海军东部舰队司令部驻泗水,西部舰队司令部驻雅加达。空军2个作战司令部分别负责东、西部空防任务。全国共有军事基地42处,其中空军基地26处(主要有雅加达、朱安达、乌绒潘当等),海军基地16处(主要有雅加达、丹绒槟榔、腊太港、乌绒潘当、勿老湾等)。

兵役制度　实行义务兵和志愿兵相结合的兵役制。义务兵服役期2年。军官最高服役年龄55岁。

驻外兵力　驻刚果、格鲁吉亚、利比里亚、尼泊尔、苏丹联合国军事观察员共32人;派驻联合国驻黎巴嫩临时部队1324人和一个野战医院。

军队节日　武装部队节9月5日。

约旦:笃信真主之师

国名　约旦哈希姆王国。

主要统计　面积8.9万平方公里。人口约647万(2010年)。国内生产总值约合312亿美元(2012年)。国防预算13.6亿美元(2011年)。约旦本国资源较少,97%能源需依赖进口。化肥年产量583万吨、水泥年产量195万吨、煤油年产量250万吨、天然气年产量30万吨。原油储藏量400亿吨。农业不发达,农产品不能满足国内需求,3/4的粮食和肉类主要依靠进口。约旦运输以公路为主。公路总长8000公里,汽车约32.15万辆,年运输量达900多万吨。铁路总长730公里,客运量3.13万人次,货运量378.95万吨公里。海运能力,商船(载重100吨以上)7艘,总载重量5.9万吨(2009年)。民航能力,固定航班机场2处,约旦皇家航空公司拥有各型飞机35架,国内航线50条,年客运量43.95亿人公里,货运量2.65亿吨公里。

国防体制 宪法规定,国王兼任陆、海、空三军最高统帅,拥有宣布战争、军管、缔结和约的权力。下设"最高国防委员会",由国防、外交、财政、内政大臣和军队总司令等人组成,通常由国防大臣召集会议,负责制定国防政策和监督国防计划的实施。国防部是内阁中的一个部,主要负责制定国防预算、后勤保障,并与军队总司令部共同发布有关军队的行政命令,但对军队无调动和指挥权。军队总司令部是国王统帅军队的办事机构,其成员有总司令、总司令助理和武装部队总监各1人。总司令代表国王处理军队日常事务。总司令部下设总参谋部,其成员有参谋长和主管作战计划、情报、人力、行政管理等的副总长。此外,还设有"国防委员会"和"军官委员会"。前者负责军队的编制、装备、征兵等具体计划和建议,后者负责对军官的考察、提升和调动提出建议。武装力量由正规军和准军事部队组成。正规军分陆、海、空三个军种。

国防政策 军队以伊斯兰教义为指导思想,以"笃信真主,忠君报国"为宗旨。

武装力量 现役部队约10.05万人。

陆军约8.8万人,编有北部司令部、南部司令部、中央司令部、东部司令部;另有1个装甲师,1个特种部队旅(下辖2个空降营、1个空降炮兵营、1个心理战部队、2个特种作战队)。主战坦克约1044辆,装备"挑战者"1型、"哈立德"2型、"不死鸟"M-60型、"塔里格"("盲人队长")各型坦克。装甲运输车约1391辆,装备M-113A1型、M-113A2型及MK-IJ型各种型号。牵引炮94门,自行火炮2359门,迫击炮779门。反坦克导弹有"米兰"式及YPR-765型、"标枪"式等型号。

海军约500人,司令部位于亚喀巴港。配备近海巡逻舰7艘,其中"侯赛因"级3艘、"阿卡杜拉"级4艘。

空军约1.2万人,编有5个战斗对地攻击机中队,2个战斗机中队,1个运输机中队,3个教练机中队,2个武装直升机中队,3个运输直升机中队,1个无人侦察机中队,若干个侦察机中队;1个防空司令部(5~6个"爱国者2"导弹连、5个"霍克"导弹连、6个"阿斯派德"导弹连)。作战飞机约102架,主要有战斗对地攻击机、战斗机、侦察机、运输机等类型,有"战隼"F-16AM型、"战隼"F-16C/D型、"幻影"F-

1EJ(F-1E)型、"大力神"C-130H型等各种型号。

预备役部队约6.5万人,其中陆军6万人,组建有1个皇家装甲师(辖1个炮兵旅、1个防空旅和3个装甲旅)。

准军事部队约1万人,属公共安全理事会(内务部管辖),包括警察公共安全旅,配备"蝎"式轻型坦克若干辆、"褐斑洞蛇"EE-I1型装甲车25辆、"萨拉森"FV603型装甲输送车30辆。另有"人民军"约3.5万人。

军事基地:海军基地设在亚喀巴港。

兵役制度 实行志愿兵役制,男性16~65岁、女性16~45岁均可服役。

驻外兵力 驻联合国科特迪瓦行动军事人员1062人、军事观察员7人、1个步兵营、1个特种作战连。驻刚果(金)联合国特派团218人、军事观察员25人、1个特种作战连、1个医院。驻海地联合国稳定特派团611人、1个步兵营。驻伊拉克联合国援助团军事观察员2人。驻利比里亚联合国特派团120人、军事观察员4人、1个医院。驻尼泊尔联合国特派团军事观察员4人。驻苏丹联合国达尔富尔混合行动7人、军事观察员5人,联合国苏丹派遣团6人、军事观察员10人。驻西撒哈拉联合国维和行动军事观察员1人。

军队节日 陆军节6月10日。

越南:全民建国防

国名 越南社会主义共和国。

主要统计 面积32.9566万平方公里。人口8902.8万(2010年)。国内生产总值1381亿美元(2010年)。国防预算约44.4万亿越盾,合24.1亿美元(2011年)。粗钢366.3万吨(2007年)。原油2250万吨(2008年)。原煤3260万吨(2007年)。天然气75亿立方米(2008年)。发电量534.6亿度(2007年)。粮食3860万吨(2008年)。民航能力,固定航班机场15处。水运能力,各种海运货船、驳船616艘。民航、水运客运量共19.323亿人次、货运量共46.04亿吨(2008年)。

国防体制 越南宪法规定,国家主席统率各人民武装力量,并兼任国防与安全会议主席。但实际上越共中央军事党委是最高军事决策机构,越共中央总书记兼任军委书记,通过国防部对全国武装力量实行统一领导和指挥。国防部既是越共中央军事党委的办事机构,又是越军的最高军事行政机关,下辖总参谋部、总政治局、总后勤局、总技术局、国防工业总局和情报总局。六大总部(局)分别负责全军的军事指挥、政治思想教育、后勤供应、技术保障、军工及生产经营、情报搜集与服务。武装力量由人民军、民军自卫队、海洋警察和人民公安组成。人民军由常规部队和预备役部队组成。常规部队由主力部队和地方部队组成。主力部队由陆军、海军、防空-空军和边防部队组成。

国防政策 越南人民军经过长达数十年的解放战争、国内战争，以及对柬埔寨和老挝的军事干涉行动之后，现在全力投入到保护国家主权和领土完整的任务中。2000年，越南继续根据其面临的安全形势和未来高技术战争的特点研究调整军事战略，实行"积极防御"军事战略：以美国全球范围的潜在敌人，以"对越构成威胁的周边大国"为地区主要作战对象；以保卫领土主权完整和社会主义制度为基本战略目标；以积极应付局部战争和武装冲突，坚决抵制"和平演变"为军事战略方针；以主力部队、地方部队和民兵自卫队三种武装力量相结合，点面结合，中小规模的集中进攻与广泛击敌相结合的作战模式；以武装力量为主体，发挥全面抗敌的作用，建立"区域防御"体系为战略手段。为此，越军全军展开了全面的正规化建设和基本军事训练，以适应新时期军队建设的需要。

武装力量 现役部队约52.2万人。

陆军约41.2万人，划分为9个军区（含首都军区），编有14个军部、58个步兵师、3个机械化步兵师、10个装甲旅、15个独立步兵团、若干个特种作战部队（含空降旅和爆破工兵团）、10个野战炮兵旅、8个工程兵师、10~16个经济建设师、20个独立工程兵旅。

坦克约有1935辆，主战坦克型号有F-34型、F-54/55型、F-62型、PT-59型。装甲步兵战斗车有BTR-40/50/6052型，装甲输送车有BTR-40/50/60/152型、PT-63型、M-113型。主战装备有火炮、反坦克导弹、地空导弹、高炮，以及地对地"飞毛腿"导弹若干枚。

海军约4.0万人（海军陆战队约2.7万人），划分为4个沿海区。司令部设在海防市。潜艇装备有朝鲜制柴油近岸潜艇"南斯拉夫"级，护航舰有"别佳"级Ⅱ型、Ⅲ型等。还装备有轻型护卫舰、导弹鱼雷快艇、登陆舰、扫雷舰艇、巡逻艇和导弹快艇等。

防空-空军约3万人，编成3个航空师，1个运输机旅，2个攻击机团，7个歼击机团，1个反潜人搜救团，1个海上侦察团，3个运输机团，1个武装直升机团，3个教练机团，4个高炮旅，6个雷达旅。有雷达阵地100处，地对空导弹发射阵地66处。

战斗机装备有歼击机、反潜机、运输机等机种，型号有苏-22型、苏-27SK型、苏-17UB-3型、苏30MKK型等。直升机有米-24型、卡-25型、卡-28（卡-27PL）、米-8、米-17等型号。空对空导弹AA-2、AA-8、AA-10、AA-12型若干枚。空对地导弹AS-9、AS-14、AS-17、AS-18型若干枚。地对空导弹SA-2/3/6/7/16型若干枚。高炮,237毫米、57毫米、85毫米、100毫米、130毫米高炮若干门。

地方部队由各专业、技术单位及各防空、炮兵、侦察兵、特工和其他保障单位组成。编有省、市、县军事指挥部;每个省、市军事指挥部下辖若干个独立团,每个县军指下辖若干个独立营。省军指、中央直辖市军指由所在军区指挥,省辖市、县军指由省军指指挥。

边防部队约4万人。

预备役部队约55万人。

准军事部队508万人以上,其中包括民军自卫队近500万人,乡、坊、镇民军自卫组织称民军,而国家机关、事业单位、经济组织、政治社会组织的民军则称自卫队。一般编成排、连、营(战时可扩充到团、师),沿海、岛屿编制为海团、海队、分队,由步兵、工兵、防化兵、通信兵和侦察兵等诸兵种组成。海洋警察数万人。人民公安部队若干人。

部署 越南陆军采取区域部署和机动部署相结合方式,全国由北向南划分为8个军区;担负战略机动作战任务的野战部队部署北部、南部地区各占半;总兵力的50%部署在北部地区、40%部署在西南部地区、10%部署在中部地区。海军由北向南沿海岸线划分为4个区域,每个区域部署1个沿海区;主要作战舰艇部署在岘港、金兰湾和胡志明市等中南沿海地区。防空-空军将全国划分为北、中、南3个防空作战区,重点保卫主要城市和地域;总兵力的45%部署在北部作战区、32%部署在南部作战区、27%部署在中部作战区。越拥有海军基地11处(万华、锦静、鸿基、河修、海防、舰港、芽庄、头顿、金兰湾、胡志明市和归仁);空军基地15处(内排、安沛、克夫、和乐、建安、寿春、岘港、富吉、藩朗、边和、新山一、波莱古、绥和、金兰湾和朱莱)。

兵役制度 越南《义务兵役法》规定,实行义务兵役制度。服役年龄18~25岁。服役年限士兵18个月,士官2年,士官指挥员、军队培训的专业技术士官、海军舰艇士官和士兵均为3年,需要时可延长半年。军官服役年限:尉官38岁、少校43岁、中校48岁、上校52岁、大校55岁、少将60岁、中将以上军官不规定服役年限。

军队节日 建军节:12月22日。海军节:5月7日。防空-空军节:7月14日。

第三章 非洲国家军力

阿尔及利亚:北非的劲旅

国名 阿尔及利亚民主人民共和国。

主要统计 面积238.1741万平方公里。人口3542.3万(2010年)。国内生产总值2078亿美元(2012年)。国防预算约56亿美元(2011年)。石油探明储量约15亿吨,占世界总储量1%,居世界第15位;天然气探明可采储量4.58万亿立方米,占世界总储量的2.5%,居世界第7位。油气产品大部分出口。陆地运输以公路为主,公路运载量占83%,铁路占17%,铁路总长4219公里。2008年铁路客运量2400万人次。公路总长约10.7万公里,是非洲密度最大的公路网,其中高速公路350公里。水运共有45个港口,最大的港口是阿尔及尔港,有30%的货物、70%的集装箱通过阿尔及尔地装载。空运:全国有53个机场,其中29个投入商业运行,包括13个国际机场,每年起飞飞机10万架次。现有2家国营航空公司和6家私营航空公司,共有飞机60余架。目前已开通20个国家的50多条国际航线。

国防体制 宪法规定,总统任国家武装力量最高统帅和最高安全委员会主席,并兼任国防部长。国家最高安全委员会为最高军事决策机构。国防部为军事行政机关。武装力量由正规军和准军事部队组成。正规军分陆、海、空和国土防空军。最高军事指挥机构为国家人民军参谋部。总统通过国防部和国家人民军参谋部对武装力量实施领导和指挥。

国防政策 阿十余年来深受恐怖动乱之害,对恐怖主义有切肤之痛,认为恐怖主义是当今世界所面临的最大挑战之一,不仅威胁基本人权,而且危及国家的民主基础,应当予以坚决打击。军队建设旨在维护国内稳定,打击极端势力,以及在突发的运动中保持忠诚和有效应对。

武装力量 现役部队约14.8万人。

陆军约12.7万人。编有6个军区,下辖2个装甲师、3个机械化师、1个空降师、1个独立装甲旅、5个独立摩托化步兵旅、7个炮兵团、5个防空营、4个工程兵营。

主战坦克约700余辆,主要有T-90型、T-54/55型、T-72型等型号。装甲侦察车均为BRDM-2型。装甲步兵车约1100辆,主要有BMP-1型、BMP-2型、BMP-3型等型号。还装备有牵引式火炮、多管火箭炮、迫击炮、无后坐力炮,以及反坦克导弹"蝇拍"式、"耐火箱"和"塞子"式若干枚。地空导弹SA-7、SA-8、SA-9、SA-14、SA-16型若干枚。

海军6000人(包括海岸警队300人),编成1个"纳努契卡"导弹艇大队、3个"黄蜂1"导弹快艇大队、1个"科尼"护卫舰大队、1个后勤支援大队和1个潜艇大队。

基地:梅尔斯、艾尔凯比尔、阿尔及尔、吉杰勒、安纳巴。

潜艇:苏制"基洛"级2艘,护卫舰苏制"科尼"级3艘,轻型护卫舰苏制"纳努契卡"级3艘、"谢努纳山"级3艘,巡逻艇"黄蜂"级导弹快艇9艘,"凯比尔"级巡逻快艇11艘,两栖登陆舰艇3艘,多用途支援舰10艘。

海岸警卫队约500人。装备各型巡逻艇15艘、支援舰船10艘。

空军1.4万人,编成16个歼击机中队,2个海上侦察机中队,2个运输机中队,2个要人座机中队,1个加油机中队,4个攻击直升机中队,7个运输直升机中队,2个教练机中队,3个防空炮旅,3个地空导弹团。

歼击机约有55架,型号有米格-25"狐蝠"、米格-29C/UB"支点"等,强击机约有80架,型号有苏-30MKA、米格-29UBT、苏-24M/MK"击剑手"等;直升机有米-24"雌鹿"攻击直升机。还装备地空导弹、防空火炮、空地导弹、空空导弹等装备。

准军事部队共18.72万人。其中国家宪兵2万人、国家安全部队1.6万人、共和国卫队1200人、国民防卫部队(包括民兵组织)约15万人。

兵役制度 分为志愿兵役制和国民义务服役制两种。国民义务兵服役18个月。

驻外兵力 向联合国驻刚果民主共和国派出5名军事观察员。

埃及:国家权力的主角

国名 阿拉伯埃及共和国。

主要统计 面积100.145万平方公里。人口8447.4万(2010年)。国内生产总值2567亿美元(2012年)。国防预算39.4亿美元(2011年)。已探明的储量为石油44亿桶(2009年),天然气77万亿立方英尺(2009年)。磷酸盐约70亿吨,铁矿6000万吨。铁路由28条线路组成,总长10008公里,日客运量200万人次。公路总长 49000 公里。水运有 7 条国际海运航线;内河航线总长约 3500 公里。现有 62 个港口,年吞吐总量为 800 万集装箱,海港贸易量为 1.01 亿吨。苏伊士运河是沟通亚、非、欧的主要国际航道。空运:有民航飞机 55 架。全国共有机场 30 个,其中国际机场 11 个。

国防体制 总统为武装部队最高统帅,对军队有绝对控制权,对国防事务有最终决定权,可颁发命令对外宣战和对内实行紧急状态或军事管制。国家安全委员会是国家安全问题的最高决策机构,由总统任主席。国防部长兼任武装部队总司令,为总统之下的最高军事长官,在总统领导下全面负责军队的各项工作,战时可直接指挥部队。国防部长通常兼任军工生产部长。不单独设总参谋部,国防部即武装部队总司令部,武装部队参谋长在总统和国防部长的领导下,负责协调陆、海、空、防空等军兵种之间的关系,并负责行政、训练、后勤等工作。最高统帅和总司令通过总司令部指挥全军。武装部队有陆、海、空和防空四大军种。

国防政策 在埃及,军队一直是国家权力的主角。包括纳赛尔、萨达特和穆巴拉克在内的历任埃及总统都有浓厚的军方背景,军方在埃及已形成特殊阶层,军方参与的经济活动已占国民生产总值的 25%,在埃及政局中占有重要地位。

武装力量 现役部队约 47.05 万人。

陆军约 34 万人,编成中部、东部、北部、南部和西部军区,司令部分别位于开罗、伊斯梅利亚、亚历山大、阿斯旺和马特鲁。包括 4 个装甲师(各含 2 个装甲旅、1 个机械化旅、1 个炮兵旅),1 个(共和国卫队)装甲旅,4 个独立装甲旅,4 个独立机械化旅,7 个机步师(各含 1 个炮兵旅、1 个装甲旅、2 个机械化步兵旅),2 个空运旅,1 个步兵师、2 个独立步兵旅,1 个特种大队,1 个突击大队司令部(5 个突击大队、1 个反恐分队),1 个伞兵旅,15 个独立炮兵旅,2 个地地导弹旅(分别装备"蛙"–7、"飞毛腿"–B 各 9 部)。

主战坦克 3505 辆,装甲侦察车 1012 辆,装甲输送车 4160 辆,火炮 4413 门,反坦克导弹发射器 2362 部,反坦克无后坐力发射器 1520 部,地空导弹发射架 2096 部,防空炮 705 门。无人机 R4E–50"天眼"若干架。雷达:AN/TPQ–36"火力发现者"、AN/TPQ–37"火力发现者"若干部。地地战术导弹发射器:"蛙"–7,"天鹰"–80,"飞毛腿"–B 若干部。

海军 1.85 万人(包括 2000 名海岸警卫队),编成地中海和红海 2 支舰队,司令部分别位于亚历山大及塞法杰,还有 1 个潜艇大队,1 个驱逐舰大队,1 个巡逻大队,1 个快速攻击大队,1 个特种作战大队。

水面主战舰艇 11 艘,巡逻舰艇 41 艘,扫雷舰艇 14 艘,两栖作战舰艇 12 艘,后勤支援舰 19 艘。海军基地 7 个,分别位于亚历山大、塞得港、马特鲁、陶菲克港、塞法杰、霍尔哥达、苏伊士。

岸防部队系陆军，归海军指挥，装备有SSC-2b"幼蛙"战术舰舰导弹若干枚。3座双联装MK2"奥托马特"舰舰导弹发射器若干具，100毫米、130毫米SM-4-1,152毫米炮若干门。

海军航空兵飞机隶属于空军，装备有比奇1900C 4架（海上监视）；SA-342"小羚羊"攻击直升机5架；反潜直升机15架（SH-2G"超级海妖"10架、"海王"MK47 4架。CamcoplerS.1无人机1架）。

近海警卫队总兵力0.2万人，装备巡逻舰艇80艘。

空军约3万人，编成3个空军军区，30余个飞行联队，拥有20余个空军基地。作战飞机中歼击机165架，强击机25架，侦察机10架，预警机E-2C"鹰眼"4架，运输机53架，教练机328架，直升机119架，其中电子情报机4架、攻击直升机115架；反潜直升机15架；支援直升机98架；教练直升机17架；无人机49架；空地导弹245枚；反辐射导弹若干枚；空空导弹若干枚。

防空军约8万人，编成5个防空师，包括12M-48"小懈树"地空导弹连、12个雷达营、12个防空高炮旅（计100个防空高炮营）、12个"霍克"MIM-23B地空导弹连、14个"响尾蛇"地空导弹连、18个"天空卫士"地空导弹营、110个地空导弹营，装备"伯朝拉"（SA-3A）"果阿"/SA-3"果阿"、S-6"得利"、SA-2"导线"等导弹。

防空系统约72套，其中"阿蒙"系统装备RIM-7F"海麻雀"地空导弹若干枚、四联装地空导弹、"天空卫士"牵引式地空导弹36套、双联装35毫米炮36套。

地空导弹702枚，其中自行式130枚、牵引式572枚。高炮1566门，其中23毫米自行式266门，牵引式130门。

准军事部队总兵力39.7万人，包括中央安全部队32.5万人，装备"轻骑兵"、"瓦利德"轮式装甲输送车100辆。国民警卫队6万人，包括8个准军事旅（各辖3个准军事营），装备"瓦利德"轮式装甲输送车250辆。边防警卫队1.2万人；包括18个（边防警卫团）装备各种轻武器。

兵役制度 实行义务兵和志愿兵相结合的兵役制度。义务兵服役期3年。

驻外兵力 联合国中非和乍得特派团2名军事观察员；联合国刚果民主共和国特派团26名观察员；联合国利比亚特派团8名观察员；联合国尼泊尔特派团5名观察员；联合国苏丹特派团1235人（其中20名军事观察员、1个步兵连、1个工程连、1个卫生连、1个扫雷连）；联合国非盟达尔富尔特派团2420人（其中12名军事观察员、1个步兵连、1个工程连、1个通信连、1个运输连）；联合国西撒哈拉全民投票特派团21名观察员。

外国驻军 澳大利亚多国部队和观察员（"玛祖卡"行动）25人；加拿大多国部

队和观察员 28 人;哥伦比亚多国部队成员 354 人,1 个步兵营;捷克多国部队 3 人;斐济多国部队成员 338 人,1 个步兵营;法国多国部队和观察员 2 人;匈牙利多国部队和观察员 38 人,1 个宪兵分队;意大利多国部队和观察员 78 人,1 个海岸巡逻分队。

埃塞俄比亚:不断缩减军队规模

国名 埃塞俄比亚联邦民主共和国。

主要统计 面积 110.36 万平方公里。人口 8497.5 万(2010 年)。国内生产总值 419 亿美元(2012 年)。国防预算 3.38 亿美元(2011 年)。畜牧业大国,农牧民占总人口 85%以上,畜牧地占国土一半多,产值约占国内生产总值的 20%。牲畜存栏总数居非洲之首、世界第十,其中牛 3500 万头、绵羊 2100 万头、山羊 1680 万头、骆驼 100 万峰。铁路:全国唯一的铁路全长 850 公里。公路运输占全国总运输量的 99%,全国公路总长 4.4 万公里。空运共有 40 多个机场,其中 3 个为国际机场。

国防体制 总理为政府首脑兼武装力量总司令。国防安全委员会是负责国家安全和防务的最高军事决策机构,由总理、国防部长、内政部长及国家安全部长等组成。国防部为全军最高军事行政机关,国防部长是文职官员,负责军事预算及计划、财政、法律和武器采购等事宜。参谋长负责全军的作战、训练、情报、通信、人事、后勤、工程和维和等事宜。国防军由陆军和空军组成。总理通过国防部和国防军参谋部对全国武装部队实施领导和指挥。

国防政策 埃厄边界冲突结束后,埃大规模裁军,国防开支不断下降。

武装力量 现役部队约 13.8 万人。

陆军约 13.5 万人。编有 4 个军区。每个军区编有 1 个军区司令部、1 个机械化师和 4~6 个步兵师。

主战坦克 T-54/T-55/T-62 型共 246 辆,装甲侦察车/装甲步兵战车/装甲输送车共约 450 辆,牵引火炮共约 400 门,自行火炮 10 门,火箭炮 BM21 型 50 门,迫击炮 81 毫米、82 毫米、120 毫米各若干门,反坦克导弹"耐火箱"AT-3/AT-4 型若干枚,无坐力炮 82 毫米、107 毫米各若干门,高炮 23 毫米、37 毫米、57 毫米各若干门,地空导弹 SA-2、SA-3、SA-7 型共 370 枚。

空军约 3000 人,装备各型飞机 42 架,各型直升机 50 架。

兵役制度 实行志愿与义务相结合的兵役制度。

驻外兵力 派驻联合国中非和乍得特派团 2 人;派驻科特迪瓦联合国军事观察员 2 人;派往联合国驻利比里亚特派团军事观察员 7 人;派往联合国非盟达尔吉

尔混合行动 2 个步兵营、1 个侦察连、1 个后勤连、1 个运输连和 1 个直升机连,共 2356 人,另有军事观察员 10 人。

安哥拉:油气支撑军力重建

国名 安哥拉共和国。

主要统计 面积 124.67 万平方公里。人口 1899 万(2010 年)。国内生产总值 1187 亿美元(2012 年)。国防预算 37.7 亿美元(2011 年)。已探明石油可采储量超过 131 亿桶,天然气储量达 7 万亿立方米。2010 年石油收入占国内生产总值约 57%,全年原油产量 6.5 亿桶,日产 178 万桶,为非洲第二大产油国。2008 年谷物总产量为 45 万吨。交通以公路运输为主,公路总里程 7.3 万公里。铁路:总里程 2800 公里。水运:海运船队总吨位 10 万多吨。空运:安哥拉航空公司是国际民航组织成员,航空客货运输量居非洲第五位。全国共有 32 个机场。

国防体制 总统为武装力量最高统帅。最高国防决策机构为政治和军事协调委员会,由总统任主席。国防部是最高军事行政机关,负责部队的人事、军费、武器采购的事务。总参谋部为最高军事机构,负责军队的作战和训练等事宜。总统通过国防部和总参谋部对全国武装力量实施领导和指挥。安哥拉武装力量由正规军和准军事部队组成。

国防政策 2002 年 2 月,安盟领导人萨文比被政府军击毙。4 月 4 日,安政府与安盟签署停火协议。安结束长达 27 年的内战,实现全面和平,开始进入战后恢复与重建时期。

武装力量 现役部队约 10.7 万人。

陆军约 10 万人,编有 42 个团、16 个独立步兵旅。

主战坦克 T-72 型 50 辆、T-80/84 型若干辆。装甲步兵战车 BMP-112 型、BMD-3 型共约 250 辆。装甲侦察车 BRDM-2 型 600 辆。装甲输送车 BTR-60/80/152 型共约 170 辆。牵引火炮 122 毫米、130 毫米、152 毫米等共约 552 门。自行火炮 122 毫米、152 毫米、203 毫米共约 16 门。火箭炮 122 毫米 90 门、240 毫米若干门。迫击炮 82 毫米 250 门、120 毫米 500 门。反坦克导弹 AT-3"耐火箱"式若干枚。火箭发射器 RPG-7 型若干具。无坐力炮 82 毫米、106 毫米、107 毫米共 500 门。高炮(高射机枪)14.5 毫米、23 毫米、37 毫米和 57 毫米共 450 余门(挺)。地空导弹 SA-7、SA-14、SA-16 型共约 500 枚。

海军约 1000 人。司令部和基地均设在罗安达。巡逻艇约 9 艘。

空军和防空部队约 6000 人。编成 3 个战斗机中队、1 个攻击机中队、1 个海上巡逻中队、1个运输机中队、1个攻击直升机中队、1个教练机中队、1个直升机中队和5个萨姆导弹连。战斗机52架。攻击机42架。运输机42架。教练机25架。海上侦察机8架。攻击直升机米-24/35型14架、SA-342M型2架。支援直升机米-8/17型27架。多用途直升机26架。地空导弹SA-2型40枚、SA-3型12枚、SA-6型25枚、SA-8型15枚、SA-9型20枚、SA-13型10枚。空地导弹"凯尔""蝇拍"式导弹各若干枚。空空导弹AA-2/6/7/8"环难"式导弹若干枚。

准军事部队快速反应警察部队1万人。

兵役制度 实行志愿兵役制。

驻外兵力 派往葡萄牙军事人员1人。

贝宁:实行军队"非政治化"

国名 贝宁共和国。

主要统计 面积11.2622万平方公里。人口921.1741万(2010年)。国内生产总值74.3亿美元(2012年)。国防预算6560万美元(2011年)。石油已探明储量54.5亿桶,可开发的约9.2亿桶,天然气储量910亿立方米,铁矿石储量约5.06亿吨。渔业资源丰富,海洋鱼类约有257种。森林面积300万公顷,占国土面积的26.6%。铁路总长685公里。公路总长3.1万多公里。科托努港为地区性重要转运港口,可停泊万吨巨轮。该港年营业额约3000亿非洲法郎,2008年货物吞吐量699.84万吨。科托努国际机场是其唯一的A1型国际机场,可起降波音747和"空中客车"等大型飞机。年客运量约35万人次,货运量4600吨。另有9个国内机场。

国防体制 宪法规定,总统为武装力量最高统帅。武装部队总指挥部为最高军事决策机构。总参谋部是军队作战指挥机构。总统通过武装部队总参谋长实施对陆、海、空三军的作战指挥。政府设国防部。武装力量由陆军、海军和空军及准军事部队组成。

国防政策 实行军队"非政治化",国防军改称"武装力量"。

武装力量 兵力现役部队7250人。

陆军4300人,编为1个装甲连、3个步兵营、1个空降突击营、1个炮兵连和1个工兵营。

轻型坦克PT-76型18辆(作战状态不明)。装甲侦察车BRDM-2型14辆、"灰狗"M-8型7辆、"潘哈德"VBL轮式10辆。装甲运兵车MI13型22辆。牵引火炮105毫米16门、L-118型12门、M-101型4门。迫击炮81毫米若干门。反坦克火箭筒73毫米RPG-7型和89毫米LRAC型若干部。

海军约200人,装备海岸巡逻艇2艘。海军航空兵基地设在科托努。

空军250人。运输机:"卷发"安-26型2架、OC-3型2架、"指挥官"500B型1架、"双水獭"OHC-6型1架、DO-128型2架。客机:波音707-320型1架、"伙伴"F-28型1架、HS-748型1架。通用直升机:"云省"IISA-313B型1架。轻型运输直升机:AW-109BA型4架、AS-350B型1架。

准军事部队2500人,编为4个机动连。

兵役制度 实行义务兵役制,义务兵服役18个月。

驻外兵力 在联合国框架内,派往中非和乍得军事观察员3人,科特迪瓦427人(军事观察员6人和1个步兵营),刚果(金)450人(军事观察员11人和1个步兵营),利比里亚军事观察员2人,苏丹军事观察员5人。

博茨瓦纳:领土防御与维稳保安的双重职能

国名 博茨瓦纳共和国。

主要统计 面积58.173万平方公里。人口197.7569万(2010年)。国内生产总值176亿美元(2012年)。国防预算3.52亿美元(2011年)。是非洲经济发展较快、经济状况较好的国家之一。以钻石业、养殖业和新兴的制造业为支柱产业。矿产资源丰富,已探明的铜煤矿蕴藏量为4600万吨,煤蕴藏量170亿吨,是非洲第三大矿产品生产国。是世界上主要毛坯钻石生产国之一,钻石出口收入约占出口收入的90%,政府收入的50%和国内生产总值的33%。2008年钻石产量3260万克拉,产值32.7亿美元,位列世界第一。2010年钻石产量估计为2300万克拉。铜镍是继钻石之后重要的出口矿产品,2009年产量为5.4万吨。农业较落后,80%以上的粮食依靠进口。交通以公路运输为主,公路总长1.94万公里。铁路总长900公里。国际机场有6个,小型机场数十个。

国防体制 总统为国家元首、政府首脑兼武装部队总司令。全国武装力量由国防军和准军事部队组成。国防军包括陆军和空军。

国防政策 由于从周边国家流入的非法移民日益增多,所以治安状况有所恶化,军队兼有维稳和保安双重职能。

武装力量 兵力9000人。

陆军8500人,编有1个装甲旅(缺编)、2个步兵旅(下辖1个突击队、1个装甲侦察团、1个工兵团、2个防空炮团、4个步兵营)、1个炮兵旅和1个防空旅(缺编)。

轻型坦克约55辆,装甲侦察车72辆,装甲运兵车156辆。牵引火炮105毫米18门。迫击炮81毫米22门、120毫米M-43型6门。反坦克导弹"陶"式6枚以上。

反坦克火箭筒84毫米"卡尔·古斯塔夫"30部、73毫米RPG-7型若干部。防空导弹"标枪"5枚、9K310针-1型10枚、9K32箭-2型12枚。防空高炮20毫米"火神"M-167型7门。

空军500人，编成1个战斗机中队、1个攻击机中队、2个运输机中队、1个教练机中队、1个运输直升机中队。战斗机"自由斗士"F-SA型10架、F-5D型5架。攻击机O-2型5架。运输机C-130B型3架、BN-2型10架、"空中国王"Beech200型1架、C-212型2架、CN-235-100型1架、CN-235-300型1架。客机湾流IV型1架。教练机PC-7型6架。通用直升机贝尔412型1架、贝尔412EP型1架、贝尔412SP型5架。轻型运输直升机AS-350B型8架。

准军事部队和警察机动部队1500人（编为边防连）。

兵役制度　实行志愿兵役制。

布基纳法索：务实建军

国名　布基纳法索。

主要统计　面积27.42万平方公里。人口1628.8706万（2010年）。国内生产总值104.6亿美元（2012年）。国防预算1.4亿美元（2011年）。国民经济以农牧业为主。棉花是主要经济作物和出口创汇产品，2008~2009年度籽棉产量达52万吨，居撒哈拉以南非洲国家首位。已探明的矿藏：黄金储量150万吨（含金量22吨），锰1770万吨，磷酸盐2.5亿吨，锌银合成矿1000万吨，石灰石600万吨。2008年黄金产量5580公斤。2008~2009年度粮食总产量420万吨。铁路总长622公里。公路总长约1.4万公里。有国际机场2个。

国防体制　共和国总统是国家元首、部长会议主席、最高司法委员会主席、武装力量最高统帅。全国武装力量由正规军和准军事部队组成。正规军由陆军和空军组成。

国防政策　强调务实建军，同西方国家特别是法国保持密切关系，注重加强同美国及亚洲国家交往，以争取更多军援；积极参与地区事务，努力调解多哥、几内亚、科特迪瓦和马里等国危机，曾向中非派遣维和部队。

武装力量　兵力约1.12万人。

陆军约6400人，编为3个军区。编有1个坦克营（下辖2个坦克排）、5个步兵团（每个团下辖3个步兵营，每个营下辖1个步兵连，每个连下辖5个步兵排）、1个空降团（下辖1个空阵营和2个空降连）、1个炮兵营（含2个炮兵连）和1个工兵营。装甲侦察车83辆。装甲运兵车"潘哈德"M-3型13辆。牵引火炮105毫米

M-101型8门、122毫米6门。多管火箭发射器107毫米63式约4部。迫击炮81毫米"布郎特"若干门。反坦克火箭筒75毫米M-20型(52式)、84毫米"卡尔·古斯塔夫"、89毫米LRAC型若干部。防空导弹9K32箭-2型若干枚。防空高炮14.5毫米四联高射机枪30门、20毫米TCM-2型27门。

空军约600人,编有运输机中队和教练机中队。

运输机5架。客机5架。攻击直升机米-35型2架。通用直升机"云雀"ⅢSA-316B型1架。通用/运输直升机米-8/米-17型3架。运输直升机AS-350型1架。

准军事部队安全部队250人。民兵预备役4.5万人。

兵役制度 实行志愿兵役制。

驻外兵力 在联合国框架内,派往中非和乍得2人,刚果(金)军事观察员8人,联合国苏丹特派团军事观察员6人,联合国非盟达尔富尔混合行动802人(军事观察员7人和1个步兵营)。

军队节日 建军节:11月1日。

布隆迪:部族冲突消耗了国防资源

国名 布隆迪共和国。

主要统计 面积2.7834万平方公里。人口851.8862万(2010年)。国内生产总值25亿美元(2012年)。国防预算4690万美元(2011年)。已探明的矿物资源:镍3亿吨,石灰石200万吨,磷酸盐3050万吨,泥炭5亿吨,稀土1万吨,钒1600万吨,高岭土1870万吨和黄金60吨。公路总长7500公里。首都国际机场可起降大型客机。

国防体制 总统是国家元首、政府首脑和武装力量最高统帅。国防和安全力量服从于国家文职权力机关,由专业人员组成,不参加任何党派,任何一族在国防力量中比例不得超过50%。全国武装力量由国防军和准军事部队组成。国防军由陆军和空军组成。

国防政策 国防开支一般占国家预算的20%。战乱期间,军费开支比例较高,一度占财政预算的30%。近年来,随着布和平进程的推进,军费开支有所下降。

武装力量 兵力约2万人。

陆军约2万人,编有2个轻型装甲营、7个步兵营、1个独立步兵连、1个炮兵营、1个工兵营和1个防空营。

装甲侦察车AML-60型6辆、AML-90型12辆、BROM-2型30辆、552型7辆。装甲运兵车BTR-80型10辆、BTR-40型20辆、"潘哈德"M-3型9辆、"林羚"

RG-31型12辆、"瓦利德"6辆。牵引火炮122毫米D-30型18门。多管火箭发射器122毫米BM-21型12部。迫击炮82毫米M-43型15门、122毫米约75门。反坦克导弹"米兰"导弹若干枚(据报道)。反坦克火箭筒75毫米M-20型(52式)60部、83毫米RL-83型若干部。防空导弹9K32箭-2型约30枚。防空高炮14.5毫米四联高射机枪150门、23毫米ZU-23和37毫米55式135门。

预备役部队10个陆军营。

空军200人。运输机:"塞斯纳"150L型2架。客机:DC-3型2架。教练机:"武士"SF-260TP/SF-260W型2架。攻击直升机:"雌鹿"米-24型2架。通用直升机:"云雀"IIISA-316B型3架、SA-342L型2架。运输直升机:"河马"米-8型4架(无法使用)。

准军事部队3.105万人,其中水警50人。下辖16个边防区和1个后勤保障中队。装备有"湖川"级鱼雷艇3艘和坦克登陆艇1艘。国家安全部队约1000人。地方民兵约3万人。

兵役制度 实行志愿兵役制。

驻外兵力 参加中部非洲国家经济共同体/中非和平统一代表团派往中非共和国8人;参加非盟索马里特派团派往索马里3个步兵营,共3000人;参加联合国非盟达尔富尔混合行动派往苏丹军事观察员7人。

外国驻军 联合国驻布隆迪特派团中加纳、尼日尔、巴基斯坦、塞内加尔和瑞士等国军事观察员各1人。

赤道几内亚:装备不足且陈旧落后的军队

国名 赤道几内亚共和国。

主要统计 面积2.8051万平方公里。人口69.3385万(2010年)。国内生产总值172亿美元(2012年)。国防预算约800万美元(2009年)。矿藏有石油、天然气、磷酸盐、黄金、铝矾土等,估计天然气和原油储量分别为375亿立方米和30亿桶。2008年原油日产量40万桶。林、渔业资源丰富,全国森林面积约220万公顷,森林覆盖率达80%,木材蓄积量约3.74亿立方米。无铁路。公路总长约1500公里。马拉博和巴塔是主要航空港,也是重要海港。

国防体制 总统为武装力量最高统帅。军队由海、陆、空三军组成。

国防政策 主张非洲国家制定共同战略,争取正常的发展环境。

武装力量 兵力约1320人。

陆军1100人,编为3个步兵营。

装甲侦察车BROM-2型6辆。履带式装甲步兵战车BMP-1型20辆。装甲运兵车BTR-152型10辆。

海军约120人,装备海岸巡逻艇6艘。基地设在巴塔和马拉博。

空军100人。攻击机"蛙足"SU-25型4架、"蛙足"SU-25UB型2架。运输机安-72型2架、"塞斯纳"337型1架。客机"猪鹰"900型1架。教练机L-39C型2架。攻击直升机"雌鹿"米-24型2架。通用直升机米-17型1架、"云雀"ⅢSA-316型1架。

准军事部队国民警卫队2个连,人数不详。海岸警卫队装备海岸巡逻艇1艘。

兵役制度 实行义务兵役制和军官终身制。

驻外兵力 参加中部非洲国家经济共同体/中非和平统一代表团派往中非共和国7人。

多哥：陆海空三军俱全的武装力量

国名 多哥共和国。

主要统计 面积5.6785万平方公里。人口678.003万(2010年)。国内生产总值37亿美元(2012年)。国防预算约5510万美元(2011年)。农产品、磷酸盐和转口贸易是三大支柱产业。主要矿业资源是磷酸盐,是撒哈拉以南非洲第三大生产国,已探明优质矿储量2.6亿吨。2010年磷酸盐产量70万吨。2010年粮食总产量约423.7万吨,棉花总产量5万吨。公路总长12040公里。铁路总长575公里。主要港口洛美港为西非唯一深水港,年吞吐能力为600万吨,能同时停泊4艘2.5万吨级的货轮。有国际机场2个,小型机场6个。埃亚德马国际机场是主要航空港,可起降大型客机。

国防体制 总统为国家元首和武装力量最高统帅,国防部是最高军事决策机构。军队由海、陆、空三军组成。

国防政策 多哥陆军地位较高,由于该国反对派时常发动暴力抗议,甚至骚乱,陆军被赋予了武装巡逻市区的特权。军政府具有历史,成为非洲五十五国中少数的几支陆、海、空三军俱全的武装力量。

武装力量 兵力约8550人。

陆军8100人,编有1个步兵团(下辖1个支援训练分队、2个装甲中队、3个步兵连)、1个机械化步兵团(下辖1个摩托化步兵营、1个机械化步兵营)、1个非兵突击团(下辖3个伞兵突击连)、1个支援团(下辖1个野战炮连、1个油料、后勤、运输连及2个防空炮连)、1个总统卫队团(下辖1个总统卫队营、1个突击营、2个总统卫队连)。

主战坦克 T-54/T-55 型 2 辆。轻型坦克"天蝎"9 辆。装甲侦察车 AML-60 型 3 辆、AML-90 型 7 辆、"响尾蛇"EE-9 型 36 辆、M-20 型 3 辆、M3A1 型 4 辆、M-8 型 6 辆、"潘哈德"VBL 轮式 2 辆。履带式装甲步兵战车 BMP-2 型 20 辆。装甲运兵车 UR-416 型 30 辆。自行火炮 122 毫米 6 门。牵引火炮 105 毫米 HM-2 型 4 门。迫击炮 282 毫米 M-43 型 20 门。反坦克火箭筒 75 毫米 52 式(M-20)/56 式 12 部、82 毫米 65 式(B-10)10 部。反坦克炮 57 毫米 ZIS-2 型 5 门。防空高炮 14.5 毫米 ZPU-4 型 43 门、37 毫米 M-1939 型 5 门。

海军约 200 人(下辖海军陆战队分队),装备海岸巡逻艇 2 艘。基地设在洛美。

空军 250 人,编成对地攻击机中队、运输机中队、教练机中队和运输直升机中队。运输机:Beech58 型 7 架、"塞斯纳"337 型 2 架、DHC-5D 型 2 架、DO-27 型 1 架。客机:波音-707 型 1 架、F-28-1000 型 1 架。教练机:"阿尔法喷气"3 架、EMB-26G 型 4 架、TB-30 型 3 架。通用直升机:ZSA-315 型 2 架、"云雀"Ⅲ SA-319 型 1 架。运输直升机:"超级美洲豹"AS-332 型 1 架(库存)、"美洲豹"SA-330 型几架(库存)。

准军事部队 750 人,隶属内政部,编为 2 个分区,编有 1 个机动中队和 1 个学校。

兵役制度 实行义务兵和志愿兵相结合的兵役制度,义务兵服役期两年。

驻外兵力 在联合国框架内,派往中非和乍得 358 人(2 个步兵连),科特迪瓦 315 人(军事观察员 7 人和 1 个步兵连),利比里亚军事观察员 2 人,苏丹联合国非盟达尔富尔混合行动军事观察员 7 人。

厄立特里亚:大规模的裁军

国名 厄立特里亚。

主要统计 面积 12.43 万平方公里。人口 522.4 万(2010 年)。国内生产总值 30.9 亿美元(2012 年)。国防预算 4.69 亿美元(2011 年)。畜牧业发达,绵羊存栏数 212 万头、牛存栏数 196 万头、山羊存栏数 172 万头、骆驼存栏数 7.6 万峰。年发电量 2.89 亿千瓦时。民航能力:固定机场 2 个。

国防体制 宪法规定,总统兼任武装力量总司令。国防部为全国最高军事行政机关。总参谋长负责全军的作战、情报、通信、人事、训练、后勤、工程和维和等事宜。武装力量由正规军和预备役组成,正规军包括陆军、海军和空军。总统通过国防部和总参谋部实施对全国武装力量的领导和指挥。

国防政策　独立后开始分阶段裁军，1997年整编保留4万正规军。1994年开始实行国民服务计划，18至40岁的公民均须参加18个月以上军训或后备役服务。厄埃边界战争期间，政府大量扩军，曾达30万人。停火后，政府宣布复员20万军人。

武装力量　现役部队约20.175万人。

陆军20万人，编为4个军，19个步兵师，1个特战师和1个机械化旅。

主战坦克：T-54/T-55型270辆。装甲侦察车：BRDM-1/BRDM-2型共40辆。装甲步战车、装甲输送车：BMP-1/BTR-60/BTR-152型共约45辆。牵引火炮：122毫米、130毫米共19门。自行火炮：122毫米、152毫米共25门。火箭炮：122毫米RM-21等型44门。迫击炮：120毫米、160毫米共100门。反坦克导弹："耐火箱"AT-3型/拱肩式AT-5型200枚。高炮：23毫米约70门。地空导弹：SA-7型若干枚。

海军1400人，划分为3个基地（马萨瓦、司令部所在地上阿萨卡、达精拉）。装备各型海岸巡逻艇13艘、船2艘。

空军约350人，装备战斗机米格-21型3架、米格-23型4架、米格-9型8架、苏-7型几架。运输机，运-12型3架、IAI-1125型1架。教练机，L90型8架、MB-339CE型4架、米格-29UB型2架、苏-27UBK型2架。直升机，米-8/米-17型4架、贝尔-412型4架、米-24型1架。

兵役制度　实行征兵制。

佛得角：各大洲的十字路口

国名　佛得角共和国。

主要统计　面积4033平方公里。人口51.2582万(2010年)。国内生产总值19亿美元(2012年)。国防预算880万美元(2011年)。农业国，工业基础薄弱，资源匮乏。公路总长2250公里。共有港口8个，最大港口为明德罗市的大港。有国际机场3个。

国防体制　总统为武装力量最高统帅。武装力量由陆军、空军和海岸警卫队组成。

武装力量　兵力约1200人。

陆军1000人，编为2个步兵营。

装甲侦察车BRDM-2型10辆。牵引火炮75毫米12门、76毫米12门。迫击炮82毫米12门、120毫米M-1943型6门。反坦克火箭筒73毫米RPG-7型和89毫米若干部。防空导弹"圣杯"SA-7型50枚。防空高炮14.5毫米ZPU斗型18门、23毫米ZU-23型12门。

海岸警卫队约100人,装备海岸巡逻艇3艘。

空军近100人,编成1个海岸巡逻中队。运输机DO-228型2架、EMB-110型1架、"卷发"安-26型2架。

兵役制度　实行义务兵役制,义务兵服役14个月。

冈比亚:军人担当警察角色

国名　冈比亚共和国。

主要统计　面积1.1295万平方公里。人口175.0732万(2010年)。国内生产总值9.2亿美元(2012年)。国防预算约460万美元(2011年)。资源贫乏,已探明有钛、锆、金红石混生矿(储量约150万吨)和高岭土(50多万吨)。2007年工业产值5670万美元,农林渔业产值约2.31亿美元。农业人口占全国总劳动力80%。可耕地面积48万公顷。无铁路。公路总长2390公里。冈比亚河横贯东西全境,是该国内陆地区的主要运输线。班珠尔港是主要的国际海运港口,年吞吐量为25万吨。首都云杜姆国际机场可起降各类大型客机,年接送旅客能力为100万人。

国防体制　总统为国家元首、政府首脑和武装部队总司令。军事力量主要包括国民军、国家卫队和警察部队等。

国防政策　与中国台湾地区有"外交关系",获取了一批武器装备。冈比亚国民军创建于1984年2月,其中海军成立于1996年7月。国家卫队成立于1997年8月,负责反贩毒、走私等。

武装力量　兵力约800人。

国民军800人,编有2个步兵营、1个工兵中队、1个总统卫队连。

海上分队约70人,装备近海巡逻艇7艘。基地设在班珠尔。

航空分队人数不详。攻击机:"蛙足"SU-25型1架。运输机:AT802A型2架。客机:Ⅱ-62M型1架。基地设在班珠尔—云杜姆国际机场。

兵役制度　实行义务兵役制。

驻外兵力　在联合国框架内,派往科特迪瓦军事观察员3人、利比里亚军事观察员2人、苏丹联合国非盟达尔富尔混合行动200人(1个步兵连和军事观察员1人)。

刚果(布):面临国内反叛武装的压力

国名　刚果共和国,简称刚果(布)。

主要统计　面积34.2万平方公里。人口375.8678万(2010年)。国内生产总值

137亿美元(2012年)。国防预算1.33亿美元(2011年)。石油、天然气资源丰富,已探明可采石油储量约190亿桶,天然气储量约1000亿立方米。2010年石油日产量34万桶。钾盐矿储量约10亿吨,磷酸盐矿600万吨,铁矿约10亿吨。森林资源丰富,面积2200万公顷。2007年原木产量188万立方米。农牧业落后,可耕地面积1000万公顷,已耕种面积约20万公顷。铁路总长886公里。公路总长2万公里。内河航线总长约5000公里。黑角港是非洲3大海港之一,年吞吐量1000万吨左右。全国有23个机场(国际航空站2个)。

国防体制 总统为国家元首、政府首脑和武装力量最高统帅。1997年10月颁布的《过渡期基本法》规定,共和国总统是武装力量最高统帅,在内阁会议上任命军事高级职位,根据法律规定军事职责。2002年底,萨苏总统对军队结构做出重大调整,设立副总参谋长、三军和国家宪兵总督察,取消陆、海、空军司令,分设陆、海、空军参谋长。

国防政策 近年来,随着政局逐步稳定,政府实行裁军,包括前政府军人复员和反政府军解除武装,共缩减兵力25000人。

武装力量 兵力约1万人。

陆军8000人,编有2个装甲营、1个步兵营、2个步兵营(群)(每个营下辖1个轻型坦克连、1个76毫米炮兵连)、1个伞兵突击营、1个炮兵大队(配备榴弹炮和多管火箭炮)、1个工兵营。

主战坦克40辆。轻型坦克13辆。装甲侦察车BRDM-1/BRDM-2型25辆。装甲运兵车BTR-152型20辆、BTR-60型30辆、"曼巴"18辆、"潘哈德"M-3型若干辆。自行火炮122毫米251型3门。牵引火炮76毫米Z15-3M-1942型若干门、100毫米M-1944型10门、122毫米D-30型10门、130毫米M-46型5门、152毫米D-20型若干门。多管火箭炮122毫米BM-21型10门、122毫米BM-14型和140毫米BM-16型若干门。迫击炮82毫米若干门、120毫米M-43型28门。反坦克火箭筒73毫米RPG-7型若干门。火箭炮57毫米ZIS-2M-1943型5门。防空高炮37毫米M-1939型28门,23毫米ZSU-23-4型、14.5毫米ZPU-2/ZPU-4型、57毫米5-60型和100毫米K5-19型若干门。

海军约800人,装备海岸巡逻艇3艘。基地设在黑角。

空军1200人,编成对地攻击机中队、运输机中队、教练机中队、攻击/运输直升机中队。对地攻击机20架。运输机"幼兽"安-12BK型1架、"焦炭"安-24型5架、"卷发"安-26型1架、N-2501型1架。客机波音727型1架。教练机"信天翁"L-39型4架。攻击直升机"雌鹿"米-24型2架(库存)。通用直升机"海豚"AS-365型1架、"云雀"ⅢSA-316型1架、"云雀"ⅢSA-318型1架。运输直升机米-8型3架。

空空导弹 R-3("环礁"AA-2)型若干枚。

准军事部队 2000 人,编为 20 个连和 1 个总统警卫营。

兵役制度 实行义务兵役制,18~35 岁的公民必须义务服兵役两年。

驻外兵力 参加中部非洲国家经济共同体/中非和平统一代表团向中非共和国派遣 58 人。

刚果(金):新组建的武装力量

国名 刚果民主共和国。

主要统计 面积 234.49 万平方公里。人口 6790 万(2010 年)。国内生产总值 177 亿美元(2012 年)。国防预算约 1.63 亿美元(2011 年)。采矿业占经济主导地位,加工工业不发达,农业落后,粮食不能自给,生产小麦粉 17.9 万吨、木薯 1500 万吨、甘蔗 155 万吨、香蕉 120 万吨(2007 年)、铜 9.6 万吨、钴 5.3 万吨、钻石 282 万克拉、原油 880 万桶(2007 年)、黄金 230 公斤。铁路全长 6111 公里。海运能力,商船(载重 100 吨以上)27 艘,总载重量 30.7 吨。民航能力,固定国际机场 4 个、普通机场 35 个及小机场 100 个。

国防体制 总统为武装力量最高统帅。国防部直接隶属于总统府,国防部长、总参谋长等军事系统高级领导人由总统直接任命。国家安全委员会是国家安全的最高决策机构。武装力量由正规军和准军事部队组成,正规军由陆军、海军、空军和共和国卫队组成。总统通过国防部长和总参谋长指挥全军。

国防政策 根据《全面包容性协议》有关规定,对各派武装力量进行整合,重新组建国家武装部队,名为刚果民主共和国武装力量。

武装力量 现役部队约 14 万人。

陆军约 11 万~12 万人,编成 17 个步兵旅、1 个机械化步兵旅、2 个突击团。

主战坦克 T-55 型 49 辆。轻型坦克 T-62 型 30 辆、阿-76 型 10 辆。步兵战车 BMP-1 型 20 辆。装甲侦察车 AML-60/90 型约 31 辆、EE-9 型 19 辆、RAM-V-2 型 2 辆。装甲输送车 BTR-50 型 3 辆、BTR-60 型 70 辆、M-3 型 58 辆、TH-390 型 7 辆。牵引火炮 149 门。火箭炮约 57 门。迫击炮 81 毫米、82 毫米、107 毫米、120 毫米共 328 门。无坐力炮 57 毫米、73 毫米、75 毫米、106 毫米共约 36 门。地空导弹 SA-7 型 20 枚。

共和国卫队 6000~8000 人,编成 1 个装甲团、3 个共和国旅。

海军 6703 人,基地设在椰马、马塔迪、金沙萨和坦噶尼喀湖。主要装备海岸巡逻艇 3 艘。

空军2548人,主要装备战斗机苏-25型3架、米格-23型2架;武装直升机米-24/35型4架、米-26型1架、米-8型35架(仅少数能正常使用)。

兵役制度 尚未正式制定,目前对新兵的征召基本采取直接招募的方式。

驻外兵力 派往乍得军事观察员1人。

外国驻军 在联合国驻刚果(金)特派团框架内(含军事观察员),孟加拉国2521人(包括30名军事观察员、2个机械化步兵营、1个工程兵连、2个航空分队),比利时29人,贝宁450人,玻利维亚29人,波黑5人,布基纳法索8人,喀麦隆5人,加拿大10人,中国218人,捷克3人,丹麦2人,埃及999人,法国5人,加纳462人,危地马拉150人,印度4243人,印度尼西亚175人,爱尔兰3人,约旦218人,肯尼亚24人,马拉维50人,马来西亚17人,马里9人,戴古2人,摩洛哥831人,莫桑比克1人,尼泊尔1025人,荷兰3人,尼日尔16人,尼日利亚18人,巴基斯坦3571人,巴拉圭17人,秘鲁7人,波兰3人,罗马尼亚21人,俄罗斯28人,塞内加尔40人,塞尔维亚6人,南非1205人,西班牙3人,斯里兰卡4人,瑞典4人,瑞士3人,坦桑尼亚2人,突尼斯46人,乌克兰12人,英国6人,美国2人,乌拉圭1285人,也门6人,赞比亚16人。

吉布提:法国的军事基地

国名 吉布提共和国。

主要统计 面积2.32万平方公里。人口87.9053万(2010年)。国内生产总值13.5亿美元(2012年)。国防预算3690万美元(2011年)。自然资源贫乏,工农业基础薄弱。盐矿总储量约为20亿吨,珍珠岩估算储量达4800万吨。可耕地面积1万公顷,已耕地1000公顷。渔业资源较丰富,预计年捕捞潜力可达4.8万吨。与埃塞俄比亚首都亚的斯亚贝巴有铁路相通,全长784公里,吉境内长约106公里。公路总长3067公里。吉布提港是东非重要港口之一,现有15个泊位,其中13个为深水泊位。吉布提国际机场可起降大型客、货机,是前往东非主要国家和法国的中转站。

国防体制 总统为武装力量最高统帅。国防部是政府的一个部。军方事务实际由三军总参谋长负责,国防参谋长为其副手。军队由海、陆、空三军组成,主要职责是国家防务,和平时期参与社会发展和救灾活动。

国防政策 吉布提成为西方国家在非洲沿岸的重要军事聚集地——美、法、日在这里均有常备军事力量。

武装力量 兵力约12950人。

陆军约8000人,编为4个军区(塔朱拉军区、迪基尔军区、阿里萨比军区、奥悔克军区)。编有1个共和国卫队团、1个装甲团、4个合成步兵团、1个炮兵团、1个排雷工兵连、1个布雷工兵连、1个后勤补给团、1个司令部直属团、1个通讯指挥中心、1个司令部情报军统分队。装甲侦察车AML-60型4辆、"潘哈德"VBL轮式15辆、"獾"式16~20辆。装甲运兵车BTR-80型8辆、BTR-60型12辆。牵引火炮122毫米D-30型6门。迫击炮281毫米25门、120毫米"布朗特"20门。反坦克火箭炮106毫米M-40AI型16门。反坦克火箭筒73毫米RPG-7型和89毫米LRAC型若干部。防空高炮20毫米M-693型5门、23毫米ZPU-3型5门、40毫米U70型5门。

海军约200人，装备海岸巡逻艇10艘。基地设在吉布提。

空军250人，编成运输机中队、攻击/运输直升机中队、教练机小队。运输机：安-28型1架、"塞斯纳"U206G型1架、"塞斯纳"208型1架、L-410UVP型1架、"塞斯纳"402型1架(库存)。教练机："超级巨嘴鸟"EMB-314型若干架。攻击直升机："雌鹿"米-24型2架。通用直升机：米-17型1架。运输直升机："河马"米-8型1架(库存)、AS-355F型1架。

准军事部队2000多人，编为1个营，装备海岸巡逻艇1艘，隶属国防部。

国家安全部队约2500人，隶属内政部。

兵役制度 实行志愿兵役制。

驻外兵力 派往联合国西撒哈拉公民投票特派团军事观察员2人。

外国驻军 法国1501人，其中，陆军1个(外籍军团)作战大队(下辖1个工兵连、1个炮兵连、2个侦察中队、2个步兵连)，1个(海军陆战队)合成装甲团(下辖1个工兵连、1个炮兵连、2个侦查中队、2个步兵连)；海军装备坦克登陆舰1艘；空军1个飞行中队，装备"幻影"M-2000C/0型10架、"空中列车"C-160型1架、"美洲豹"SA-330型2架、"小狐"AS-555型1架。美国非洲司令部1285人和1个海军航空兵基地。

几内亚：不发达国家的军队

国名 几内亚共和国。

主要统计 面积24.59万平方公里。人口约1032.38万(2011年)。国内生产总值56.3亿美元(2012年)。国防预算约0.99亿美元(2011年)。矿藏丰富，铝矾土已探明储量为290多亿吨，居世界第一位。铁矿石储量为70亿吨。钻石储量为2500万至3000万克拉。此外还有黄金、铜、铀、钴、铅、钵等。水力资源极为丰富，开发后年发电量估计可达630亿千瓦时。海岸线长300公里，沿海渔业资源较丰富，近海浅层水域鱼的蕴藏量为23万吨，深海区蕴藏量约100万吨。铁路总长1046公里。

公路总长是1.4万公里。水运方面,科纳克里港为南非最大海港之一。空运方面,有国际机场1个,国内机场12个。

国防体制 总统是武装力量最高统帅,行使任免军事人员、对外宣战等权力。国防部作为军事行政主管,直接隶属总统府。

武装力量 现役部队约1万人。

陆军约8500人,编有1个装甲独立营、5个步兵营、1个特种营、1个巡逻骑兵营、1个突击营、1个高炮营、1个工兵团、1个防空营。

主战坦克T–54型8辆、T–34型30辆。轻型坦克PT–76型15辆。装甲侦察车AML–90型2辆、BRDM–1/2型几辆。轮式装甲运兵车BTR–40型16辆、BTR–50型10辆、BTR–60型8辆、BTR–152型6辆。牵引火炮122毫米M–1931型12门、130毫米M–46型12门。火箭炮220毫米BM–27/9P140"飓风"型3门。迫击炮82毫米M–43型、120毫米M–1943/M–38型共20多门。便携式反坦克导弹AT–39K11"耐火箱"型、AT–59M113"拱肩"型数量不详。无后坐力炮:82毫米B–10型数量不详。火箭发射器73毫米RPG–7型数量不详。高炮机枪57毫米Z1S–2M–1943型、85毫米D–44型共6门。便携式防空地空导弹9K32"箭–2"型(SA–7"圣杯"型)数量不详。牵引式防空高射机枪30毫米M–53型(双管)、37毫米M–1939型、57毫米59(S–60)型、100毫米KS–19共24余挺。

海军约400人,基地设在科纳克里、卡坎达,装备有河岸巡逻艇2艘。

空军800人,编成1个对地攻击战斗机中队、1个运输机中队、1个教练机中队、攻击/运输直升机中队若干。主要装备战斗机米格–17F"壁画"C型4架。对地攻击战斗机米格–21"鱼窝"型3架。轻型运输机安–14型4架、安–27"焦炭"型1架、安–72"运煤车"型2架。教练机米格–15UTI"侏儒"型2架。直升机:攻击直升机米–24"雌鹿"型4架、海上侦察直升机SA–342K"小羚羊"型1架、中型运输直升机米–8"河马"型2架、AS–330"美洲豹"型1架(服役与否不详)。反坦克导弹R–3(AA–2"环礁"型)空空导弹若干枚。

准军事部队编有宪兵1000人、共和国卫队1600人和民兵7000人。

兵役制度 实行义务兵役制,服役期为2年。

驻外兵力 在联合国框架内,派往联合国科特迪瓦行动团军事观察员3人,联合国驻苏丹特派团军事观察员7人,联合国西撒哈拉全民投票特派团军事观察员3人。

几内亚比绍:军方难成维稳靠山

国名 几内亚比绍共和国。

主要统计 面积3.61万平方公里。人口164.738万(2011年)。国内生产总值8.7

亿美元(2012年)。国防预算约0.15亿美元(2011年)。主要矿藏有铝矾土(蕴藏量2亿吨),磷酸盐(储量约1亿吨)。森林覆盖率约为38%。渔业资源丰富。主要粮食作物有水稻、木薯、豆类、马铃薯、甘薯等。无铁路,以公路和水运为主。公路总长3500多公里。水运方面,内河和近海航运通航里程达1800多公里;主要港口比绍港,年吞吐量约50万吨。首都附近有维埃拉国际机场。

国防体制 共和国总统为武装力量最高统帅。政府设国防与祖国解放战士部,下辖总参谋部,总参谋长由总统根据政府建议任免。军队称人民革命武装部队。

国防政策 强调睦邻友好,重视发展同塞内加尔、几内亚等周边国家关系。

武装力量 兵力约4450人。

陆军约4000人,编有1个装甲营(中队)、1个装甲侦察连、5个步兵营、1个高炮营、1个工兵连。

主战坦克,T-34型10辆;轻型坦克,PT-76型15辆;装甲侦察车,BRDM-2型10辆;轮式装甲运兵车,BTR-40/BTR-60型共35辆,56型(BTR-152)20辆;牵引火炮,122毫米D-30/M-1938型共18门;迫击炮,82毫米M-43型(数量不详)、120毫米M-1943型8门,反坦克无后坐力炮275毫米52型(M-20)(数量不详)、82毫米B-10型(数量不详);反坦克火箭发射器289毫米M-20型(数量不详)。反坦克高炮机枪,85毫米D-44型8挺;便携式地对空反坦克火箭发射器:9K32"箭"-2(SA-7"圣杯")(数量不详);牵引式防空高射机枪,23ZU-23型18挺、37毫米M-1939型6挺、57毫米5-60型10挺。

海军约350人,基地设在比绍,装备有海岸巡逻艇"Alfeite"2艘。

空军100人,编成1个强击机(战斗机)中队、1个直升机中队。主要装备战斗机米-17"壁画"型2架。海上侦察直升机SA-319"云雀"Ⅲ型2架、SA-341"小羚羊"型1架。

准军事部队编有宪兵9000人。

兵役制度 实行义务兵役制,士兵服役期为2~3年,军官为10年以上。

加纳:小国的维和大贡献

国名 加纳共和国。

主要统计 面积23.8537万平方公里。人口2433.2755万(2011年)。国内生产总值389亿美元(2012年)。国防预算1.15亿美元(2011年)。经济以农业为主。矿产品、可可和木材为三大支柱产业。矿产资源丰富,主要矿物:黄金约17.5

亿盎司,1994年已探明储量3167.20万盎司,钻石约1亿克拉,1994年已探明储量872.85万克拉,居世界第四位,铝矾土约4亿吨,1994年已探明储量1891.19万吨,锰4900万吨,1994年探明储量489.17万吨,居世界第三位。2007年,发现丰富的轻质原油资源,探明储量约12亿桶,2010年底实现商业开采。2010年1~9月,黄金产量达224万盎司,出口创汇近26亿美元;铝矾土矿产量达47万吨。可可出口量现居世界第二位。2009年木材及其制品出口额为1.8亿美元。渔业资源丰富。交通运输以公路为主。公路占全国总货运量的98%。铁路总长1300公里。水运方面,主要有特马港和塔科腊迪港。加纳航空公司为其主要航空公司。

国防体制 总统为武装力量最高统帅。国防部是政府部门,是最高军事行政机构。国防参谋部是最高军事指挥机构。总统通过国防部和国防参谋部对武装力量实施领导和指挥。

国防政策 20世纪70年代起参与联合国和西非地区组织的维和行动,分别向波黑、黎巴嫩、塞浦路斯、伊科边境、西撒哈拉、利比里亚、塞拉利昂、科特迪瓦等国派驻过军队或观察员,是非洲派出联合国维和部队人数最多的国家,居世界第五位。此外,加还派兵赴苏丹达尔富尔等地区积极参与非盟在冲突地区的调解维和任务。

武装力量 兵力约1.55万人。

陆军1.15万人,编有1个指挥中心、6个步兵营、1个装甲侦察团(下辖3个装甲侦察营)、1个空降连、1个高炮团(下辖1个炮兵连,2个迫击炮连)、1个野战工兵团(或营)、1个教练营。

装甲侦察车EE-9"响尾蛇"型3辆。装甲步兵战车"非洲獾"FSC-90型24辆、"非洲獾"-20型15辆。轮式装甲运兵车"剪刀鱼"型50辆。122毫米牵引式火炮6门。迫击炮81毫米50门、120毫米"坦佩拉"型28门。反坦克无后坐力炮284毫米"卡尔·古斯塔夫"型50门。便携式地对空反坦克火箭发射器9K32"箭"型(SA-7"圣杯"型)数量不详。牵引式防空高射机枪14.5毫米ZPU-2型和ZPU-4型共4挺、23毫米ZU-23-2型4挺。

海军2000人。总司令部设在阿克拉,西部司令部设于盛康第,东部司令部设于特马。基地设在塞康第、特马。装备有海岸巡逻艇7艘,其中,近海巡逻艇"Anzole"(美制)2艘、"Achimota"海岸巡逻艇(德国吕尔森公司制造)2艘、"Dzata"(德国吕尔森公司制造)2艘、(美制)巡逻艇1艘。

空军2000人。主基地设在阿克拉,另在塔科腊迪设一运输分队。编成1个对地攻击战斗机中队、1个运输机中队、1个直升机中队,设有1个飞行学校。主要装备:

战斗机 MB-326K 型 3 架；轻型运输机 BN-2"防御者"1 架、"塞斯纳"172 型 3 架、F-27"友谊"型 4 架；客机 F-28"伙伴"型（要员乘坐）1 架；教练机 K-8"Karakorum"4 架、L-39ZO 2 架、MB-339A 2 架；海上侦察直升机 SA-319"云雀"111 型 2 架；中型运输直升机米-171V 4 架；轻型运输直升机 AW-109A 型 2 架、"贝尔 212"（AB-212）型 1 架。

准军事部队编有宪兵 9000 人，编为 3 个地区支援团。

驻外兵力 在联合国框架内，派往布隆迪共和国军事观察员 1 人；联合国驻中非与乍得特派团 527 人，军事观察员 1 人，1 个步兵营；联合国驻科特迪瓦行动团成员 527 人，军事观察员 5 人，1 个步兵营，1 个直升机连，1 个野战医院；联合国驻刚果民主共和国特派团 462 人，军事观察员 24 人，1 个机械化步兵营；联合国驻黎巴嫩特派团 877 人，1 个步兵营；联合国驻利比里亚特派团 706 人，军事观察员 11 人，1 个步兵营；联合国和非盟驻达尔富尔特派团 6 人，军事观察员 4 人；联合国驻西撒哈拉特派团 7 人，军事观察员 9 人。

加蓬：从殖民军中不断完善发展

国名 加蓬共和国。

主要统计 面积 26.7667 万平方公里。人口 150.1266 万（2010 年）。国内生产总值 183 亿美元（2012 年）。国防预算 2.5 亿美元（2010 年）。资源丰富，主要有石油、木材、铁和铀矿等。可开采的石油储量约 4 亿吨。铁矿蕴藏量 2 亿吨，占全球已探明储量四分之一，居世界第三位。加是世界上最大的二氧化铁生产国，其产量为世界产量的二分之一。铀矿储量约 40 万吨。铁矿储量 8 亿~10 亿吨。森林面积占国土面积 76%。原木储量约 4 亿立方米，居非洲第三位。水产资源 81.7 万吨，其中渔业资源约 23.4 万吨（2009 年）。工业主要有石油冶炼、木材加工和食品加工等。交通运输主要靠水运和空运，进出口物资 90%靠海运。铁路全长 697 公里。公路全长 10500 公里。内河已通航河道 600 公里。主要海港有让蒂尔港和奥士多港，年总吞吐量为 2200 万吨。拥有 30 个国内机场，3 个国际机场。

国防体制 最高防务委员会是国家防务最高领导机构，总统任主席，并任武装力量最高统帅，负责制定防务政策。国防部长负责执行防务政策，武装部队总参谋长、宪兵司令和警察司令辅之。陆、海、空三军各设参谋部。总统卫队受总统亲自指挥。全国划分 7 个军区，各军区设司令部，统辖该地区部队。武装力量由国家武装部队、国家宪兵部队、警察部队（归内政部管辖）和共和国卫队组成。

国防政策 武器装备 80%来自法国，强调睦邻友好和非洲团结，积极调解非洲国家的内部矛盾和相互冲突，推动地区合作。

武装力量 现役部队约4700人。

陆军3200人，编有8个步兵连、1个空降突击连、1个工兵连、1个由总统直接指挥的总统警卫营级大队（下辖1个防空炮兵连、1个高炮连、1个装甲侦察车连、3个步兵连）。

装甲侦察车：AML60/90型24辆、EE-3"Jara-raca"型12辆、EE-9"响尾蛇"型14辆、ERC-90F4"萨盖"型6辆、VBL型14辆。装甲步兵战车：EE-11（配备20毫米高射机枪）"蝰蛇"型12辆。轮式装甲运兵车：LAV-150"突击队"型9辆、92型6辆、VXB-170型若干辆、M-3"庞阿尔"型数量不详、"游骑兵"型1辆（处于测试阶段）。牵引火炮：105毫米M-101型4门。自行火箭炮：140毫米"特路埃尔"型8门。迫击炮：81毫米35门、120毫米"布朗德"型4门。便携式反坦克导弹："米兰"型4枚。无后坐力炮：106毫米M-40A1型，数量不详。火箭发射器：89毫米LRAC型，数量不详。自行式防空高射机枪：20毫米ERC-20型4挺。牵引式防空高射机枪：23毫米ZU-23-2型24挺、37毫米M-1939型10挺、40毫米L/70型3挺。

海军约500人。司令部及海军基地均设在让蒂尔港。装备有海岸巡逻艇3艘，包括FRAP-400型巡逻艇2艘。坦克登陆舰"奥马尔·邦戈总统"号1艘（FRA"巴特拉尔"型），拥有1个直升机起降平台。车辆及人员登陆艇12艘。

空军约1000人，编成1个对地攻击战斗机混合中队、1个海上巡逻机中队、1个总统机群、1个攻击/运输直升机中队。主要装备战斗机："幻影"5E2型对地攻击战斗机4架、5G/DG（"幻影"5型）3架、"幻影"F1-AZ型12架。EMB-Ⅲ型海上巡逻机1架。运输机：中型C-130H"大力神"型3架；轻型ATR-42F型1架、CN-235型1架、EMB-110"先锋"型2架、YS-11A型2架、PAX"猎鹰"900型21架。教练机CM-170"教师"型4架、T-34"涡轮教练"到3架。海上侦察直升机："贝尔"412型中型直升机（AB-412）2架、SA-316/319"云雀Ⅲ"型3架、SA-342"小羚羊"型5架。中型运输直升机：AS-332"超级美洲豹"型1架、SA-330C/SA-330H"美洲豹"型3架。

准军事部队宪兵2000人，编有2个装甲中队，下辖3个旅、11个连的准军事部队及1个装备有2架AS-350和1架AS-355"松鼠"型轻型运输直升机的分队。

兵役制度 实行志愿兵役制。

驻外兵力 派往中非巩固和平特派团142人。

外国驻军 法国陆军645人，1个步兵营装备有载有ERC-90F1"大山猫"瞄准系统的侦察机1架、SA-330"美洲豹"型直升机4架。

津巴布韦：专注自身防卫

国名 津巴布韦共和国。

主要统计 面积39万平方公里。人口1264.4041万(2010年)。国内生产总值约98亿美元(2012年)。国防预算0.938亿美元(2011年)。工农业基础较好。经济发展水平在南部非洲地区仅次于南非，制造业、矿业和农业为国民经济的三大支柱。自然资源丰富。煤蕴藏量约270亿吨。铁蕴藏量约2.5亿吨。钾和石棉的储量均很大。农牧业方面，主要生产玉米、烟草、棉花、花卉、甘蔗和茶叶等，畜牧业以养牛为主。耕地面积3328万公顷，农业人口占全国人口的67%，是非洲主要粮食出口国、世界第三大烟草出口国和欧洲鲜花市场的第四大供应商，农产品出口约占全国出口收入的三分之一。旅游业发展快速。著名风景点为维多利亚瀑布，另有26个国家公园和野生动物保护区。

国防体制 津国防军于1980年建立，是由原民盟、人盟游击队和白人政权军队整编而成，最高军事决策机构是国防委员会，总统兼武装力量总司令。津国防军下设陆军和空军两个军种。

国防政策 加强国防建设的目的在于创造一个有利于经济繁荣的环境，国防政策主要集中于自身的防卫。

武装力量 兵力约2.9万人。

陆军2.5万人，编有1个装甲中队、1个机械化旅级司令部、1个机械化步兵营、5个步兵旅级司令部（下辖15个步兵营）、1个突击营、1个准军事营、1个炮兵旅、1个野战炮兵团、2个工兵团、3个警卫营、1个总统警卫团和1个防空营。

主战坦克59型约30辆、69型约10辆；装甲侦察车"大羚羊"型20辆、"白鼬"型约15辆、EE-9"响尾蛇"型（90毫米）80辆；装甲运兵车履带式63型8辆、VTI-323型22辆，轮式TPK420VSCAC-MAT型55辆。牵引火炮122毫米D-30型几门、60型(D-74)16门；火箭炮107毫米63型16门、122毫米RM-70"Dana"型60门；迫击炮181毫米/82毫米约140门、120毫米M-43型6门；便携式防空地对空导弹29K32"箭"-2(SA-7"圣杯")约30枚；牵引式防空高射机枪14.5毫米ZPU-1/ZPU-2/ZPU-4型共36挺、23毫米ZU-23型45挺、37毫米M-1939型35挺。

空军4000人，编成1个对地攻击战斗机混合中队、1个强击机中队、1个攻击或侦察机中队、1个侦察或教练机中队、1个运输机中队、1个攻击或运输机中队、1个防空中队，另有1所防空学校。战斗机9架；运输机33架；教练机K-8"Karakorum"12 架、SF-260M 型 5 架、SF-260TP 型 5 架、SF-260W"勇士"型 5 架、SF-260F 型 5 架；攻击直升机米-35"雌鹿"型 4 架、米-35P"雌鹿"型 2 架；海上侦察直升机"贝尔"412 双涡轮型 8 架、SA-319"云雀Ⅲ"型 2 架；中型运输直升机 AS-532UL"美洲狮"型(搭载要员)2 架；空空导弹：FL-Z 型(数量不详)、PL-5 型(数量不详)；防空高射机枪 100 毫米、37 毫米、57 毫米均未列装。

准军事部队 2.18 万人。警察部队编有宪兵 1.95 万人(包含航空中队)。警察后援分队 3000 人。

兵役制度 实行志愿兵役制，1987 年虽颁布了征兵法，但未完全执行。

驻外兵力 在联合国框架内，派驻科特迪瓦行动团军事观察员 3 人，利比里亚特派团军事观察员 2 人，尼泊尔特派团军事观察员 4 人，联合国驻苏丹特派团军事观察员 9 人，联合国和非盟驻达尔富尔特派团成员 2 人、军事观察员 9 人。

喀麦隆：垂直领导增效率

国名 喀麦隆共和国。

主要统计 面积 47.5442 万平方公里。人口 1995.8351 万(2010 年)。国内生产总值 250 亿美元(2012 年)。国防预算 3.68 亿美元(2011 年)。矿产资源较丰富。已探明的主要矿藏有铝矾土(储量为 11 亿吨以上)、铁矿(约 3 亿吨)、金红石(约 300 万吨)。森林面积 2200 多万公顷，木材蓄积总量 40 亿立方米。水力资源丰富，可利用的水力资源达 2080 亿立方米。石油储量估计为 1 亿多吨，天然气储藏量约 5000 多亿立方米。年产原油 3210 万桶(2008 年)。素有"中部非洲粮仓"之称，主要粮食作物有小米、高粱、玉米、稻谷、薯类、芭蕉等。主要经济作物有可可、棉花、咖啡、香蕉、油棕等，是世界第六大可可生产国。公路交通占全国运输总量的 85% 以上。铁路总长 1245 公里。公路总长约 5 万公里。水运方面，主要海港有杜阿拉、林贝和克里比。空运方面，有机场 63 个，主要机场 8 个，其中国际航空站 3 个。

国防体制 总统为武装力量最高统帅。武装力量由陆、海、空军和宪兵组成。2001 年 7 月，军队实行重大改革，建立总统—国防部长—大军区司令—省军区司令的垂直领导体制。全国分为 3 个多军种大军区和 3 个宪兵军区。10 个省内设立 10 个陆军防区。

武装力量 现役部队约 1.41 万人。

陆军 1.25 万人，编为 3 个军区，编有 1 个装甲侦察营、3 个步兵营(隶属于 3 个军区)、1 个空降突击营、1 个高炮营(下辖 5 个炮兵连)、1 个工兵营、1 个总统警卫营、1 个防空营(下辖 6 个防空炮兵连)。

装甲侦察车 65 辆，装甲步兵战车 22 辆、装甲运兵车 33 辆。自行火炮 AT-MOS2000 型 18 门。牵引火炮 38 门。多管火箭炮 122 毫米 BM-21 型 20 门。迫击炮 81 毫米（部分为自行式）、120 毫米"布朗德"型共 16 门。反坦克导弹"陶"型（载于吉普车上）24 枚、便携式"米兰"型 25 枚。

海军约 1300 人。司令部设在杜阿拉，基地设在杜阿拉、林贝（在马拉维）、克里比。装备有海岸巡逻艇 11 艘。装备有"巴喀西"型（FRAP-48）、"鲁莽"型（FRAP-48）登陆舰各 1 艘，"罗德曼"101 型巡逻艇 2 艘、"罗德曼"46 型巡逻艇 4 艘、"营地"型巡逻艇 1 艘，"斯威夫特-38"型河岸巡逻艇 2 艘。

空军 300~400 人，编成 1 个对地攻击战斗机混合中队、1 个总统机群、强击机中队若干、海上巡逻机中队若干、运输机中队若干、攻击直升机中队若干、运输直升机中队若干。主要装备战斗机 6 架。运输机 15 架。教练机阿尔法喷气式 4 架、CM-170"教师"型 5 架。直升机米-24"雌鹿"型 3 架。海上侦察直升机 11 架。中型运输直升机 AS-332"超级美洲豹"型 1 架。轻型运输直升机 5 架。

准军事部队编有宪兵 9000 人，编为 3 个地区支援团。

驻外兵力 在联合国框架内，派往中非和平统一特派团 146 人，联合国刚果民主共和国特派团军事观察员 5 人，联合国和非盟驻达尔富尔特派团军事观察员 3 人。

科特迪瓦：法国提供装备建国防

国名 科特迪瓦共和国。

主要统计 面积 32.2463 万平方公里。人口 2157.0746 万（2010 年），国内生产总值 246 亿美元（2012 年）。国防预算约为 3.53 亿美元（2011 年）。西非最富裕的国家。粮食不能自给。主要经济作物以咖啡和可可为主，咖啡的产量占非洲第一位、居世界第三位，可可产量居世界第二位。腰果产量逐年增加，成为非洲第一、世界第三的腰果出口国，年产量 34 万吨（2009 年）。主要矿藏有钻石、黄金、锰、镍、铀、铁和石油等。已探明的石油储量约 2.2 亿桶，天然气储量 1.1 万亿立方米，铁矿石 15 亿吨，铝矾土 12 亿吨，锰 4.4 亿吨，钾 3500 万吨。森林面积达 250 万公顷。是非洲交通最发达的国家之一，尤以海运和公路为最。98%以上的进出口贸易通过海运。阿比让自治港是西非最大的天然良港和重要的集装箱码头，港口吞吐量为 2403.41 万吨（2009 年）。公路总长近 8.3 万公里，占整个西非经货联盟道路里程的 45%。境内只有一条铁路。拥有机场 28 个。

国防体制 总统兼任武装力量最高统帅。国防委员会为最高军事决策机构，国防部长具体负责武装力量的管理，总参谋长负责作战指挥。武装力量由武装部队、宪兵和共和国卫队组成。

国防政策 受法军影响较大,武器装备主要由法国提供。

武装力量 现役部队约0.8万人。

陆军6500人,编为4个军区,编有1个装甲独立营、3个步兵营、1个空降突击大队、1个高炮营、1个防空炮兵连、1个工兵连。

主战坦克T-55型10辆。轻型坦克AMX-13型5辆。装甲侦察车23辆。装甲步兵战车2BMF1/Z型10辆。轮式装甲运兵车31辆。火箭炮122毫米BM-21型6门。迫击炮81毫米、82毫米M-37型、120毫米AM-50型共26余门。

海军约900人,基地设在阿比让,装备有海岸巡逻艇3艘,其中,"勇敢"(法国)型1艘、河岸巡逻艇"罗德曼"2艘(担负渔业保护职责)。两栖中型舰艇2艘。

空军700人,主要装备直升机米-14型(据报道有1架)。中型运输直升机SA-330L"美洲豹"型(IAR-330L)3架。

准军事部队编有共和国卫队1350人、宪兵7600人和民兵1500人。

兵役制度 实行义务兵役制,服役期6个月。

外国驻军 孟加拉国2090人、军事观察员9人、2个步兵营、1个工兵连、1个通信连、1个野战医院。贝宁427人、军事观察员6人、1个步兵营。玻利维亚军事观察员3人。巴西3人、军事观察员4人。乍得1人、军事观察员3人。中国军事观察员6人。厄瓜多尔军事观察员2人。埃及176人、1个工兵连。萨尔瓦多军事观察员3人。埃塞俄比亚军事观察员2人。法国军事观察员7人、"独角兽行动"部队772人,陆军:1个机械化步兵陆战大队(下辖1个机械化步兵团分队、1个武装机动团分队)、1个装备有3架SA-330"美洲豹"的直升机小队。冈比亚军事观察员3人。加纳507人、军事观察员5人、1个步兵营、1个直升机连、1个野战医院。危地马拉军事观察员5人。几内亚军事观察员3人。印度军事观察员6人。爱尔兰军事观察员2人。约旦1062人、军事观察员7人、1个步兵营、1个特种连。韩国军事观察员2人。摩尔多瓦军事观察员3人。摩洛哥726人、1个步兵营。纳米比亚军事观察员1人。尼泊尔1人、军事观察员3人。尼日尔393人、军事观察员6人、1个步兵营。尼日利亚军事观察员7人。巴基斯坦1140人、军事观察员11人、1个步兵营、1个工兵连、1个运输连。巴拉圭2人、军事观察员7人。秘鲁军事观察员3人。菲律宾3人、军事观察员3人。波兰军事观察员3人。罗马尼亚军事观察员6人。俄罗斯联邦军事观察员11人。塞内加尔324人、军事观察员14人。塞尔维亚军事观察员3人。坦桑尼亚2人、军事观察员1人。多哥315人、军事观察员7人、1个步兵营。突尼斯4人、军事观察员7人。乌干达1人、军事观察员2人。乌拉圭军事观察员2人。也门共和国1人、军事观察员8人。赞比亚军事观察员2人。津巴布韦军事观察员3人。

肯尼亚：注重院校培养军官

国名 肯尼亚共和国。

主要统计 面积58.2646万平方公里。人口4086万(2010年)。国内生产总值411亿美元(2012年)。国防预算5.94亿美元(2011年)。是撒哈拉以南非洲经济基础较好的国家之一。实行以私营经济为主、多种经济形式并存的"混合经济"体制，私营经济占整体经济的70%。农业、服务业和工业是国民经济三大支柱。铁路总长2765公里。海运能力，商船(载重100吨以上)29艘，年吞吐量为1596万吨(2007年)。民航能力，3个国际机场和4个国内机场及300多个小型或简易机场，有固定国际航线16条，与30多个国家通航。

国防体制 总统兼任武装力量总司令。国防委员会是最高军事决策机构，成员包括总参谋长，陆、海、空三军司令，国家安全国务部长及总统府副常务秘书等，向总统负责。总参谋部是军队最高指挥机构。总统通过总参谋长统率全军。

武装力量 现役部队约2.4万人。

陆军2万人，编有1个装甲旅(下辖3个装甲营)、2个步兵旅(分别下辖2个营和3个营)、1个炮兵旅(下辖2个营)、1个工兵旅(下辖2个营)、1个独立步兵营、1个防空炮兵营、1个空降兵营、1个独立空降兵营。

主战坦克MK-3型坦克78辆。装甲侦察车AML-60/90型72辆、"白鼬"型12辆、"肖兰"552型8辆。装甲输送车共62辆。牵引火炮105毫米48门。迫击炮81毫米50门、120毫米12门。反坦克导弹"米兰"型40枚、"耐火箱"型14枚。无坐力炮284毫米80门。防空高炮20毫米81门、40毫米13门。

海军1620人，基地设在蒙巴萨。装备海岸巡逻艇11艘、两栖舰艇2艘、后勤补给船1艘。

空军2500人，编成1个战斗机中队、1个运输机中队、1个武装直升机中队、1个运输直升机中队和1个教练机中队。装备F-5E等型战斗机22架、休斯-500MD等型武装直升机19架、SA-330"美洲豹"等型运输直升机11架、休斯500D等型多用途直升机17架、DHC-5D和运-12等型运输机30架、大头犬-103等型教练机约25架及"小牛"空地导弹和"响尾蛇"空空导弹若干枚。

准军事部队警察5000人，装备各型巡逻艇17艘、"塞斯纳"型运输机7架、贝尔-206型直升机1架和贝尔-47C型教练直升机2架。

兵役制度 实行志愿兵役制。

驻外兵力 在联合国框架内，派往刚果(金)军事观察员24人，中非与乍得特派团 3 人,联合国苏丹特派团 724 人(共 1 个步兵营和 1 个扫雷连)和军事观察员 4 人,非盟-联合国达尔富尔混合行动军事观察员 24 人,乌干达欧盟训练团 9 人。

外国驻军 英国 52 人。

莱索托:内陆山国小军队

国名 莱索托王国。

主要统计 面积 3.0334 万平方公里。人口 208.4182 万(2010 年)。国内生产总值 24.4 亿美元(2012 年)。国防预算 0.45 亿美元(2011 年)。经济以农牧业和服装加工出口为主,粮食不能自给。工业以制造业和食品加工为主。矿业以钻石开采业为主。农业人口占全国人口的 80%。畜牧业占重要地位,全国 66% 的土地可供放牧,以养羊业为主,是非洲著名马海毛产地。公路总长 7436 公里。无独立铁路系统。主要机场有 3 个,首都莫舒舒国际机场可起降中型民航飞机,另有简易机场 25 个。

国防体制 国王为国家元首和立宪君主,内阁为执行机构,首相为政府首脑。议会选举获胜的政党候选人任首相。国防军(只有陆军)为莱索托军事力量。1996 年 4 月,莱索托政府宣布成立宪兵部队。首相通过国防军司令部实施对武装力量的领导与指挥。

武装力量 现役部队约 2000 人。

陆军约 2000 人,编有 1 个装甲侦察连、7 个步兵连、1 个未满编炮兵连、1 个空军中队、1 个后援连。

装甲侦察车 AML-90 型 4 辆、RBY-1"RAM-TA"型 10 辆、552"肖兰"型 8 辆。牵引火炮 105 毫米 2 门。迫击炮 81 毫米 10 门。反坦无后坐力炮 106 毫米 M-40 型 6 门。

航空联队 110 人,主要装备轻型运输直升机:C212-300"航空汽车"2 架、C-212"航空汽车"1 架、GA-8"空中太篷车"1 架;海上侦察直升机:"贝尔"412 增强性能版双引擎中型机 1 架(担负运输、搭载要员与搜索救援任务)、"贝尔"412 特殊性能版 2 架;轻型运输机:波-105LSA-3(担负运输、教练职责)2 架。

利比里亚:具有象征意义的武装部队

国名 利比里亚共和国。

主要统计 面积 11.137 万平方公里。人口 410.1767 万(2010 年)。国内生产总值 17.4 亿美元(2010 年)。国防预算 720 万美元(2009 年)。是农业国,但粮食不能自给。工业不发达,矿产资源丰富。天然橡胶、木材和铁矿砂的生产和出口为其国民经济的主要支柱,铁矿砂已探明储量超过40亿吨。是全球第二大方便旗船籍国,船籍注册收入是其重要财政来源之一。内战前全国只有3条铁路,总长500公里,现基本停运。公路总长1.1万公里,内战期间受损较严重。在国际社会援助下,利开始修复工作。拥有主要港口4个。罗伯茨国际机场是主要民用机场。

国防体制 总统是国家元首、政府首脑和武装力量总司令。1956年根据《国防法》正式建立利武装部队。1982年改称利比里亚国民警卫队。

国防政策 1990年9月多伊政权垮台后,政府军溃散。内战期间,利有多个武装派别。2003年全国过渡政府上台后,联合国利比里亚特派团开始对各派军事力量进行解除武装工作。2004年11月,解除武装和复员工作顺利结束。2006年1月,利政府启动武装部队重建计划,美国出资帮助。2009年2月,利新武装部队完成组建。

武装力量 兵力2050人。

陆军2000人,设有3个军事基地(巴克雷训练基地,桑油S.怀尔兵营和爱德华·B·凯斯利兵营),编有1个步兵旅(第23旅)(下辖2个步兵营,1个工兵连,1个海事巡逻连)、1个教练分队(组建中)。

海岸警卫队50人,装备10吨以下FLO"Zodiac"飞机8架。

外国驻军 孟加拉国1441人、军事观察员12人、1个步兵营、2个工兵连、1个通信连、1个后援连、1个海事巡逻分队、1个野战医院。贝宁1人、军事观察员2人。玻利维亚1人、军事观察员2人。巴西2人、军事观察员2人。保加利亚军事观察员2人。中国564人、军事观察员2人、1个工兵连、1个运输连、1个野战医院。克罗地亚2人。丹麦3人、军事观察员2人。厄瓜多尔1人、军事观察员2人。埃及军事观察员5人。萨尔瓦多军事观察员2人。埃塞俄比亚4人、军事观察员7人。芬兰2人。法国1人。冈比亚军事观察员2人。加纳706人、军事观察员11人、1个步兵营。印度尼西亚军事观察员1人。约旦120人、军事观察员4人、1个野战医院。韩国1人、军事观察员1人。吉尔吉斯斯坦军事观察员3人。马来西亚军事观察员5人。马里军事观察员1人。摩尔多瓦军事观察员2人。蒙古150人。黑山军事观察员2人。纳米比亚3人、军事观察员1人。尼泊尔18人、军事观察员2人、1个海事巡逻分队。尼日尔军事观察员2人。尼日利亚1553人、军事观察员13人、1个步兵营、1个通信连。巴基斯坦2953人、军事观察员7人、3个步兵营、1个工兵连、1个野战医院。巴拉圭1人、军事观察员2人。秘鲁2人、军事观察员2人。菲律宾117人、军事观察员2人、1个步兵连。波兰军事观察员2人。罗马尼亚军事观察员2人。俄罗斯军事观察员4人。塞内加尔1人、军事观察员1人。塞尔维亚军事观察员4人。多哥1人、军事观察员2人。乌克兰277人、军事观察员2人、1个直升机。美国5人、军事观察员4人。也门共和国1人。赞比亚军事观察员3人。津巴布韦军事观察员2人。

卢旺达：受困于部族冲突

国名 卢旺达共和国。

主要统计 面积2.6388万平方公里。人口1030万（2010年）。国内生产总值72.2亿美元（2012年）。国防预算7720万美元（2011年）。无铁路,交通运输靠公路和航空。公路总长1.31万公里。民航能力,有固定国际机场2处,可起降波音747等大型客机。

国防体制 总统为武装力量最高统帅。国防部为最高军事机构,下辖武装部队参谋部和宪兵参谋部。武装力量由正规军和准军事部队组成,正规军分陆军和空军两个军种。总统通过国防部对全国武装力量实施领导和指挥。

国防政策 为实现军队国家化,2002年2月,改称卢旺达国防军。部族冲突严重,国防开支占国家预算的20%左右。

武装力量 现役部队约3.3万人。

陆军3.2万人,编有4个师(每个师辖3个旅)。坦克T-54/T-55型坦克24辆。装甲侦察车AML-90/AML-60/AML-245型共约90辆、VBL型16辆。装甲步兵战车BMP型若干辆、非洲獾90型15辆、非洲獾60型20辆。装甲输送车RG-31型、M-3"庞阿尔"型和BTR型共36辆、T-92型20辆。牵引火炮105毫米T-54型29门、122毫米D-30型6门。火箭炮122毫米RM-70型5门。迫击炮共115门。高炮(高射机枪)14.5、23、37毫米共约150门。地空导弹萨姆-7型导弹若干枚。

空军约1000人。编成1个运输机中队,1个教练机中队和1个直升机中队。运输机:安-2型约5架、安8型2~3架、波音707型1架、BN-2A型1架。教练机:L-39"信天翁"型1架。武装直升机:米-24型直升机5~7架。运输直升机:米-17/8型共约8~12架。

准军事部队国民警察约2000人。

兵役制度 实行志愿兵役制。

驻外兵力 派往苏丹3501人,其中包括军事观察员17人。

马达加斯加：岛国注重陆军

国名 马达加斯加共和国。

主要统计 面积59.0750万平方公里。人口约2021.5万（2011年）。国内生产总值101.2亿美元（2012年）。国防预算0.56亿美元（2011年）。矿藏丰富,主要矿产资源有石墨、铅铁、铝矾土、石英、云母、金、银、铜、镍、锰、铅、锌、煤等,其中石墨储量居非洲首位。森林面积123279平方公里,约占国土面积的21%。全国可耕地880万公顷,已耕地280万公顷。铁路总长732公里。公路总长49837公里。内向航道共3500公里,但航运仅利用400余公里。沿海港口共18个。80%的海运集中在东部港口塔马塔夫,年吞吐量约140万吨。民航能力,马达加斯加共有2家航空公司,拥有大小飞机36架,有定期航班飞往欧洲、非洲和西南印度洋诸岛国。全国有大小机场121个,其中国际机场6个。

国防体制　总统为武装部队最高统帅。国防部为军事行政机构,总参谋部为军事指挥机构。全国设6个军区。总统通过国防部和总参谋部对武装力量实施领导和指挥。

武装力量　兵力约1.35万人。

陆军1.25万人,编有2个步兵营、1个工兵团。

轻型坦克PT-76型12辆。装甲侦察车BRDM2型约35辆、"白鼬"型10辆、M-3A1型约20辆、M-8型8辆。装甲输送车M-3AI约30辆。牵引火炮105毫米5门、122毫米12门。迫击炮120毫米8门。无坐力防空高炮14.5毫米50门、37毫米20门。

海军500人(包括约100名的陆战队)。基地设在迭戈-苏瓦雷斯,特莫塔弗,多凡堡,图莱亚尔,马任加。装备有海岸巡逻艇7艘、两栖舰艇1艘。

空军500人,编成1个运输机中队、1个教练机中队、1个运输直升机中队。装备运输机16架、直升机9架。

准军事部队宪兵8100人,装备海岸巡逻舰5艘。

兵役制度　实行义务兵役制,服役期约18个月。

马拉维:英法帮助建军

国名　马拉维共和国。

主要统计　面积11.8484万平方公里。人口1306.6万(2008年)。国内生产总值42.1亿美元(2012年)。国防费0.48亿美元(2011年国防开支)。矿藏有煤、铝矾土、石棉、石墨、磷灰石、铀、铁矿等,其中铀储藏量为1.16万吨(2006年)。农业是国民经济支柱产业,产值占国内生产总值的三分之一。主要经济作物有烟草、茶叶、甘蔗等,是非洲最大烟草生产国之一,烟草出口占国家外汇收入70%(2010年)。铁路总长789公里。公路总长1.5万公里。民航能力,有民用机场5个,其中国际机场2个。

国防体制　总统兼国防军和警察部队总司令。武装力量包括正规军和警察。

武装力量 兵力约0.57万人。

陆军0.53万人，编有1个步兵营、1个伞兵独立营、1个（通用）支援营（下辖1个陆战连、1个武装侦察中队、1个工兵分队、2个轻型炮兵连）。装备（仅有不到20%的装备可以正常使用），装甲侦察车："大羚羊"型13辆、FV721型"狐狸"20辆、"白鼬"型8辆。牵引火炮：105毫米轻型火炮9门。迫击炮：81毫米L16型8门。防空导弹："吹管"15枚。防空高射机枪：14.5毫米ZPU-4型40挺。

海上分队220人。基地设在猴湾（位于尼亚萨湖）。装备有海岸巡逻艇1艘。

航空分队200人，编成1个运输机中队、1个运输直升机中队。装备运输机：DO-228型4架、BT-67型2架、"猎鹰-800"型1架。运输直升机：AS-332型"超级美洲狮"1架、AS-330F型"美洲狮"1架、AS-350L型"松鼠"1架。

准军事部队警察部队1500人，装备装甲侦察车552型"肖兰"8辆。运输机BN-2T型3架（用于边境巡逻）、5C73M型1架。直升机AS-36王型"海豚2"2架。

兵役制度 实行义务兵役制，服役期2年。

驻外兵力 在联合国框架内，派往联合国驻刚果（金）特派团50人、军事观察员18人，联合国和非盟驻达尔富尔特派团7人、军事观察员8人。

马里：法国外籍军团为建军骨干

国名 马里共和国。

主要统计 面积124.1238万平方公里。人口1430万（2010年）。国内生产总值103亿美元（2012年）。国防预算1.83亿美元（2011年）。矿藏资源丰富，黄金储量900吨，铁13.6亿吨，铝矾土12亿吨，硅藻土6500万吨，岩盐5300万吨，磷酸盐1180万吨，锰1500万吨，铀5200吨（2010年）。是非洲第三大黄金出口国，出口收入占全国出口收入的一半以上，黄金年产量达52.4吨（2009年）。全国可耕地面积3000万公顷，已耕地面积350万公顷，是非洲主要产棉国。畜牧业产值占国内生产总值的9.8%。渔业产值约占国内生产总值的4.9%，平均年捕鱼量约10万吨。水力资源丰富。有3个水电站，12个火力发电站，1个太阳能电站。公路总长18709公里，各型机动车约12万辆。铁路总长1287公里。内河航线总长12700公里。民航能力：有5个国际机场。

国防体制 总统兼武装力量最高统帅。武装力量由陆军、空军、宪兵、警察、共和国卫队和民兵组成。

武装力量 兵力约0.78万人。

陆军约0.735万人，编有2个坦克营、4个步兵营、1个特战营、1个伞兵营、2

个炮兵营、2个防空连、1个工兵营、1个地空导弹连。

主战坦克33辆,轻型坦克18辆。装甲侦察车BRDM-2型64辆。装甲输送车84辆。火箭炮12门。迫击炮82毫米M-43型、120毫米M-43型共30多门。防空导弹S-125(SA-3)型12枚、便携式SA-7"箭-2"型数量不详。防空高射机枪23毫米M-1939型6挺、57毫米S-60型6挺。

海上分队50人。基地设在巴马科,莫普提,塞古和特莫布图。装备有海岸巡逻艇3艘。

航空分队400人,编成1个战斗机中队、1个运输机中队、1个教练机中队、1个运输直升机中队。

战斗机米格-21型14架。运输机5架。教练机12架。直升机:攻击直升机米-24D型6架、海上侦察直升机Z-9型2架、运输直升机米-8型1架、AS-350型1架。

准军事部队编有宪兵1800人、共和国卫队2000人、国家警察1000人和民兵3000人。

兵役制度 实行义务兵、志愿兵和合同兵相结合的兵役制度,义务兵役期为2年。

驻外兵力 在联合国框架内,派往联合国驻中非与乍得特派团军事观察员1人,联合国驻利比里亚特派团军事观察员1人,联合国驻苏丹特派团军事观察员1人,联合国和非盟驻达尔富尔特派团2人、军事观察员8人。

毛里塔尼亚:法军曾为指挥官

国名 毛里塔尼亚伊斯兰共和国。

主要统计 面积103万平方公里。人口约336万(2010年)。国内生产总值42亿美元(2010年),国防预算约1.15亿美元(2011年)。矿产资源储量比较丰富,铁矿107亿吨,铜矿2200万吨,石膏约40亿吨,磷酸盐1.4亿吨,黄金约184吨,石油10亿桶(2010年)。采矿业以开采铁矿为主,是世界第七大铁矿石供应国。年产铁矿石1100万吨,铜3.54万吨,黄金9.13万盎司,日产原油约1万桶(2009年)。森林总面积47440公顷(2010年)。可耕地面积53.5万公顷。畜牧业在国民经济中占重要地位,产值占国内生产总值的15%。养羊1633.3万只,骆驼134.2万峰,牛135.1万头(2010年)。渔业资源丰富,储量为400万吨,年捕捞量约90万吨,渔业产值占国内生产总值约15%(2010年)。铁路总长675公里。公路里长11066公里。主要港口城为努瓦克肖特和努瓦迪布,年总吞吐量300万吨(不包括铁矿石出口)。

民航能力,有机场27个,其中国际机场3个。

国防体制 总统为武装部队最高统帅,主持国防会议和最高委员会。国防部下设陆、海、空三军。自1995年起国防部长由文官担任,陆军由国民军参谋长直接管辖。

国防政策 独立后建立国民军,指挥官多为法国人。1965年开始启用本国军官,至1973年指挥官全部由本国军官担任。

武装力量 现役部队约1.575万人。

陆军1.5万人。全国设6个军区。编有2个骆驼营、1个装甲营、1个装甲侦察中队、8个步兵营、7个山地步兵营、1个指挥营、3个炮兵营、1个警卫营、4个高炮连、1个工兵连。装备有坦克35辆、装甲车110辆、牵引火炮55门、迫击炮140门、无后坐力炮60门、高炮44门、反坦克导弹若干枚、防空导弹若干枚(2005年)。

海军500人,装备有各型舰艇10余艘。

空军250人,装备有各型飞机13架。

准军事部队0.5万人,包括宪兵3000人、国民卫队2000人。

兵役制度 实行义务兵(两年)和志愿兵相结合的兵役制度。

摩洛哥:地中海入大西洋的门户

国名 摩洛哥王国。

主要统计 面积45.9万平方公里(包括西撒哈拉26.6万平方公里)。人口3238万(2012年)。国内生产总值975亿美元(2012年)。国防预算32.5亿美元(2011年)。磷酸盐为主要资源,估计储量1100亿吨,占世界储量的75%。畜牧业较发达,2008年牲畜存栏数2505万头。铁路:投入运营线路1907公里。公路:总长64452公里。水运:现拥有港口30个,其中11个为多功能港口,11个为运输、捕鱼用港口,2009年全国总吞吐量6682万吨。空运:全国共有机场28个,其中国际机场12个。摩王家航空公司有飞机33架,开通75条航线,航线通往四大洲32个国家,总航线30多万公里,2008年客运量1060万人次。

国防体制 国王为武装力量最高统帅兼总参谋长。不设国防部,只设一个国防行政机构,由国防行政事务大臣级代表领导,对外代表国王接待来访的外国国防部长,对内主要负责军队的财务、军法等行政事务,没有决策职能。武装部队总监察部直属国王领导,负责各军兵种间的协调。武装部队总监类似西方国家的参谋长联席会议主席,但对军队没有指挥权,对外负责代表国王接待来访的外军总参谋长。总参谋部是最高指挥机构,国王亲任总参谋长,无副总参谋长。武装力量由正规军和准军事部队组成。正规军分陆、海、空三个军种。

国防政策 地理位置重要,西方大国对其战略位置垂涎三尺。

武装力量 现役部队约 19.63 万人。

陆军 17.5 万人,编成北部军区和南部军区,包括 1 个轻型装备治安旅、10 个独立装甲营、8 个机械/摩托化步兵团(每个团辖 2~3 个营)、3 个机步旅、35 个独立步兵营、3 个独立摩步(骆驼骑兵)营、1 个独立山步营、4 个独立特种大队、2 个伞兵旅、2 个独立空降营、11 个独立炮兵营、7 个独立工程营、1 个独立防空营、1 个陆军营、1 个骑兵中队。

主战坦克 400 辆,轻型坦克 116 辆。装甲侦察车 368 辆。装甲步兵战车 70 辆。装甲输送车 765 辆。火炮 317 门。多管火箭炮 BM-21 35 门。迫击炮自行式 199 门、牵引式 1650 门。反坦克导弹自行式 M-90 180 枚、便携式 710 枚。无后坐力炮 106 毫米 M-40A1350 门。火箭炮 66 毫米 M-72"劳"500 门、89 毫米 M-20 200 门。火炮 36 门。无人机"天眼"若干架。防空导弹"小榭树"37 枚、SA-7"圣杯"型 70 枚。高炮/高射机枪共 407 门/挺。

海军兵力 0.78 万人(含海军陆战队 1500 人)。

护卫舰(艇)3 艘,其中"Errhamani 中校"1 艘、穆罕默德 4 型 2 艘;巡逻舰艇"拉萨加"级导弹快艇 4 艘。近海巡逻艇 17 艘,后勤支援舰 4 艘。基地位于卡萨布兰卡、阿加迪尔、达喀拉、奥霍西玛、丹吉尔。

海军航空兵装备 3 架 AS-565SA,"黑豹"式直升机。

海军陆战队:1 个海军陆战营,编成 4 个战斗单位:1 个指挥后勤服务连、1 个特别行动队、2 个战斗连。装备单兵武器,轻、重机枪,迫击炮,无后坐力反坦克炮。

空军 1.35 万人,编有 2 个攻击战斗机中队、1 个战斗机中队、2 个防暴机中队、几个侦察机中队。

作战飞机 95 架。武装直升机 24 架。电子战机 3 架。运输机 35 架。加油机波音 767 型 1 架、KC-130H 型 2 架。教练机 47 架。联络机"空中大王"200 型 2 架、"黑鹰"UH-60 型 2 架。空空导弹"响尾蛇"和"魔术"若干枚。空地导弹"小牛"和"霍特"若干枚。

准军事部队总兵力 5 万人,包括皇家宪兵 2 万人,辅助部队 3 万人(含 0.5 万快速反应部队),其中皇家宪兵编成 1 个海岸警卫队,1 个伞兵中队,1 个伞兵旅(4 个机动队),1 个飞行中队。装备巡逻艇 18 艘,运输机"运动会"-235"战士"级 2 架;直升机 SA-360"海豚"级 2 架,SA-342K"羚羊"级 6 架,SA-330"美洲豹"级 6 架,SA-315B 3 架,SA-316 2 架,SA-318 3 架。海关/海岸警卫装备巡逻舰艇:近海巡逻艇 4 艘,巡逻快艇 15 艘,巡逻艇 18 艘,搜救艇 7 艘。

兵役制度 实行义务兵和志愿兵相结合的兵役制度,服役期为 18 个月,入伍者多为志愿兵。

莫桑比克：在内战创伤中重建

国名 莫桑比克共和国。

主要统计 面积79.938万平方公里。人口约2241.6万（2010年）。国内生产总值146亿美元（2012年）。国防预算0.86亿美元（2011年）。矿产资源较丰富，煤蕴藏量超过100亿吨，钛600多万吨，钽矿储量居世界首位。51%的国土被森林覆盖，林木资源总量约17.4亿立方米。水利资源丰富，卡奥拉巴萨水电站装机容量207.5万千瓦。可耕地面积为3500万公顷，已开发600万公顷。畜牧面积为1200万公顷。农业产值占整个国内生产总值的30%左右，主要粮食作物有玉米、稻谷、大豆、木薯等，2009~2010年种植季，玉米产量为200.67万吨，高粱产量为38.86万吨，大米产量为25.75万吨，小麦产量为1.84万吨，木薯产量为960.8万吨。渔业资源丰富，盛产对虾、贝类等水产品。铁路总长3372公里。公路总长约3.17万公里。内河航线1500公里，海岸线2600多公里，有港口15个，其中马普托是莫桑比克最大港口，也是非洲著名的现代化港口之一，有25个泊位，年吞吐能力为1200万吨。民航能力，莫桑比克航空公司拥有大小飞机约10架。有大小机场10余个，其中国际机场5个。

国防体制 总统兼武装力量最高统帅。总参谋部是军队的最高指挥机构。国防军下设北部、中部和南部军区，其司令部分别设在楠普拉、贝拉和马托拉。

国防政策 独立后，莫桑比克抵抗运动长期从事反政府武装活动，使莫陷入了长达16年的内战。根据莫政府和抵运1992年签署的和平总协议，莫国防军由政府军和抵运部队等量人数组成，开始了建军。

武装力量 兵力约1.12万人。

陆军约1万人，编有7个步兵营、3个特战营、2~3个炮兵连、2个工兵营、1个后勤营。

主战坦克有T-54型60余辆，装甲侦察车30辆，装甲输送车（轮式）270辆。牵引火炮62门，火箭炮122毫米BM-21型12门。反坦克导弹AT-39K11型"耐火箱"20枚（另储备有120枚）、AT-49K11型"塞子"12枚（另储备有138枚）。无坐力炮75毫米和82毫米B-10型若干门、107毫米B-12型24门。

海军约200人。基地设在彭巴—梅坦古拉（位于马拉维湖），纳卡拉，贝拉，和马普托。

空军1000人（包括防空部队），编成1个运输机中队、1个教练机中队、1个攻击和运输直升机中队、若干防空连。

攻击战斗机米格-21BIS型若干架。运输机安-26型2架、C-212型"航空汽车"

2架、"塞斯纳-182"型1架、PA-32型4架。教练机Z-236型7架。直升机米-24型攻击直升机2架、米-8型支援直升机2架。防空导弹S-125型(SA-3)10余枚、S-75型(SA-2)若干枚。

兵役制度　实行义务兵役制,服役期2年。

驻外兵力　在联合国框架内,派往联合国驻刚果(金)特派团军事观察员1人,联合国驻苏丹特派团军事观察员1人。

纳米比亚:独立建军启新篇

国名　纳米比亚共和国。

主要统计　面积82.4269万平方公里。人口约221万(2010年)。国内生产总值123.1亿美元(2012年)。国防预算3.29亿美元(2011年)。矿业、植业和农牧业为三大传统支柱产业。素有"战略金属储备库"之称,铀、钻石等矿产资源和产量居非洲前列,钻石产量为92.9万克拉(2009年)。可耕地面积6900万公顷,主要粮食作物有玉米、高粱和小米等。畜牧业较发达,收入占农牧业总收入的88%,以养牛、羊为主,养牛180万~300万头,养羊400万只(2010年),大部分出口南非和欧洲。旅游业较发达。铁路总长2600公里(2010年)。公路总长约3.2万公里(2010年)。沃尔维斯湾是西南非地区最大的贸易港和渔港,年吞吐量约200万吨(2010年)。民航能力,国内各大城市均有机场,有多条国际和地区航线。

国防体制　总统为武装力量最高统帅,国防部为军事行政机构,国防军司令部为军事指挥机构。国防军由陆、海、空三军组成。

国防政策　独立后,政府在整编前纳米比亚解放军和前西南非洲地方军的基础上,建立起一支统一的国防军。

武装力量　现役部队约0.92万余人。

陆军0.9万人,编有6个步兵营、1个反坦克团、1个作战支援旅(含1个炮兵团)、1个总统卫队营和1个防空团。

主战坦克:T-54型和T-34型若干(具体数量不明)。装甲侦察车:BRDM型12辆。装甲输送车:BTR-60型10辆、"卡斯皮尔"型20辆、"涡轮狼2"型30辆。牵引火炮140毫米24门。火箭炮122毫米5门。迫击炮381毫米和82毫米共40门。反坦克炮57毫米若干门、76毫米12门。防空高炮23毫米15门、14.5毫米50门。

海军约200人。基地设在沃尔维斯湾。装备有海岸巡逻艇8艘、轻型运输机1架、直升机1架。

空军人数不详,编有1个战斗机中队、1个情报监测侦察中队、1个运输机中队、1个教练机中队、1个直升机中队。装备的固定翼飞机中仅有24架可执行战斗任务。战斗机米格–23型2架(据报道)、F–7型30架、IT–7(阿7NG)型2架(可执行战斗任务)。情报监测侦察/运输机"塞斯纳–337"型和0–2A型共5架。运输机安–26型2架、"利尔杰特36"型1架、Y–12型2架。教练机2E–8型12架(可执行战斗任务)。直升机米–25型2架、米–17型2架、SA–39型2架。

准军事部队警察部队6000人(包括边防卫队和特战预备队)。

驻外兵力 派往联合国驻中非与乍得特派团5人,联合国科特迪瓦行动团军事观察员1人,联合国驻利比里亚特派团3人、军事观察员1人,联合国驻苏丹特派团军事观察员7人,联合国和非盟驻达尔富尔特派团2人、军事观察员10人。

南非:非洲装备精良之军

国名 南非共和国。

主要统计 面积121.909万平方公里。人口4999万(2010年)。国内生产总值3843亿美元(2012年)。国防预算37.3亿美元(2011年)。是非洲经济最发达的国家。自然资源丰富,是世界五大矿产国之一,主要矿产品产量:黄金2526吨,镍族金属304吨,镍986.3万吨,铂558.9万吨,铁矿石4130万吨,煤2.47亿吨,钻石1577.5万克拉(2006年)。主要粮食作物:玉米、小麦产量131.64万吨(2008年)。畜牧业发达,养牛1350万头,绵羊2500万只(2007年)。有非洲最完善的交通运输系统。海洋运输业发达,约98%的货物通过海运出口。有商船990艘,总吨位75.5万吨。民航能力,共有各类飞机10189架,有固定国际机场11处和其他机场16处,每周有600多个国内航班和70多个国际航班,平均年客运量1200万人次。

国防体制 总统为武装力量最高统帅。最高国防决策机构为国家安全委员会,由总统任主席,副总统任副主席,成员包括国防、司法、外交、安全、财政、运输等部长及国防军司令、三军司令等。国家安全委员会下辖国防咨询委员会和国防部。国防咨询委员会由总统任主席,成员包括副总统、国防军司令、军备公司执行主席和各军种司令,主要负责内阁各部间有关国防事务的协调。国防部为政府中的一个部,最高军事统帅机构,国防部长负责处理军队日常事务。国防秘书协助国防部长工作。国防军司令部隶属国防部,国防军司令负责全军的作战、指挥和军事训练等。武装力量由正规军、预备役部队和准军事部队组成。总统通过国防部和国防军司令部对全国武装力量实施领导和指挥。

国防政策 南非国家安全部队包括国防军和警察部队。国防军的陆、海、空军分别建于1912、1922和1920年。新南非将原种族隔离时期的国防军同非国大、泛非大、前黑人家园民族解放组织的部分武装进行合并整编,并确定其任务是维护国家主权和领土完整,履行国际义务,协助维护国内治安等。

武装力量 现役部队5.732万人。

陆军约4.249万人,编有8个"类型"编队(直属联合作战司令指挥);1个特种部队编队(下辖2个营);1个旅部(下辖1个坦克营、1个装甲车营、20个步兵营、2个炮兵营、3个工兵营)。主战坦克:"号角"约168辆。装甲侦察车:"大山猫"242辆。步兵战车:"非洲獾"20/60/90型共1240辆。装甲输送车:"卡斯皮尔"429辆、"马姆巴"538辆。牵引炮:140毫米75门、155毫米72门。自行火炮:155毫米43门。火箭炮:127毫米51门。迫击炮:1226门(包括81毫米和120毫米)。反坦克导弹:"斯威夫特"52枚。无坐力炮:106毫米100门。高炮:183门(包括23毫米和35毫米)。

海军约5190人。海军司令部设在比勒陀利亚。编有潜艇、攻击、扫雷3支舰队。基地设在西蒙斯敦、德班。潜艇:"桂树神"级2艘。导弹攻击快艇:"雷谢夫"级6艘。海岸巡逻艇:3艘。扫雷艇:8艘。支援及勤务舰船:35艘。

空军9640人。空军司令部设在比勒陀利亚,下设5个编队。编成2个攻击机战斗机中队、1个空中加油机电子战飞机中队、5个运输机中队、5个直升机中队和5所航校。共有作战飞机87架、武装直升机若干架。攻击/战斗机:"英帕拉"48架、"猎豹"39架。加油/电子战飞机:波音707-302型5架。运输机:C-130型、C-47型、"超级空中大王"等共60架。直升机:SA-316/319型等共114架。教练机:PC-7型58架。空地导弹:"猛禽"导弹发射架若干部。空空导弹:V-3C型导弹发射架若干部。

兵役制度 1997年,义务兵役制改为志愿兵役制。

乌干达:有剿匪任务的国防军

国名 乌干达共和国。

主要统计 面积24.1550万平方公里。人口约3379.6万(2010年)。国内生产总值173.4亿美元(2010年)。国防预算2.76亿美元(2011年)。海运能力,商船(载重100吨以上)6艘,总载重量1.6万吨。国内运输以公路为主,公路总长约25632公里,机动车27.86万辆。有固定国际航班机场1处。

国防体制 总统为武装力量最高统帅。国防部为政府中一个部,是最高军事行政机关。军种司令部负责对本军种的作战和指挥。武装力量由正规军和准军事部队组成,正规军由陆军和空军构成。总统通过国防部和军种司令部对全国武装力量实施领导和指挥。

国防政策 军方一方面出动重兵剿匪,另一方面进一步改善同苏丹的关系,挤压叛匪在苏南部的地盘,使北部安全形势逐渐趋于稳定。

武装力量 现役部队约 4.5 万人。

陆军编成 5 个师(每师下辖 5 个旅)、1 个装甲旅、1 个炮兵旅。

主战坦克约 172 辆,轻型坦克约 20 辆。装甲侦察车 46 辆。装甲步战车 BMP-2 型 31 辆。装甲输送车 89 辆。牵引火炮共计 285 门,地空导弹 SA-7 型 200 枚、SA-16 型若干枚。

空军编成 1 个战斗机中队、1 个运输机中队、3 个运输直升机中队、1 个教练机中队、1 个直升机中队。装备各型飞机 14 架,武装直升机 6 架。其中,战斗机 12 架。教练机 4 架。运输机 2 架。武装直升机 6 架。多用途直升机 5 架。运输直升机 4 架。

准军事部队约 1800 人,其中,边防部队约 600 人,仅装备轻武器。警察飞行队约 800 人,装备"贝尔"-206 型直升机 1 架。海军陆战队约 400 人,装备江河巡逻艇 8 艘。地方民兵分队约 1 万人。

驻外兵力 参加联合国科特迪瓦行动 5 人、索马里特派团 2550 人、苏丹行动军事观察员 5 人、非盟联合国达尔富尔混合行动军事观察员 2 人。

兵役制度 实行志愿兵役制。

赞比亚:武器装备多国造

国名 赞比亚共和国。

主要统计 面积 75.2614 万平方公里。人口约 1325.7 万(2010 年)。国内生产总值 205 亿美元(2012 年)。国防预算约 2.43 亿美元(2011 年)。自然资源丰富,以铜为主,铜蕴藏量 1900 万吨,钴储量约 35 万吨,居世界第二位。2010 年全年铜产量 82 万吨。耕地面积为 620 万公顷,只占全部可耕地的 14%。主要农作物是玉米、小麦、大豆、水稻、花生、棉花、烟草等。铁路总长 2100 公里。公路总长 3.73 万公里。民航能力,有机场 18 个,其中国际机场 4 个。

国防体制 总统兼任武装力量最高统帅,政府设国防部。武装力量由正规军和准军事部队(国民服务队)组成。正规军包括陆军和空军。总统通过国防部和陆军司令部、空军司令部实施对武装力量的领导和指挥。

国防政策 武器装备主要来自俄罗斯、美国、意大利、加拿大、中国等。

武装力量 兵力约 1.51 万人。

陆军约 1.35 万人,编有 3 个旅司令部、1 个装甲团(下辖 1 个坦克营和 1 个装甲侦察营)、6 个步兵营、1 个炮兵团(下辖 1 个火箭炮营和 2 个野战炮兵营)、1 个工兵团。

主战坦克约 30 辆。轻型坦克 30 辆。装甲侦察车 70 辆。装甲输送车(轮式)33

辆。牵引火炮 61 门。火箭炮 122 毫米 BM-21 型 30 门,迫击炮 91 门。反坦克导弹 AT-39K11 型"耐火箱"若干枚。无后坐力炮 57 毫米 M-18 型 12 门、75 毫米 M-20 型若干门、84 毫米若干门。火箭发射器 73 毫米 RPG-7 型若干部。防空导弹 9K32 (SA-7)型若干枚。防空高炮 136 门。

预备役部队 3000 人,编成 3 个步兵营。

空军 1600 人,编成 2 个攻击战斗机中队、3 个运输机中队、若干教练机中队、2 个直升机中队、3 个防空连。

战斗机 10 架。强击机 10 架。运输机 32 架。教练机 13 架。直升机:米-17 型海上侦察直升机 2 架、贝尔-205 型运输直升机 10 架、贝尔-212 型运输直升机 3 架、贝尔-47G 型教练直升机 5 架。防空导弹:S-125(SA-3)型若干枚。反坦克导弹:AT-3 型"耐火箱"若干枚。空空导弹:R-3(AA-2)型、PL-1 和"Python"型共若干枚。

准军事部队 1400 人。机动警察部队 700 人,编成 1 个警察营(下辖 4 个警察连)。警察准军事部队 700 人,编成 1 个准军事警察营(下辖 3 个准军事警察连)。

兵役制度 实行义务兵役制。

驻外兵力 派往科特迪瓦联合国维和部队军事观察员 2 人,联合国驻刚果(金)特派团军事观察员 16 人,联合国驻利比里亚特派团军事观察员 3 人,联合国驻尼泊尔特派团军事观察员 1 人,联合国驻苏丹特派团 544 人、军事观察员 14 人、1 个步兵营,联合国和非盟驻达尔富尔特派团 7 人、军事观察员 13 人。

军队节日 每年 12 月 28 日为陆军节。3 月 1 日为空军节。

乍得:法国出资建军

国名 乍得共和国。

主要统计 面积 128.4 万平方公里。人口 1150.61 万(2010 年)。国内生产总值 108 亿美元(2012 年)。国防预算 2.42 亿美元(2011 年)。为中部非洲地区主要畜牧业国,40%的劳动力从事畜牧业。牲畜存栏数为:牛 682 万头、山羊 609 万只、绵羊 209 万只、骆驼 74.9 万峰(2007 年)。泡碱 1.2 万吨、盐 1 万吨。2007 年日产原油 15 万桶。发电量 1 亿千瓦时。无铁路,主要靠公路运输。有固定航班机场 1 处,可起降波音 747 等大型飞机。

国防体制 宪法规定,总统为武装力量最高统帅,国防部是最高军事行政机构,下设国防军参谋部。由正规军和准军事部队组成,正规军由陆军和空军两个军种构成。总统通过国防部和国防军参谋部对全军实施领导和指挥。

国防政策 1991 年 1 月代比总统颁布命令将全国武装部队改编为乍得国民

军。全国共划分为八个军区。实行义务兵役制,服役期一年半。1991年7月,乍得同法国签订了军队缩编协议。根据协议,法国出资帮助乍得将军队编制减至25000人。精简整编后的乍得军队有陆军、空军和宪兵。

武装力量 现役部队约2.5万人。

陆军约1.7万~2万人,划分为7个军区,编成1个独立营、7个步兵营、1个炮兵营、1个工兵营。坦克T-55型60辆。装甲侦察车BRDM-2型约100辆、AML-60/90型132辆、EE-9"响尾蛇"型20辆、BRDM-2型约100辆、ERC-90F"萨盖"型4辆。装甲输送车BTR-8型24辆、BTR-3E型8辆、BTR-60型约20辆。装甲步兵战车,BMPFI型约80辆、LAV-150型9辆。牵引火炮105毫米M-2型5门。迫击炮81/120毫米若干门。反坦克导弹"米兰""沙蛇"等型若干枚。火箭发射器73/89/112毫米等若干部。无坐力炮106毫米若干门。防空武器14.5/23毫米高炮若干门(挺)。

空军350人,编成1个直升机中队、1个运输机中队和1个联络中队。

战斗机:苏-25型3架。武装直升机:米-24型2架。运输机:C-130型1架、安-26型2架、DC-9-87型1架、比奇-1900型1架。教练机:PC-7型2架、PC-9型1架、SF-260型2架。运输直升机:米-17型2架、米-8型6架。多用途直升机:SA-316型"云雀Ⅲ"型2架。

准军事部队9500人,其中共和国卫队5000人,宪兵4500人。

兵役制度 实行义务兵役制,服役期1年半。

驻外兵力 派往科特迪瓦联合国军事观察员1人。

外国驻军 联合国在乍得—中非维和行动框架内,孟加拉国138人、贝宁3人、布基纳法索2人、刚果(金)1人、埃及2人、埃塞俄比亚2人、法国634人(编为1个机械化步兵旅)、加纳527人(编为1个步兵营)、爱尔兰10人、肯尼亚3人、马里1人、蒙古268人(编为1个步兵连队)、纳米比亚5人、尼泊尔581人(编为1个步兵营)、尼日利亚4人、挪威1人、巴基斯坦4人、波兰2人、俄罗斯119人、卢旺达1人、塞内加尔10人、塞尔维亚14人、斯里兰卡74人、多哥358人、突尼斯6人(包括观察员4人)、美国2人。

中非:多次发生兵变

国名 中非共和国。

主要统计 面积62.2984万平方公里。人口约450.59万(2010年)。国内生产总值21.7亿美元(2012年)。国防预算约0.52亿美元(2011年)。钻石、咖啡、棉花、木材是经济四大支柱。矿产主要是钻石,钻石年产量29.2万克拉(2009年)。此外还有铀(储量2万吨)、铁(储量350万吨)和石灰石(储量800万吨)等。森林面积10.2万平方公里,木材储量约400万立方米。可耕地约650万公顷,已耕地约60万公顷。交通运输主要靠公路和河运。公路总长24578公里。内河航道7080公里。民航能力,有中型机场12个,简易机场50多个,其中国际机场1个。

国防体制　总统兼任武装力量最高统帅,政府设国防部,军队设总参谋部。武装力量由陆军、空军、宪兵、总统卫队和警察部队组成。总统通过国防部和总参谋部对武装力量实施领导和指挥。

国防政策　独立后在法国帮助下创建军队,军事装备依赖法国。政局长期动荡,曾发生多次兵变和政变。

武装力量　现役部队约2150人。

陆军约2000人,编有1个总部支援团、1个陆军团(下辖1个机械化营和1个步兵营)、1个国土防卫团(下辖2个国土防卫营)。

主战坦克T-55型3辆。装甲侦察车"白鼬"型8辆、BRDM-2型1辆。装甲步兵战车"非洲獾"18辆。装甲输送车(轮式)BTR-152型4辆、TPR420VSC型25余辆、VAB型10余辆。迫击炮281毫米若干门、120毫米M-1943型12门。无后坐力炮106毫米M-40型14门。火箭发射器73毫米RPG-7型若干部、89毫米若干部。海岸巡逻舰艇9艘。

空军150人,编成2个运输机中队、若干运输直升机中队。装备有运输机C-130型"大力神"1架、AL-60型若干架、"塞斯纳"-337型"空中霸王"1架、猎鹰20型1架。直升机SA-313B型1架、米-8型2架、AS-350型1架。

准军事部队宪兵约1000人,编成3个地区军团、8个旅。

兵役制度　实行义务兵役制,服役期2年。

外国驻军　孟加拉138人、军事观察员2人、2个直升机排。贝宁军事观察员3人。布基纳法索2人。布隆迪(中非巩固和平特派团)8人。喀麦隆(中非巩固和平特派团)146人。乍得(中非巩固和平特派团)126人。刚果(中非巩固和平特派团)22人。民主刚果1人,中非巩固和平特派团107人。埃及军事观察员2人。埃塞俄比亚2人。赤道几内亚(中非巩固和平特派团)7人。法国240人、1个步兵连、1个支援分队。加蓬(中非巩固和平特派团)142人。加纳527人、军事观察员1人、1个步兵营。爱尔兰10人。肯尼亚3人。马里1人。蒙古268人、1个步兵连。纳米比亚5人。尼泊尔581人、军事观察员1人、1个步兵营。尼日利亚4人、军事观察员2人。挪威1人。巴基斯坦4人、军事观察员2人。波兰2人。俄罗斯119人、1个直升机排。卢旺达军事观察员1人。塞内加尔10人、军事观察员3人。塞尔维亚14人。斯里兰卡74人。多哥358人、2个步兵连。突尼斯2人、军事观察员4人。美国2人。

第四章　美洲国家军力

阿根廷：受挫于马岛战争

国名　阿根廷共和国。

主要统计　面积 278 万平方公里。人口 4066.6 万（2010 年）。国内生产总值 4750 亿美元（2012 年）。国防预算 31.7 亿美元（2011 年）。现已探明蕴藏量：石油 4.16 亿立方米，天然气 4419.74 亿立方米，煤炭 6 亿吨，铁 3 亿吨，铀 7080 吨。水力、渔业资源丰富。核工业发展水平居拉美前列，现拥有 2 座运行中的核电站和 1 座在建核电站。粗钢产量 401.3 万吨，铁产量 284.9 万吨，发电量 1130.9 亿千瓦时，水泥产量 970.33 万吨，汽车产量 71 万辆，原油产量 3616.3 万吨（2009 年）。天然气产量 502.71 亿立方米（2008 年）。粮食（大豆、玉米、水稻、小麦、高粱、葵花籽）产量 9345 万吨（2010 年）。铁路：总长 34059 公里，为拉美之最。公路总里程超过 50 万公里。2008 年国道总长 38920.14 公里，有铺装路面所占比重为 88.38%。水运：全国有海港 38 个，内河港口 25 个，2008 年港口吞吐量 1.57 亿吨。空运：全国有机场 58 个，其中 23 个为国际机场。各省省会、主要城市及主要旅游点每天均有航班往来，国际航线 26 条。2008 年国内航线在运量 581.8 万人次，货运量 11763 吨；国际航线客运量 928.7 万人次，货运量 294591 吨。

国防体制　宪法规定，总统为武装力量最高统帅。国防部为政府的一个部，是最高军事行政机构，负责战备、国防预算、国家军事政策的制定与执行，以及对国防科研和军工生产实施领导，部长由文人担任。武装力量由正规军和准军事部队组成。正规军由陆、海、空三军组成。联合参谋部是国防部领导下的各军种协调机构。平时参与制定整体军事战略计划，研究和确定军事理论，组织联合军事训练、演习，制定军事动员计划，搜集战备情报，协调维和部队行动，战时协调三军联合作战。国家安全委员会、危机委员会为非常设咨询机构，根据国家安全需要不定期召开会议，就有关问题向总统提供咨询。总统通过国防部长和各军种参谋长对全国武装力量实施领导和指挥。

国防政策 排除了发生军事冲突的假设,仅以近海和本土防御为主要目的,国防预算增幅并不明显。由于国防投入不足,阿根廷军队的飞机和舰船严重老化,导致军力大幅衰退。

武装力量 现役部队约 7.76 万人。

陆军 3.85 万人(其中 7000 名文职人员),编有 3 个军部,下辖 2 个山地旅、4 个机械化旅、2 个装甲旅、1 个丛林旅、1 个教导旅和 1 个快速反应部队,另设 1 个摩步营、1 个装甲骑兵团、1 个防空营、3 个航空兵营、2 个工程兵营和 2 个特种兵连。

主战坦克 213 辆,装甲步战车 377 辆,装甲运兵车 294 辆。牵引火炮 214 门。自行火炮 155 毫米 37 门。火箭炮 105 毫米 4 门。迫击炮 81 毫米 492 门、120 毫米 353 门。无后坐力炮 150 门。反坦克导弹"陶"式 2 人型 18 枚。火箭筒 66 毫米 385 部。各型飞机 88 架,其中直升机 53 架。高炮 20 毫米 230 门、30 毫米 21 门、35 毫米 12 门、40 毫米 148 门。地空导弹萨姆型若干枚。防空雷达 11 部。

海军 2 万人(含海军陆战队和海军航空兵)划分为 3 个军区,编有水面舰艇、潜艇、陆战队和航空兵 4 个司令部。

反潜潜艇 3 艘。导弹驱逐舰"大力神"级 1 艘、"布朗海军上将"级 4 艘。护卫舰"埃斯波拉"级 6 艘、"德鲁黛得"级 3 艘。巡逻艇"切诺基"级 3 艘、"金"级 1 艘、"奥利维里"级 1 艘、"索托约莫"级 1 艘。导弹攻击快艇"勇猛"级 2 艘。巡逻艇 6 艘。扫雷艇 2 艘。两栖登陆舰 4 艘。测量船 1 艘。潜艇供应船 1 艘。破冰船 1 艘。支援舰 4 艘。运输舰 4 艘。战斗巡逻支援船 1 艘。辅助船只 20 艘。

海军航空兵 2000 人,装备各型飞机 37 架,反舰导弹各型共 21 枚,空空导弹若干枚。

海军陆战队 2500 人,编有 2 个舰队陆战队司令部,下辖 1 个两栖登陆营、1 个炮兵营、1 个防空营、2 个海上特遣队和 1 个登陆突击队。装甲侦察车"大山猫"ERC 型 12 辆、MI097"悍马"型 40 辆。装甲输送车"庞阿尔"VCR 型 24 辆。两栖登陆装甲车 LVTP-7 型 10 辆、LARC-5 型 15 辆。牵引火炮 105 毫米 18 门。迫击炮 81 毫米 70 门、120 毫米约 12 门。反坦克导弹 50 枚。火箭炮 89 毫米 60 门。无后坐力炮 105 毫米 30 门。高炮 30 毫米 10 门、35 毫米若干门。地空导弹 6 枚。

空军 1.46 万人,编有空战、人事、空区、后勤 4 个司令部,下辖 8 个航空旅、1 个航空航天监控大队、1 个电子战大队。

战斗机包括"幻影"EA/DA 型 8 架、"战鹰"A4AR 型 341 架、"幻影"5PA 型 7 架、战斗机"军刀"14 架、LA-58"普卡拉"型 340 架。侦察机 2 架。运输机 39 架。导航侦测/侦察机 18 架。教练机 81 架。直升机 32 架。高炮 35 毫米、20 毫米共 88 门。雷达 TPS-43 型 6 部。空地导弹若干枚。空对空导弹 186 枚。

准军事部队 3.124 万人，其中宪兵（归内政部领导）1.8 万人，编有 5 个司令部。装甲输送车 87 辆，各型飞机 13 架。海岸警卫队 1.324 万人，装备有巡逻艇 21 艘、辅助船 6 艘、各型飞机 11 部（内有直升机 6 架）。

部署　海军基地 9 处（布谊诺斯艾利斯、贝尔格拉诺港、马德曹拉塔、特雷利乌、蓬塔印第奥、里奥圣地亚哥、乌斯怀亚、德塞阿多、南达尔塞纳），空军基地 12 处（里奥加列戈斯、里瓦达维尔、莫雷诺、但迪尔、埃尔帕洛马尔、雷诺兹、布鲁梅里约、比亚雷诺尔德、门多萨、科尔多瓦、巴拉那、雷孔基斯塔）。

兵役制度　实行志愿兵役制。士兵服役期为 2 年。

驻外兵力　驻联合国塞浦路斯维和部队 294 人。驻联合国海地稳定特派团 560 人。驻联合国中东停战监督组织观察员 6 人。驻联合国西撒哈拉特派团 3 人。

军队节日　陆军节 5 月 29 日。海军节 5 月 17 日。空军节 8 月 10 日。

巴拉圭：曾经的军事强国

国名　巴拉圭共和国。

主要统计　面积 40.68 万平方公里。人口 637.6 万（2010 年）。国内生产总值 260 亿美元（2012 年）。国防预算 1.46 亿美元（2011 年）。截至 2009 年，共有设正规跑道的机场 14 个，其中国际机场 2 个。

国防体制　宪法规定，总统为武装力量最高统帅。国防委员会是最高军事决策机构，由总统、全体内阁部长、武装部队司令和陆、海、空三军司令组成，总统任主席，国防部长任副主席。此外，还设有武装部队资格评判特别委员会，由总司令、武装部队司令、总参谋长、陆、海、空三军司令和后勤部队司令组成，总司令任该委员会主席，主要职能是决定军官晋升和退役。国防部为最高军事行政机关。

国防政策　注重同邻国的军事合作，寻求加强在与国防有关的科学技术研究方面的培训，收回军事物资，以及在军事地理和海军水文地理领域的合作。

武装力量　现役部队约 2.02 万人。预备役部队约 16.45 万人。准军事部队 1.48 万人。

陆军 1.49 万人。坦克和装甲车 58 辆（其中坦克 5 辆，装甲车 53 辆），各种火炮 150 余门。

海军 3600 人。各型舰艇 21 艘，海航飞机 10 架。

空军 1700 人。各型飞机约 105 架（其中作战飞机 29 架）。

兵役制度　实行义务兵役制，服役期，陆军和空军为 1.5 年，海军 2 年。

巴拿马:连接两洋却无国防军

国名 巴拿马共和国。

主要统计 面积7.5517万平方公里。人口350.8475万(2010年)。国内生产总值362亿美元(2012年)。国防预算约1.46亿美元(2011年)。2008年制造业总产值11.69亿美元,建筑业产值10.56亿美元,采矿业总产值2.54亿美元,电、水和天然气总产值5.14亿美元。2008年农牧业总产值7.16亿美元。海运能力,大小港口1280个,截至2008年底,全世界有8159艘船在巴注册,总吨位1.8亿吨,均居世界首位。2008年港口集装箱吞吐量465万箱。空运能力:有近250个机场和停机坪,年运送旅客376.49万人次(2008年)。

国防体制 1989年美军入侵巴拿马,巴拿马国防军瓦解。1990年2月10日,巴拿马政府决定解散国防军,建立由其直接领导的警察部队,主要职责是维护国家治安和防务,负责人是国家警察局长。1994年10月,民会修正宪法,以公共部队取代国防军。2010年4月,巴拿马政府新组公共安全部,领导公共部队(下辖国家警察部队、国民海上力量和国民航空力量等,负责国家防务、治安和边境事务)。

国防政策 在美国的全球战略中,巴拿马运河是连通太平洋和大西洋的"咽喉要道",战略地位极其重要。美国绝对不许外部势力插手这条航道,入侵巴拿马后,负责保护其安全,新政府不再组建正规军队,仅保留了一支准军事部队。

武装力量 公共部队约1.2万人。其中,国民警察约1.1万人,编有18个警察连,1个特种作战分队,1个伞兵连,1个总统警卫营,1个宪兵营;仅装备轻武器。国民海上力量约600人,装备各型巡逻艇41艘,其中近海巡逻艇1艘、海岸巡逻艇5艘、近岸巡逻艇10艘、其他巡逻艇25艘。国民航空力量约400人,装备飞机15架,直升机21架。

巴西:南美头等军事强国

国名 巴西联邦共和国。

主要统计 面积854.7403万平方公里。人口1.9542亿(2010年)。国内生产总值2.39万亿美元(2012年)。国防预算354亿美元(2011年)。天然气3100亿立方米(2007年)。煤矿探明储量101亿吨(2010年)。石油储量超过500亿桶(2010年)。粮食总产量1.495亿吨(2010年)。海运能力,商船126艘。民航能力,固定航班机场2498处,客运量1.55亿人次(2010年)。主要国际机场5个。

国防体制 宪法规定,总统为武装力量最高统帅。最高国防决策机构为国家安全委员会,由总统任主席。国防部为政府中的一个部,是巴西武装力量最高领导机构。2010年8月,新设武装部队联合参谋部作为联合作战指挥与协调机构,联合参谋长为联合参谋部酋长。在国防部长的统一领导下,联合参谋长负责联合作战和跨军种事务,各军种司令部负责本军种事务。国防部下设行政秘书长,负责非军事事务。巴西武装力量由正规军和准军事部队组成。正规军由陆、海、空三军组成。总统通过国防部对全国武装力量实施领导和指挥。

国防政策 巴西有充分的经济和政治实力在国际舞台上扮演地区大国的角色。认为如果能够有效利用武器生产国转移的技术,巴西能够成为拉美制造和出口军事武器的基地。新国防战略强调,只有通过掌握太空、网络和核技术,巴西才能在国际上发挥更大影响力。

武装力量 现役部队约31.85万人,其中陆军19万人、海军5.9万人、空军6.95万人。预备役部队134万人。

陆军19万人,分为7个司令部、12个军区,编有7个师、27个旅,分别为装甲骑兵旅、装甲步兵旅、机械化骑兵旅、摩步旅、轻步旅、丛林旅、边境旅、空降旅、特种兵旅、海岸防空旅及直升机旅等。另有2个骑兵警卫团、10个炮兵大队及工兵大队和工兵营。

坦克共有419辆,轻型坦克152辆。装甲侦察车408辆。装甲运输车807辆。牵引火炮431门。自行火炮109门。无坐力炮共343门。高炮66门。反坦克导弹30枚。火箭筒84毫米540部。地对空导弹53枚。直升机79架。雷达SABERM60型5台。

海军5.9万人(含海军陆战队和海军航空兵),编有9个海区司令部。航空母舰"圣保罗"级1艘。潜艇"图皮"级4艘、"提库纳级"1艘。驱逐舰"格林海"级3艘。护卫舰"尼泰罗伊"级6艘、"伊尼亚乌玛"级4艘、"巴罗索"级1艘。巡逻舰及海岸战斗舰船42艘。海岸扫雷舰6艘。两栖登陆舰美国"托马斯顿"级2艘、美国"新港"级1艘、"加拉哈德爵士"级2艘。后勤支援舰39艘。海军陆战队1.5万人,编有1个舰队陆战队司令部,下辖1个两栖作战师、1个陆战队内卫部队(分为8个地区大队和3个营)、1个支援营、1个机械化营。装备有轻型坦克18辆。装甲侦察车EE-9"响尾蛇"6辆。两栖登陆装甲车25辆。装甲输送车42辆。牵引火炮105毫米33门、155毫米8门。迫击炮81毫米18门。反坦克导弹若干枚。火箭筒89毫米M-20型若干部。

海军航空兵2500人,分为5个飞行中队。装备战斗机"空中之鹰"攻击机12架。武装直升机64架。空舰导弹"飞鱼"AM39式和"海上大鸥"式若干枚。

空军69480人,编有作战、防空、后勤、人事共4个司令部,共设7个空区。作战司令部下辖5个空中司令分部,划分为战斗、侦察、运输、飞行训练等共41个飞行中队。

作战飞机256架,直升机76架,巡逻机28架,电子情报机22架,预警机5架,运输机178架,教练机271架。空空导弹若干枚。

预备役部队 134 万人。

准军事部队公共安全部队 39.5 万人（由陆军领导）。

部署　海军基地 10 处，位于里约热内卢、萨尔瓦多、累西腓、贝伦、弗洛里安乔利斯、拉达里奥等地。

兵役制度　巴西实行义务兵和志愿兵相结合的兵役制度。陆、海、空军服役期均为 1 年，特种兵服役期为 1 年半。服役期满后，可以自愿与军队签约延长服役期。海军舰艇部队和陆军伞兵部队的士兵全部为志愿兵。

驻外兵力　在中非共和国、乍得、科特迪瓦、东帝汶、海地、利比里亚、尼泊尔、苏丹及西撒哈拉派驻有军事观察员或部队。

军队节日　陆军节 8 月 25 日。海军节 12 月 11 日。空军节 10 月 23 日。

秘鲁：军事政变频繁的国度

国名　秘鲁共和国。

主要统计　面积 128.5216 万平方公里。人口 2949.6 万（2010 年）。国内生产总值 1990 亿美元（2012 年）。国防预算 19.9 亿美元（2011 年）。目前石油探明储量 12 亿桶，天然气 16 万亿立方英尺。发电量为 324.4 亿千瓦时（2008 年）。铜产量 127.47 万吨（2009 年）。石油产量 5302.7 万桶（2009 年）。天然气产量 22680 百万立方英尺（2008 年）。粮食产量 857.48 万吨（2007 年）。秘鲁的交通运输以公路为主，公路货运量占全国运输总量的 80%。水上运输较发达。外贸主要依靠海上运输。铁路总长 2021 公里（2007 年）。全国共有海港 10 个，内河港口 3 个。空运：全国共有民航飞机 178 架，客运量 752.25 万人次，机场 31 个，其中国际机场 5 个。

国防体制　宪法规定，总统为武装力量最高统帅。国防委员会为最高国防决策机构。成员有全体内阁部长和陆、海、空三军总司令，会议由总统主持。国防部为内阁中的一个部，是最高军事行政机关，负责国防预算、征兵动员、国防及军工生产等。武装力量联合司令部为最高军事指挥机构。陆、海、空军总司令部分别负责各军种的作战指挥。总统通过国防部和联合司令部对全国武装力量实施领导和指挥。

武装力量　现役部队约 11.5 万人。

陆军 7.4 万人，划分为 4 个军区，编有 1 个陆航旅、3 个装甲旅（含 1 个训练旅）、5 个步兵旅、2 个机械化骑兵旅、2 个摩步旅、1 个山地步兵旅、1 个特种兵旅、1 个总统警卫团、1 个机械化骑兵团、1 个摩步营、1 个步兵营、3 个工兵营、3 个野炮大队、3 个防空炮兵大队、1 个工兵大队。

坦克约 165 辆，装甲输送车 299 辆，牵引火炮 290 门，自行火炮 107 毫米 24

门,火箭炮122毫米22门,迫击炮81毫米、107毫米、120毫米共674门。反坦克导弹838枚。无后坐力炮106毫米若干门。高炮23毫米自行高炮35门、23毫米牵引高炮130门。地空导弹约298枚。各型飞机58架,包括41架直升机。

海军2.4万人(含海军陆战队、海军航空兵、海岸警卫队),划分为3个海军军区,编有2个舰队司令部、1个内河舰队司令部。潜艇6艘。巡洋舰"德鲁伊特尔"级1艘。护卫舰"卡瓦加尔"型8艘。导弹攻击快艇"维拉尔德"级6艘。巡逻艇5艘。登陆舰"佩塔"级4艘。支援辅助舰11艘。

海军航空兵约800人,装备各型飞机34架,其中直升机21架。空舰导弹"飞鱼"AM-39型若干枚。

海军陆战队4000人,编有1个陆战旅和2个独立步兵营、1个独立丛林作战营、1个步兵分队、1个突击队。装备有装甲侦察车V-100型若干辆。装甲输送车"突击队"V-200型15辆、BMR-600型20辆。牵引火炮122毫米若干门。迫击炮81毫米、120毫米约18门。无后坐力炮84毫米、106毫米若干门。高炮20毫米若干门。

空军1.7万人,编有1个战斗机中队、5个攻击机中队、3个运输机大队(下辖7个运输机中队)、1个武装直升机飞行中队、3个支援直升机中队、1个侦察机飞行分队、6个防空营。攻击战斗机50架,侦察机6架,加油机1架。运输机35架,教练机59架。直升机78架。地空导弹"萨姆"3型约100枚、"标枪"型约100枚。空地导弹AS30型若干枚。空空导弹"环礁"AA-2型、"白杨"AA-10型、"野火"AA-8型、"蝰蛇"AA-12型、"魔术"R-550型若干枚。

准军事部队7.7万人,其中普通警察4.3万人,

安全警察2.1万人,技术警察1.3万人,边防军1000人。

部署　共有海空军基地19处,其中海军基地7处(卡亚俄、帕伊塔等),空军基地12处(皮乌拉、利马、皮姑科等)。

驻外兵力　驻科特迪瓦联合国行动组织3人。驻塞浦路斯联合国维和部队2人。驻刚果联合国特派团7人。驻海地联合国海地稳定特派团207人。驻利比里亚军事观察员2人。驻苏丹联合国特别团13人。

兵役制度　实行义务兵役制。士兵服役期为2年。

军队节日　陆军节8月18日。海军节10月8日。空军节7月23日。

玻利维亚:内陆国家有海军

国名　玻利维亚共和国。

主要统计　面积109.8581万平方公里。人口1003.1万(2010年)。国内生产总值

274亿美元(2012年)。国防预算3.14亿美元(2011年)。矿产资源丰富,锡储量115万吨,铁储量约450亿吨。石油探明储量为9.29亿桶,天然气为52.3万亿立方英尺。森林覆盖面积50万平方公里,占国土面积的48%。全国可耕地面积3.4万平方公里,约占国土面积的3%。2008年全国土地种植面积260万公顷。2008年全国牛存栏数为779万头,羊838万只,猪249万头。2009年农牧渔业产值23.5亿美元,占国内生产总值的13.3%。公路总长64279公里。铁路全长3519公里。内河航运线1.4万多公里。拥有民用航空公司3家,航空运输公司8家,国际机场3个,国际航线14条。

国防体制 总统为武装力量最高统帅。国家安全委员会为最高国防决策机构,由总统任主席,成员有国防、外交、内政、财政部长、武装部队总司令及陆、海、空军司令。国防部为最高军事行政机关,负责国防预算、征兵动员和军人福利等工作。武装部队总司令部为最高军事指挥机构,负责协调三军的作战、训练等。军队实权掌握在三个军种司令手中。总统通过国防部和武装部队总司令部对全国武装力量实施领导和指挥。

武装力量 现役部队约4.61万人。

陆军3.48万人,编有6个军区,10个师,下辖1个装甲团、2个机步团、1个总统卫队团、21个步兵营、1个机械化骑兵团、3个特种团、2个防空团、1个摩托化装甲大队、3个摩步团、6个炮兵团、6个工兵营。坦克36辆,装甲侦察车24辆,装甲输送车115辆,各型火炮311门以上,迫击炮81毫米250门、107毫米若干门。飞机2架。

海军4800人(含陆战队和海军航空兵),划分为6个海区,编有6个分队。巡逻艇54艘,辅助船19艘。

海军陆战队1700人,编有6个陆战营,1个机械化步兵营。海军航空兵装备飞机8架。

空军6500人,编有1个武装直升机中队,1个搜索与救援直升机中队,1个航测机中队,3个运输机中队,1个基地防空团。作战飞机50架,武装直升机10架。战斗机AT-33AN型18架。航测机"塞斯纳"206型5架,C-210型1架,C-402型1架,"利尔杰特"25/35型3架。运输机31架。搜索与救援直升机7架。联络直升机24架。教练机55架。

准军事部队3.71万人,其中国民警察3.11万人、缉毒警察6000人。国民警察编有9个旅、2个快速反应团、27个边防分队。

预备役部队:14~15个国土防御旅。

兵役制度 实行义务兵役制。士兵服役期为1年。军官服役期为35年。

驻外兵力 驻科特迪瓦联合国军事观察员3人。驻刚果民主共和国19人,联合国军事观察员10人。驻海地208人,编为1个机步连。驻利比里亚1人,联合国军事观察员 2 人。驻苏丹 1 人,联合国军事观察员 15 人。

军队节日 陆军节 11 月 14 日。海军节 4 月 24 日。空军节 10 月 12 日。

伯利兹:从英军手中接过的防务

国名 伯利兹。

主要统计 面积 22966 平方公里。人口 33.6 万(2010 年)。国内生产总值 15.5 亿美元(2012 年)。国防预算 1490 万美元(2011 年)。公路总长 3700 公里,全国有 4 条主要交通干线。伯利兹城是主要港口,有 9 条主要出入航运线。有国际机场 1 个和简易机场 11 个。

国防政策 英国驻军于 1994 年 1 月 1 日开始从伯撤军,并正式将防务移交伯政府。同美、英两军的关系密切。

武装力量 伯利兹国防军组建于 1978 年,只有陆军。现役部队 1050 人,预备役 700 人。英国驻军于 1994 年 1 月 1 日开始从伯撤军。2010 年 12 月,英国国防部关闭在伯军事基地。

地面部队编为 3 个步兵营,1 个支援大队。

航空联队编为 1 个飞行中队,1 个教练分队。主要武器装备迫击炮 6 门,无坐力炮 8 门,飞机 3 架,舰艇 14 艘。

外国驻军 美军 30 人。

多米尼加:非军事任务占主流

国名 多米尼加共和国。

主要统计 面积 4.8442 万平方公里。人口约 995.6648 万(2010 年)。国内生产总值 5 亿美元(2012 年)。国防预算 3.22 亿美元(2011 年)。发电量 140.2 亿千瓦时(2010 年)。粮食 60 万吨(2010 年)。商船(载重量 100 吨以上)40 艘,总载重量 1.97 万吨。固定航班机场 8 处。

国防体制 宪法规定,总统是国家元首、政府首脑和武装力量最高统帅。内阁为国家安全最高决策机构。武装部队司令部是最高行政机构。

国防政策 50%的军力执行监狱行政、高速公路拦检、森林管理等非军事任务。多米尼加全国共有 3.2 万名警力,和军队共同维系多国社会安全,其中 63%执行非警力任务。

武装力量 兵力 2.45 万人。

陆军1.5万人。编有5个防务区,1个装甲营,1个空中骑兵旅,6个步兵旅,3个特种部队营,2个炮兵营,1个工程兵营,1个总统警卫团,1个安全部队营。M-4IB轻型坦克(配备76毫米炮)12辆,LAV-150"突击队"装甲输送车8辆。牵引火炮16门,迫击炮88门,106毫米无后坐力炮20门,37毫米M3反坦克炮20门。情报搜索与救援直升机8架,轻型运输直升机6架。

海军4000人。总部驻圣多米尼戈,编有2个基地、2个队。各型舰艇22艘。

空军5500人,编有1个战斗机中队、1个运输直升机中队、1个运输机中队、1个训练中队、1个防空营。各型飞机57架(其中作战飞机8架)、高射炮4门。

准军事部队1.5万人。

厄瓜多尔:军人当政有历史

国名 厄瓜多尔共和国。

主要统计 面积256370平方公里。人口1430万(2010年)。国内生产总值809亿美元(2012年)。国防预算14.7亿美元(2010年)。农牧业产值为31.8亿美元(2009年)。石油探明储量为81.6亿桶(2010年)。天然气储量2250亿立方米。海运能力,拥有一支8艘油船的石油船队和2家私人海运公司。民航能力,国际机场2个,国内航线的民用机场17个,厄瓜多尔航空公司拥有10架大型客机,年客运量330万人次(2009年)。

国防体制 宪法规定,总统为武装力量最高统帅,通过国防部长和三军联合司令部统率全军。国防部长由总统任免,可为现役或退役军人。三军联合司令部由三军司令组成,负责制订训练和作战计划。

国防政策 建国后,厄瓜多尔一直政局动荡,政变迭起。文人和军人政府接替执政达19次之多。

武装力量 现役部队约57983人,其中陆军46500人,海军7283人,空军4200人。准军事力量500人。预备役11.8万人。

陆军约46500人。主要编成4个师部,1个装甲旅,5个步兵旅,3个丛林作战旅,1个特种作战旅,1个炮兵旅,1个航空旅,1个工兵旅。

主战坦克"豹"型30辆。轻型坦克AMX-13型24辆。装甲输送车123辆。火炮不少于541门,多管火箭发射器24部。迫击炮不少于412门。无后坐力炮404门。飞机轻型运输机12架,教练机7架。直升机:海上侦察直升机29架,运输直升机9架。地对空导弹发射器不少于185部。高射炮240门。

海军7283人,其中包括海军航空兵、海军陆战队、海岸警卫队。主要基地:瓜亚基尔,杰拉密角,加拉帕戈斯岛。

海军航空兵375人。主要装备固定翼飞机7架。直升机8架:贝尔-206A型3架,贝尔-206B型3架,贝尔-230型2架。教练机6架:T-34C型2架,T-35B型4架。无人驾驶飞机6架。

海军陆战队2160人。主要编制:陆战营5个(承担警备职责),特种分队1个。主要装备60毫米/81毫米/120毫米迫击炮32门。"西北风"型/SA-18型"松鸡"式防空导弹64枚。

空军4200人,编为作战司令部和军事空运大队。作战司令部下辖:装备有"幻影"F-IB型和"幻影"F-1E型战斗机的战斗机中队1个,装备有"蜻蜓"A-37型空空导弹的飞行中队1个,装备有"幼狮"CE型、"幼狮"C-2型、"幼狮"TC-2型战斗机飞行中队1个,装备"打击能手"BAC-167型攻击机飞行中队1个,装备有EMB-314"超级巨嘴鸟"轻型攻击/教练机的飞行中队2个,装备有"蜻蜓"A-37B型空空导弹和"打击能手"BAC-167型攻击机的飞行中队1个。军事空运大队主要编成:装备有贝尔-206B型直升机、"北极星"轻型高空直升机,SA-316B/SA-319型直升机飞行中队1个,装备有B-727型、"大力神"C-130B型、"大力神"C-130H型、"双水獭"DHC-6型小型客机,"福克"F-28型喷气式飞机和"军刀"40/60型运输机的飞行中队4个,装备有"塞斯纳"150型、MXP-650型、T-34C型、T-41型教练机的飞行中队若干个。

准军事力量武装警察39500人,主要装备:"松鼠"AS-350B型轻型运输机1架,贝尔-206B型直升机2架,R-22型直升机2架。海岸警卫队500人,装备有巡逻艇21艘。预备役军人10万。

兵役制度 实行义务兵役制,服役期1年。

驻外兵力 驻联合国科特迪瓦特派团2名军事观察员,驻海地67人(1个工程兵连),驻利比里亚3人(其中2名军事观察员),驻苏丹17名军事观察员。

哥伦比亚:国内安全任务重

国名 哥伦比亚共和国。

主要统计 面积114.1748万平方公里。人口4630万(2010年)。国内生产总值3660亿美元(2012年)。国防预算91.9亿美元(2011年)。2010年主要工矿业产品:产量原油2.865亿桶,煤炭7435万吨,黄金53.6吨,铀99万克,银15.3吨,绿宝石520万克拉。2010年咖啡产量53.52万吨。海运能力,商船23艘,总载量17.7万吨(2005年)。民航能力,国内国际客运总量达1483万人次,国内货运59万吨,国际货运64万吨。共有机场74个,其中国际机场11个,飞机1691架(2008年)。

国防体制 宪法规定,总统为武装力量最高统帅,是国家安全、防务事务的最高决策人。国家安全委员会为最高安全咨询机构,成员有内政、国防、司法、交通等部部长及武装力量总司令、国家安全局长、警察总局局长。最高国防委员会为最高军事咨询机构,成员有国防部长、武装部队总司令、陆军司令、海军司令、空军司令和警察总局局长。国防部为政府中的一个部,是最高军事行政机关。武装部队总司令部是最高军事指挥机构,直接对三军行使军事指挥权。武装部队联合参谋部为武装部队总司令部的执行机构,由三军参谋长组成。陆、海、空三军司令是本军种最高的军事长官,直接对本军种负责。总统通过国防部和武装部队总司令部对全国武装力量实施领导和指挥。

国防政策 20世纪60年代兴起的"哥伦比亚革命武装力量"是哥最大的反政府武装游击队,目前拥有8000余人。哥伦比亚长达近半个世纪的武装冲突造成近500万人流离失所。1984年及1998年到2002年,哥政府和这支反政府武装曾举行两次和谈,但都以失败告终。哥军力建设主要关注国内。

武装力量 现役部队约28.3万人。

陆军23.58万人,编有8个师部、6个机步旅、2个空运旅、9个步兵旅、9个反游击队机动部队(旅)、1个特种兵旅、1个反毒旅、1个训练旅、1个陆航旅、1个后勤保障旅、2个炮兵营、1个山地步兵营、1个反恐分队、1个防空炮兵营。

装甲侦察车226辆,装甲运输车194辆,牵引火炮101门,迫击炮超过521门,无坐力炮106毫米M-40AI型63门。

电子战/电子情报飞机3架:"超级空中大王"B-200型2架、"超级空中大王"350型1架。运输机13架。教练机5架。直升机112架。防空武器包括:"麻雀"地空导弹,"天兵"防空系统,对空高射炮超过39门。

海军3.314万人,编有2个舰队、1个内河舰队,设9个海军基地。

潜艇"皮豪"级2艘、"无畏"级2艘。导弹护卫舰"帕迪亚海军上将"级4艘。巡逻艇48艘。两栖登陆艇8艘。后勤支援船7艘。

海军陆战队1.4万人。

海军航空兵146人,装备各型飞机12架、直升机10架。

空军约13758人,编有7个空战司令部,22个飞行中队,分别负责执行战斗、侦察、预警、电子情报、搜救和运输等任务。具有作战能力的飞机86架,武装直升机104架。电子情报机"超级大篷车"2架。教练攻击机83架。侦察机20架。空空导弹若干枚。

预备役部队6.07万人,其中陆军5.47万人,海军4800人,空军1200人。

准军事部队共14.41万人,其中国民警察部队13.61万人,农村民兵8000人。

部署 共有海空军基地18处,其中海军基地9处(位于卡塔赫纳、布韦那文图拉、马拉加等地)，空军基地 9 处(位于巴兰基利亚、圣菲波哥大、梅加尔等地)。

兵役制度 实行高中生义务兵、普通义务兵和志愿兵役制三结合的兵役制度。高中生义务兵服役期为 1 年，普通义务兵服役期为 2 年。陆、海军还征召部分志愿兵。

驻外兵力 354 人，主要在埃及参与多国部队观察员工作。

军队节日 陆军节 8 月 7 日。海军节 7 月 24 日。空军节 11 月 8 日。

古巴：搏击在加勒比海风雨中

国名 古巴共和国。

主要统计 面积 854.7403 万平方公里。人口 1120.44 万(2010 年)。国内生产总值 611 亿美元(2009 年)。国防开支 19.6 亿美元(2009 年)。民航能力，固定航班机场 20 处，国际航线 23 条，客运量 150 万人次，货运总量 1.58 万吨(2008 年)。

国防体制 革命武装力量部为政府中一个部，是最高军事行政机关，也是最高军事指挥机构，负责武装力量的指挥和管理。下设总参谋部、总政治部、后勤部等机构。革命武装力量由正规军和准军事部队组成。正规军分陆军、海军、空军和防空军。海军、空军和防空军自 1993 年起已不再为独立军种，就地被编入陆军三大军区。准军事部队由劳动青年军、民防部队、地方民兵及国家保安队和边防警卫队组成。总司令通过革命武装力量部对全国武装力量实施领导和指挥。

国防政策 由于社会主义阵营的破裂，强敌优势与古军拉大，古巴感到了前所未有的危机，军事战略思想从御敌于国门之外到考虑强敌侵入后国家如何生存，以此进一步调整充实了国防政策，形成了完整的国防体系。

武装力量 现役部队 4.9 万人，预备役部队 3.9 万人，准军事部队 112 万人。

陆军 3.8 万人，编有 3 个军区、3 个陆军司令部、5 个装甲旅、9 个机械化步兵旅、1 个空降旅、14 个预备旅、1 个边防旅、1 个地空导弹旅和 1 个高炮团。

坦克约 900 辆，步兵战车约 50 辆，装甲输送车约 500 辆。自行火炮约 40 门。牵引炮约 500 门。火箭炮约 175 门。迫击炮 1000 门。各种防空炮共 400 门。地空导弹 200 枚。反坦克导弹"塞格"AT-3 型、"甲鱼"AT-1 型若干枚。

海军 3000 人(含海军陆战队)，编有东、西区 2 个司令部、4 个分舰队。

近海巡逻舰 7 艘。扫雷艇："索尼亚"级 2 艘、"叶夫根尼亚"级 3 艘。后勤支援船 1 艘。训练舰 1 艘。岸防部队：牵引火炮 122 毫米、130 毫米、152 毫米若干门。地对地导弹：班德拉 IV 型 2 枚、"冥河"舰对舰导弹若干枚。

海军步兵团两栖攻击部队 550 余人，分 2 个营。

空军 8000 人，分为东、西 2 个飞行区域。飞行时间为每年 50 小时。编有 3 个战斗机中队、1个运输机中队、4个其他飞行中队。装备有作战飞机179架(其中约45架可用),武装直升机19架。

攻击战斗机33架,运输机11架,教练机15架,电子侦察机安–30型1架。攻击直升机米–35型4架。其他直升机,米–8p型2架、米–17型8架。空地导弹若干枚。空空导弹若干枚。地空导弹若干枚。

预备役部队陆军3.9万人。

准军事部队2.65万人,其中国家保安队2万人(归内务部领导)、边防警卫队6500人(归内务部领导)。另外,劳动青年军7万人(归陆军领导)、民防部队5万人、地方民兵100万人(后备)。

部署 海军基地7处(卡瓦尼亚斯、奥尔金、西恩富戈斯、哈瓦那、马里埃尔、尼卡罗、蓬塔莫维达)。空军基地11处(圣地亚哥、巴亚莫、奥尔金、卡马圭、圣克拉拉、西恩富戈斯、巴拉德罗、圭内斯、哈瓦那、圣安东尼奥、圣胡利安)。

外国驻军 美国驻军886人(美国关塔那摩海军基地)。

圭亚那:"多水之乡"防卫军

国名 圭亚那合作共和国。

主要统计 面积21.5万平方公里(包括现在圭管辖之下、与委内瑞拉有争议的面积约15.9万平方公里的埃塞奎博地区,不包括与苏里南有纠纷的面积约1.7万平方公里的科兰太因河上游地区)。人口76.1442万(2010年)。国内生产总值28亿美元(2012年)。国防预算810万美元(2011年)。黄金产量308438盎司,黄金出口收入达3.464亿美元(2010年)。林业出口收入达5100万美元(2010年)。农业总产值达623.68亿圭亚那元,其中大米出口额为1.54亿美元,蔗糖出口额为1.04亿美元(2010年)。水运能力,有5900公里内河航道。首都乔治敦和新阿姆斯特丹为主要港口。民航能力,奥迪·贾根国际机场是主要机场,内地有一些小型简易机场。

国防体制 宪法规定,总统为国家元首兼武装力量最高统帅,拥有最高行政权。议会多数党领袖出任总统。武装力量由正规军与预备役部队组成。正规军分陆、海、空三个军种。

武装力量 现役部队约1100人,其中陆军900人,海军100人,空军100人。准军事力量1500人。另外有预备役部队670人,其中陆军500人,海军170人。民兵1500人。

陆军900人。主要编成:总统警卫排1个,步兵营1个,特种作战连1个,火力支援连 1 个，工兵连 1 个。主要装备：装甲侦察车 9 辆，其中"肖兰"式 3 辆、电 EE-9"眼镜蛇"式 6 辆；压制火炮，M-46 型 130 毫米加农炮 6 门，L16A1 型 81 毫米迫击炮 12 门，M-43 型 82 毫米迫击炮 18 门，M43 型 120 毫米迫击炮 18 门。

海军 100 人。主要基地：乔治敦，东伯比斯，巴里马。主要装备："埃塞奎博"海岸巡逻艇 1 艘，"梭鱼"式巡逻艇 4 艘。

空军 100 人。主要编成 1 个运输机中队。装备 Y-12 型轻型运输机 1 架，贝尔 206 型直升机 2 架，162F 型直升机 1 架，贝尔 412"双休伊"式武装直升机 1 架。

兵役制度 实行志愿兵役制，服役期 3 年。

外国驻军 美国约 200 人。

海地：警察撑起防务

国名 海地共和国。

主要统计 面积 2.7797 万平方公里。总人口 1018.82 万（2010 年）。国内生产总值 79 亿美元（2012 年）。国防预算 4788 万美元（2010 年）。发电量 6.5 亿千瓦时（2010 年）。粮食 41.2 万吨（2010 年）。首都太子港是全国最大的港口。航班机场 8 处（2010 年），主要由外国航空公司控制客货运市场。海地航空公司有飞机 35 架，首都有国际机场 1 个，承担全国 94%的客运量。

武装力量 无正规军，有一支约 2000 人的国家警察部队。2004 年 6 月 1 日海地反对派武装发动兵变并逼迫总统阿里斯蒂德辞职后，联合国向海地派出多国维和部队，成立海地稳定特派团，由 8940 名军人和 4391 名民警组成。

外国驻军 阿根廷 708 人，编为 1 个步兵营、1 个航空连、1 个野战医院。玻利维亚 208 人，编为 1 个机械化步兵连。巴西 2188 人，编为 2 个步兵营、1 个工兵连。加拿大 8 人。智利 503 人，编为 1 个步兵营、1 个航空连、1 个工程连。厄瓜多尔 67 人，编为 1 个工兵连。法国 2 人。危地马拉 147 人，编为 1 个宪兵连。印度 1 人。日本 225 人，编为 1 个工兵连。约旦 611 人，编为 1 个步兵营。韩国 242 人，编为 1 个工兵连。尼泊尔 1074 人，编为 1 个机械化步兵营、1 个步兵营。巴拉圭 31 人。秘鲁 371 人，编为 1 个步兵连。菲律宾 157 人，编为 1 个司令部连。美国 9 人。乌拉圭 1135 人，编为 2 个步兵营、1 个地爆连、1 个陆航科。

洪都拉斯：足球战争当事方

国名 洪都拉斯共和国。

主要统计 面积11.2492万平方公里。人口761.5万(2010年)。国内生产总值184亿美元(2012年)。国防预算2.35亿美元(2011年)。农业是国民经济主导产业,工业基础相当薄弱,严重依赖香蕉和咖啡两种农产品的出口,粮食需要进口。交通运输主要靠公路和航空,有国际机场4个,航空公司2个。

国防体制 1997年10月,原由军人控制的警察领导权正式转交给文官。1998年9月,国会修改宪法,决定废除武装部队总司令一职,由国防部长取代其职能。宪法规定,总统为武装力量最高统帅,通过国防部长、总参谋部长及各军种司令和特种部队司令对全国武装力量实施领导和指挥。

武装力量 现役部队约1.2万人(陆军8300人,海军1400人,空军2300人)。

陆军8300人。编制6个军区,1个装甲骑兵团,1个轻型坦克中队,1个防空炮兵连,1个高炮连,1个装甲侦察中队,1个机械化营,4个步兵旅:1个步兵旅(3个步兵营),3个步兵旅(每旅含1个炮兵营,3个步兵营)。1个特殊作战部队:1个特种作战营,1个步兵营,1个工兵营,1个总统护卫连。

装备"蝎式"轻型坦克12辆,装甲侦察车57辆,火炮118门,反坦克无后坐力炮170门。

海军1400人。巡逻艇15艘,两栖登陆舰1艘。海军基地有3个:科尔特斯港,卡斯蒂利亚海军基地、阿马帕拉港。海军陆战队830人,编为3个独立连。

空军2300人。编有战斗机中队、运输机中队、攻击/航测/教练机中队和直升机中队。战斗机F-5E式8架,攻击机8架,运输机12架,教练机14架,直升机9架。空军基地有4个,其中有3个是军民共用机场:通康丁国际机场(位于德古斯加巴),尔索托尔莫卡诺空军基地(位于科马亚瓜),拉蒙比列莫拉莱斯国际机场(位于圣佩德罗苏拉),戈洛萨国际机场(阿特兰蒂达省的拉塞瓦市)。

预备役部队6万人,编为1个步兵旅。

准军事部队8000人。公共安全部队8000人。设11个管辖区。

兵役制度 实行志愿兵役制。

军队节日 建军节:10月21日。

加拿大:背靠大树好乘凉

国名 加拿大。

主要统计 面积998.467万平方公里。人口3388.9747万(2010年)。国内生产总值1.81万亿美元(2012年)。国防预算247亿美元(2011年)。铁矿砂产量3354.3万吨(2007年)。原煤产量6936.2万吨(2007年)。原油产量1.5亿桶

(2007年)。天然气产量1866.62亿立方米(2007年)。发电量5671.95亿千瓦时(2006年)。农、林、渔业总产264.78亿加元(2007年),其中牛肉产值62.92亿加元(2007年),奶制品产值51.96亿加元(2007年)。海运能力:共有25个大的深水港和650个小港口,年吞吐量4.7亿吨,最大港口温哥华年吞吐量7630万吨。空运能力:经核准的机场1111个,主要机场68个,年客运量933.64亿人公里、货运量13.01亿吨公里(2007年)。

国防体制 总督代表英国女王,为形式上的武装力量最高统帅。最高国防决策机构为内阁,总理是事实上的最高军事领导人。国防部是内阁中的一个部,由主官和军人组成,是最高军事行政和指挥机构,负责人事管理、经费分配、武器装备采购、武装力量建设等工作。国防参谋长由军人担任,是国防部长的最高军事顾问。在内阁决策下,国防部长通过国防参谋长领导和指挥全军。武装力量由正规军和准军事部队组成。实行三军统一体制,国防参谋部内设有地面部队(相当于陆军)、海上部队(相当于海军)和空中部队(相当于空军)三个军种司令部及通信保障、征兵与训练、预备役等部门。

国防政策 突出"盯外保内",把参与海外军事行动作为首要任务和军队建设的主要依据。在美国军事转型的影响下,加军目标为:建设成为一支"有效、适用、快速反应"的军队,全面提高应付国内、国际威胁的能力。谋求在应对来自海上的威胁方面与美国加强合作,积极参与海外派兵的维和行动。

武装力量 现役部队6.5722万人。

地面部队3.4775万人。编有1个特遣部队司令部,3个机械化步兵旅群(各辖1个装甲团、3个步兵营、1个炮团、1个工程兵团、1个侦察中队、1个防空连),1个独立防空团,1个独立工兵保障团和1个突击队。

主战坦克121辆。装甲侦察车各型201辆。装甲输运车各型42辆。各型火炮295门,其中牵引火炮171门、自行火炮24门。迫击炮100门。反坦克导弹608枚。无坐力炮1148门。地空导弹33枚。

海上部队1.1025万人。编有2个舰队(5个中队),1个海上航空大队(10个中队)。各种主要舰艇31艘,其中潜艇4艘、作战舰艇15艘。海岸巡逻艇12艘。

空中部队1.9922万人。编有1个飞行师,辖13个飞行中队。

战斗机各型111架。直升机各型136架。无人驾驶飞机6架。雷达53部。特种作战部队(司令部)1500人。

预备役部队6.5773万人,其中地面部队2.888万人,海上部队4200人,空中部队2300人,以及辅助预备役部队2.7693万人,初级预备役人员2700人。

准军事部队海岸警卫队9350人,装备小型舰艇96艘、直升机27架;渔业海洋部队4650人,装备有90艘各型舰艇。

部署 地面部队主要部署在魁北克和阿尔伯塔省,海上部队重点部署在大西洋和太平洋沿岸水域,空中部队主要部署在中部和东部地区。地面部队主要基地有渥太华、哈尼法克斯、埃斯基莫尔等;空中部队主要基地有北湾、波戈特维尔、冷湖等。

兵役制度 实行志愿兵役制。士兵基本服役期3年。各级军官最高服役年限均为55岁。

驻外兵力 驻阿富汗北约国际安全援助部队2922人。驻波黑欧安组织观察员2人。驻塞浦路斯1人。驻刚果(金)军事观察员10人。驻埃及28人。驻欧洲北约部队287人。驻海地军事观察员8人。驻中东军事观察员8人。驻塞尔维亚科索沃欧安组织观察员5人,北约联合行动部队5人。驻塞拉利昂8人。驻苏丹12人,军事观察员20人。驻叙利亚/以色列2人。驻美国306人。

外国驻军 北约联合行动部队83人。美国37人,其中陆军7人、海军30人。

美国:世界超级军事大国

国名 美利坚合众国。

主要统计 面积962.9091万平方公里(包括50个州和哥伦比亚特区,其中陆地面积915.8960万平方公里)。人口约3.087亿(2010年)。国内生产总值15.6万亿美元(2012年)。国防预算7110亿美元(2011年),占国内生产总值4.6%。截至2009年底,美国已探明原油储量191.2亿桶,居世界第14位,已探明天然气储量6.928万亿立方米,居世界第6位,已探明煤储量4880亿亿吨。森林面积约44亿亩,覆盖率达33%。钢产值1.193亿吨。发电量4.0554万亿千瓦时。铁路总长22.66万公里。公路总长643.04万公里,其中高速公路总里程7.504万公里。水路总长4.1009万公里,其中1.9312万公里可用于商业航行。石油管线总长24.46万公里。天然气管线总长54.87万公里。美国拥有完整而便捷的交通运输网络,运输工具和手段多种多样。仅水运2007年共有1030.8万总注册吨位。共有机场14951个,航空运输在交通运输中的比重逐年提高,国内客货空运约占世界总量的50%。

国防体制 美国国防体制是总统和国防部长统一领导下的军事行政和作战指挥双轨制。军事行政系统由总统和国防部长通过国防部长办公厅、军种部(含军种参谋部)统管各军种部队的行政管理、部队建设、战备训练、兵役动员、武器采购、后勤事务等。作战指挥系统由总统和国防部长(国家指挥当局)通过参谋长联席会议(以下简称参联会)对各联合司令部乃至作战部队实施作战指挥。美军的统帅机构由总统、国家安全委员会、国防部及参联会和陆、海、空三个军种部以总各联合司令部组成。总统兼任武装部队总司令,掌握最高指挥权。总统通过国防部领导和指挥全军,紧急情况下可越级指挥。进攻性战略武器和核武器的使用权集中在总统手中。国家安全委员会是最高决策机构,由总统领导,成员有副总统、国务卿和国防部长。参联会主席、国家情报局长和总统国家安全事务助理为顾问,并列席会议。

国防部是总统领导与指挥武装力量的最高军事机关,负责防务政策、计划的制订和实施,以及国防事务的全面管理,并通过参联会对全军实施作战指挥。它由国防部本部系统、军种部系统和作战指挥系统三部分组成。国防部本部系统主要负责政策、财政、军务等全军性事务,以及备军种部之间的协调。国防部长是国防部的最高领导。常务副部长是国防部长的全权代表。他们领导的国防部办公厅由5名副部长、若干名助理部长(如负责网络与信息一体化的助理部长兼首席信息官,主管国防信息系统局)、1名法律总顾问(主管国防司法局)、1名监察长、1名净评估办公室主任及相关职能部门组成。设有17个国防局和11个直属专业机构。负责人事与战备的副部长领导1名,负责部队政策管理的助理部长1名,负责卫生事务的助理部长1名,负责后备役事务的助理部长1名,负责战备的副部长帮办1名,负责项目一体化的副部长帮办1名,负责规划的副部长帮办1名,主管国防给养局、国防人力资源机构、国防部教育机构。负责采办、技术与后勤的副部长领导1名,国防研究与工程主任1名,负责采办与技术的副部长帮办1名,负责后勤与器材战备的副部长帮办1名,负责核生化防御计划的国防部长助理1名,负责小型与弱势企业利用的主任1名,负责采办与改革的副部长帮办1名,负责先进系统与概念的副部长帮办1名,负责环境安全的副部长帮办1名,负责工业事务的副部长帮办1名,负责设施的副部长帮办1名,负责科学与技术的副部长帮办1名,主管国防先期研究计划局(由国防研究与工程主任领导),导弹防御局,国防合同管理局(由负责采办与技术的副部长帮办领导),国防后勤局(由负责后勤与器材战备的副部长帮办领导),国防威胁削减局(由负责核生化防御计划的助理部长领导),经济调整办公室,国防采办大学,企业转型局。负责政策的副部长领导1名,负责政策的首席副部长帮办1名,负责国际安全事务的助理部长1名,负责战略与威胁削减的助理部长1名,负责特种作战与低强度冲突的助理部长1名,负责政策支持的副部长帮办1名,负责技术安全政策的副部长帮办1名,美国驻北约使团国防顾问1名,主管国防安全合作局、国防战俘、失踪人员办公安。负责审计的副部长(审计长兼首席财务官)领导1名,负责审计的首席副部长帮办1名,项目分析与评估主任1名,主管国防合同审计局和国防财会署。负责情报的副部长领导1名,负责情报与保密的副部长帮办1名,负责情报与作战支援的副部长帮办1名,负责改革与作战支援的副部长帮办 1 名,负责战备与预警的副部长帮办 1 名,负责规划与预算的副部长帮办 1 名,主管国防情报署、国防安全署、反情报专业机构、国家地理空间情报局、国家侦察办公室、国家保密局。

参联会由主席、副主席、陆军参谋长、海军作战部长、空军参谋长和海军陆战队司令组成。参联会主席是总统、国防部长和国家安全委员会的首席军事顾问。参联会的职能是：平时向总统、国防部长和国家安全委员会提出关于军队建设、国防发展项目与预算、采购需求评估、联合作战条令、联合训练政策等方面的建议。战时协助国家指挥当局对武装部队实施战略指挥,监督各联合司令部的军事活动。但参联会不构成指挥链中的一级。参联会下属的联合参谋部和国家军事指挥中心是总统和国防部长指挥各联合司令部的执行机关和基本指挥所。联合参谋部是参联会的常设办事机构,由参联会主席全权领导。联合参谋部对作战部队拥有指挥权,其职能是向参联会提供建议和协助参联会主席履行其职责。编制员额 1781 人,其中军人 1367 人(军官 1063 人、士兵 304 人),文职 414 人。联合参谋部设 8 个职能部、1 个首长办公室、1 个管理部和 10 个职能委员会。8 个职能部是人力人事部(J1),情报部门(J2),作战部(J3),后勤部(J4),战略计划与政策部(J5),指挥、控制、通信与计算机系统部(J6),作战计划与联合部队发展部(J7),部队结构、资源与评估部(J8)。

军种部包括陆军部、海军部和空军部,主管各军种建设,平时主要负责部队的行政管理、军事训练、拟定作战和动员计划、制定装备发展计划和各种条令条例,战时负责向各联合司令部提供作战部队。各军种部机关的机构设置大致相同,均设有部长办公厅和军种参谋部(海军称海军作战部)。陆军参谋部下辖 3 个陆军司令部,即陆军部队司令部、陆军训练与条令司令部和陆军器材司令部,10 个陆军军种部组成司令部,即中央陆军司令部、北方陆军司令部、南方陆军司令部、欧洲陆军司令部、太平洋陆军司令部、第 8 集团军司令部、陆军特种作战司令部、军事地面部署与配送司令部、陆军航天与导弹防御司令部/陆军战略司令部、陆军网络司令部,10 个陆军直接报告单位,即陆军试验与评估司令部、陆军情报与保密司令部、陆军工程兵司令部、陆军医疗司令部、陆军华盛顿军区司令部、陆军刑事犯罪调查司令部、陆军设施管理司令部、陆军后备队司令部、陆军来办支援中心、美国军事学院(西点军校)。

海军作战部下辖 10 个"作战部队司令部",即舰队部队司令部、太平洋舰队司令部、中央海军司令部、欧洲—非洲海军司令部、南方海军司令部、海军网络战司令部、海军后备队司令部、海军特种作战司令部、海军作战试验与鉴定部队司令部、军事海运司令部,另有 18 个专业机构和直属单位。海军陆战队司令部是海军部负责海军陆战队事务的最高执行部门和军事参谋机构,是海军陆战队最高决策机构和行政管理部门,辖8个主要司令部:太平洋陆战部队司令部、陆战队部队司令部、陆战队后备队司令部、北方陆战部队司令部、陆战队特种作战司令部、欧洲陆战部队司令部、中央陆战部队司令部、南方陆战部队司令部、陆战队作战发展司令部、陆战队战略司令部,此外,还有训练与教育司令部等7个专业机构和直属单位。空军参谋部辖10个一级司令部:空军空中作战司令部、空军教育与训练司令部、空军器材司令部、空军航天司令部、空军特种作战司令部、空中机动司令部、空军后备队司令部、空军全球打击司令部、太平洋空军司令部和欧洲空军司令部,此外,还有38个专业机构和直属单位。联合司令部通常按地区或职能划分,其数量不固定。参联会主席通过颁布总统批准的《联合司令部计划》,每两年可对联合司令部的数量、任务、职责、部队和责任地域进行一次调整。目前,有10个联合司令部,分为6个地区性司令部,分别为中央司令部、欧洲司令部、太平洋司令部、南方司令部、北方司令部、非洲司令部,4个职能性司令部,分别为联合部队司令部(2011年9月撤销。编者注)、特种作战司令种、战略司令部、运输司令部。

国防政策 美国国防政策集中体现在2010年颁布的《国防安全战略报告》《四年防务评估报告》《核态势评估报告》等文件中。其基本思想是:奉行"均衡"理念,力求"巧妙"运用软、硬实力,应对当前和未来的"混合威胁"。为此,美国仍保持高额军费开支,在努力保持美国在常规战争方面的战略和技术优势的同时,大力提高非正规战能力,加强网络空间作战、太空作战和全球快速打击力量建设。

武装力量 现役部队约155万人(2010年),由陆军、海军、海军陆战队、空军组成。预备役部队84.6万人,文职人员70.3万人。海岸警卫队平时由国土安全部指挥,战时则由国防部通过海军指挥,共约4万人。

陆军现役兵力63.9万人(2010年),编有6个集团军司令部、4个军司令部、10个师司令部。

主战坦克M1-A1/M1-A2"艾布拉姆斯"型5850辆,M-2/M-3"布雷德利"步/骑兵战车6452辆,M-113A2/M-113A3装甲输送车3943辆,"斯特赖克"轮式装甲车2744辆。火炮6270门,反坦克导弹21955枚,防空导弹约1281枚,两栖舰船约124艘。飞机:侦察机60架,电子战/电子侦察机9架,运输机168架,通用机28架。直升机:OH-58A/OH-58D"基奥瓦"直升机247架,HH-60L"黑鹰"直升机15架,AH-64A/AH-640"阿帕奇"攻击直升机697架,OH-58D"基奥瓦勇士"直升机338架,AH-6/MH-6"小鸟"突击直升机36架,MH-60L"铺路鹰"等型特种作战直升机60架,CH47"支努干人"运输直升机372架,通用直升机1902架。TH67"小溪"教练机154架。无人机战术飞机4034架。各种雷达251部。

海军现役兵力 33.6 万人(2010 年)。作战部队分成两大舰队群,即太平洋舰队和大西洋舰队,编为 6 个作战舰队,即第 2 舰队(大西洋)、第 3 舰队(太平洋)、第 4 舰队(加勒比海)、第 5 舰队(印度洋、波斯湾、红海)、第 6 舰队(地中海)、第 7 舰队(西太平洋)。另有军事海运司令部和海军后备队。

现役舰艇:潜艇 71 艘,核动力攻击潜艇 53 艘。主要水面作战舰艇 110 艘,其中航母 11 艘。海军航空兵 9.8588 万人,编为 11 个舰载机联队(现役 10 个,后备役 1 个),装备作战飞机 900 架,直升机 588 架。舰载机联队"标准型"编成包括 1 个 F-14"雄猫"战斗机中队(14 架)、2 个 F/A-18C"大黄蜂"海军战斗攻击机中队(24 架)、1 个 F/A-18A"大黄蜂"陆战队战斗/攻击机中队(12 架)、1 个 E-2C"鹰眼"预警机中队(4 架)、1 个 EA-68"徘徊者"电子战飞机中队(4 架)、1 个 S-3B"北欧海盗"反潜机中队(8 架)、1 个 SH-60F"拉姆普斯"反潜直升机中队(5 架)。航母上共有 8 个飞行中队,约 71 架各型战斗机和直升机。此外还有 2 架 HH-60H 运输直升机。

海军陆战队现役兵力 20.3 万人(2010 年)。现役作战部队编为 3 个陆战远征部队、3 个陆战远征旅、7 个陆战远征分队。上述部队按任务分属太平洋陆战队部队司令部和陆战队部队司令部(即原大西洋陆战队司令部)或陆战队保安部队,由海军部长指派给战区司令部使用。太平洋陆战队部队司令部下辖第 1 和第 3 陆战远征部队,陆战队部队司令部下辖第 2 陆战远征部队。每支陆战远征部队由 1 个陆战师、1 个陆战航空联队和 1 个陆战后勤大队组成。在执行任务时,陆战队根据任务需要将所属陆战师、陆战航空联队和部队勤务支援大队编成空地特遣部队,其规模有以下 4 种:陆战远征部队、陆战远征旅、陆战远征分队、陆战远征特种任务空地特遣部队。

主战坦克 403 辆、轮式步战车 252 辆、两栖突击车 1311 辆、牵引火炮 1282 门、迫击炮 585 门、反坦克导弹 2299 枚、无后坐力炮 1650 门、反坦克火箭筒 1114 具、无人机 1072 架、雷达 23 部。航空兵 3.47 万人,编 3 个现役陆战航空联队,每个联队一般装备固定翼飞机 118 架、直升机 156 架。

空军现役兵力 34.1 万人(2010 年),编有 13 个现役航空队,66 个飞行联队/大队,8 个航天联队,134 个飞行中队,43 个航天中队,9 个洲际弹道导弹中队。任务编制采取"航空航天远征部队"模式,将其现役部队、空军后备队和空军国民警卫队统一编组成 10 支航空航天远征部队。每支"航空航天远征部队"在 20 个月中有 120 天处于戒备状态,任何时候至少有两支处于戒备状态。每支"航空航天远征部队"有 1 万~1.5 万人,90 架战斗机和轰炸机、31 架战区内加油机和 13 架情报、监视、侦察、预警机。

飞机:作战飞机 2708 架。远程打击/攻击飞机 154 架,战术飞机 2650 架,侦察机 106 架,试验机 12 架,指挥/预警机 54 架,运输机 884 架,加油机 512 架,教练机 1141 架,大中型无人机 158 架。导弹约 4.1422 万枚。空对地导弹约 2.6422 万枚,"空射巡航导弹"约 700 枚,空对空导弹 1.5 万枚。

  战略力量,战时由美国战略司令部实施作战指挥,平时分别由各军种负责行政管理。战略核潜艇部队分别隶属于海军太平洋舰队司令部之潜艇部队司令部和舰队部队司令部之潜艇部队司令部,拥有现役"俄亥俄"级弹道导弹核潜艇 14 艘,各装备 UGM-133A"三叉戟-Ⅱ"(D5)潜射弹道导弹 24 枚,共计潜射战略导弹 336 枚,弹头 2688 枚。战略轰炸机部队隶属于空军部,拥有 B-52H"同温层堡垒"战略轰炸机 71 架,编为 6 个中队(包括 1 个空军后备队中队),配置于 2 个空军基地,每架 B-52H 装备 AGM-86B 核"空射巡航导弹"或 AGM 核"高级巡航导弹"20 枚;B-2A"幽灵"战略轰炸机 19 架,编为 2 个中队,配置于 1 个空军基地,每架 B-2A 装备自由落体炸弹 16 枚(或小直径炸弹 80 枚);B-52 试验重型轰炸机 4 架;B-2 试验重型轰炸机 1 架。陆基洲际弹道导弹部队隶属于空军全球打击司令部,拥有 LGM-30G"民兵"Ⅲ洲际弹道导弹 450 枚,编为 9 个中队,配置于 3 个空军基地,每枚导弹可装 MKI2/MKI2A 分导式弹头 1~3 个。战略侦察/情报搜集系统卫星 63 颗,电子/通信侦察卫星 19 颗,海洋电子侦察卫星 6 颗,定时测距卫星 32 颗,传感器/核爆炸探测系统 24 个(探测和评估核爆炸,传感器部署在"海军星"卫星上)。战略防御早期预警军统天基系统包括"国防支援计划"卫星 4 颗,另有 1 颗在轨备用。北方预警系统 55 个,其中远距离北方预警系统(距离 200 海里)15 个,近距离北方预警系统(距离 110~150 公里)40 个。超视距后向散射雷达 2 部,其中 1 部为 AN/FPS-118 型(500~3000 海里),位于芒廷霍姆空军基地,1 部非作战用,位于缅甸。弹道导弹早期预警系统 3 个,其中 2 个位于格陵兰岛图勒兰和英国菲林代尔斯,1 个(主要任务是跟踪洲际弹道导弹和潜射弹道导弹,也用于跟踪卫星)位于阿拉斯加州克利尔。空间跟踪系统 11 个,其中 8 部空间跟踪雷达,3 台空间跟踪光学跟踪仪。海军空间监视系统包括 3 个战略发射台,6 个战略接收站,位于美国东南部。环形搜索雷达攻击特性系统 1 个,位于北达科他州卡弗利尔。"铺路爪"雷达 4 部,其中 3 部位于加拿大比尔空军基地、马萨诸塞州科德角半岛、阿拉斯加州克利尔,1 部(相控阵雷达,探测距离 5500 公里)位于马萨诸塞州奥蒂斯空军基地。探测与跟踪雷达若干,位于夸贾林环礁、阿森松岛、安提瓜等地。地基光电深空监视系统,位于新墨西哥州索科鲁、夏威夷群岛之毛伊岛、英国印度洋领地迪戈加西亚岛。导弹防御系统:海基有太平洋舰队的"宙斯盾"巡洋舰和驱逐舰,地基有部署于阿拉加州格里利堡的 21 枚地基拦截弹,部署于加利福尼亚州范登堡的 3 枚地基拦截弹。

  特种作战部队现役 3.1496 万人,预备役 1.1247 万人,文职 3376 人。部署在境内的所有特种作战部队都受特种作战司令部指挥,分配到战区的特种作战部队受战区司令指挥。陆军、海军、空军和陆战队都有各自的特种作战司令部。陆军特种部队被称为"绿色贝雷帽"部队,编5个特种作战大队(每个大队含3个营)、1个别动团、1个信号营、1个维持旅、1个特种作战航空团(空降)、1个心理作战大队(空降)、1个民事旅(空降)。海军特种作战部队现役5400人,其中"海豹"队员2450人,特种舟艇队员600人,预备役1200人,其中"海豹"队员约325人,特种舟艇队员约125人,支援人员约775人。编4个特种作战大队,1个特种作战发展大队,1个作战支援大队,1个特种作战中心。空军特种作战部队现役和预备役人员共约1.3万人,编为2个特种作战联队、2个特种作战大队、1个特种战术大队、1个特种作战学校、1个飞行试验中队。陆战队特种作战司令部于2006年2月24日在北卡罗来纳州勒任兵营组建。起初大约2500人,由一个小的班子和对外军事训练单位组成。对外军事训练单位过去实施外国内部防卫,现被称为陆战队特种作战顾问团,于2008年10月形成完全作战能力,辖2个特种作战营,1个特种作战顾问团,1个特种作战支援大队,1个特种作战学校。此外,特种作战司令部还辖一个反恐机构,即联合特种作战司令部,指挥以下部队①陆军第1特种部队作战分遣队("三角洲"部队),该分遣队为第160特种作战航空团(空降)的组成部分,②空军第24特种战术中队,③海军特种作战发展大队,④情报支援机构,这是一个秘密单位,经常变更名称,执行特殊任务,支援联合特种作战司令部其他单位。

文职人员:美军直接雇佣的文职人员为美国公民,间接雇佣的文职人员为美国海外驻军在驻在国雇佣的外国公民。文职人员从事的工作种类有科学家与工程师、行政管理人员、技术员、秘书和办事员、服务员、勤杂工等。按雇佣部门计算,陆军雇佣26.1万人,海军(含陆战队)雇佣18.6万人,空军雇佣15.5万人,国防部及直属机构雇佣11.5万人,合计70.3万人。

预备役部队:美军预备役部队按组织系统分国民警卫队和联邦后备队两部分。国民警卫队含陆军国民警卫队、空军国民警卫队和海岸警卫队。后备队含陆军后备队、海军后备队、空军后备队和陆战队后备队。预备役人员按动员程度分为3类:第一类为待命预备役人员,由编组部队和非编组单个待命预备役人员组成,按美国国防部要求,编组预备役部队动员指标为地面部队3个月内参战;空军飞行中队大部分在3天内参战;海军部队在1个月内参战。第二类为待编预备役人员,即动员时可征召的参训人员。第三类为退役预备役人员,必要时可应召增补负责作战支援和训练的部队。陆军国民警卫队35.8万人,动员后可编为8个作战师,根据陆军的转型计划,陆军国民警卫队最终将组建为28个旅战斗队(6个重型旅战斗队、21个步兵旅战斗队、1个"斯特赖克"旅战斗队);陆军后备队20.5万人,编为7个训练师、5个训练支援师。空军国民警卫队10.9万人,编为87个联队、105个中队,装备飞机1079架。空军后备队6.8万人,编为35个联队、5个大队、73个中队,装备飞机350架。海军后备队6.7万人,编为27个舰队后勤支援机、巡逻机、舰载机和直升机中队,装备舰艇12艘,飞机199架。陆战队后备队3.9万人,编为1个师、1个航空联队、1个勤务支援大队。总计预备役部队84.6万人。另,海岸警卫队预备役部队总数为1.3万人。

部署 美国在本土驻军88.3万人,在至少39个国家驻军,其中伊拉克14万人,阿富汗4.4万人,德国5.6万人,意大利和英国各约9700人。亚太美军(不含驻美本土西海岸部队,但包括夏威夷和阿拉斯加)总兵力13.3万人。其中,陆军1个集团军部、1个师,共5.2万人;海军及海军陆战队1个编号舰队、1个陆战师,各型舰艇56艘,飞机282架(作战飞机141架),共4.7万人;空军4个航空队、10个联队、30个中队,作战飞机296架,共3.4万人。韩国:总兵力2.6万人,其中陆军1个集团军部、1个师,共1.8万人;空军1个航空队、2个联队(大队)、5个飞行中队,共8048人;海军岸基部队622人。日本:总兵力3.3万人,其中陆军2460人;空军1个航空队、3个联队、1个大队、9个中队,共1.2万人;海军1个舰队,舰艇56艘(其中常驻21艘),共1.9万人;海军陆战队1个陆战师、1个陆战航空联队,共1.6万人。关岛:总兵力2970人,空军1个联队、2个飞行中队,1730人,海军及海军陆战队1067人。夏威夷:总兵力3.7万人,陆军2万人,空军4893人,海军及海军陆战队1万人。阿拉斯加:总兵力2万人,陆军1.1万人,空军7906人,海军与海军陆战队70人。亚太其他国家和地区629人。

军事基地 本土和海外共有各类型基地设施5311个。其中,大型基地114个,中型基地129个,小型基地和一般设施共5068个。在美本土和美领地的基地设施共4488个,其中陆军1793个,海军1044个(含陆战队174个),空军1645个,国土安全部6个。在海外的基地设施共823个(其中大型基地14个、中型基地20个);陆军371个,海军184个(含陆战队30个),空军268个。在海外的军事基地:陆军主要有坎贝尔(德国海德尔堡)、座间(日本东京)等;海军主要有迪戈加西亚(印度洋英国属地)、关塔那摩湾(古巴)、罗塔(西班牙)、佐世堡(日本)、关岛等;空军主要有拉姆施泰因(德国)、安德森(关岛)、嘉手纳(日本冲绳)、三泽(日本青森)、榄回(日本东京)、马纳斯(含尔吉斯斯坦比什凯克)、霍华德(巴拿马)、克拉克(菲律宾)、群山(韩国)、乌山(韩国)等。2010年国防预算5376亿美元(不含战争费用)。其中按部门分,空军1453亿美元,占27.0%;陆军1415亿美元,占26.3%;海军及陆战队1578亿美元,占29.47%;国防机构930亿美元,占17.3%。按项目分,军事人员费1367亿美元,作战与维持费1869亿美元,采购费1062亿美元,研发与试验鉴定费811亿美元,军事建筑费213亿美元,家庭住房费23亿美元,其他31亿美元。

兵役制度 从1973年起实行志愿兵役制度。

军队节日 武装部队节5月第三个星期六。陆军节4月6日。海军节10月27日。空军节9月第二个星期六。

墨西哥:无对外作战任务的军队

国名 墨西哥合众国。

主要统计 面积196.4375万平方公里。人口1.12亿(2010年)。国内生产总值1.17万亿美元(2012年)。国防预算48亿美元(2011年)。煤产量688.22万吨(2008年),铁产量716.16万吨(2008年),银产量255.68万公斤(2008年),原油日产279.9万桶(2008年)。粮食产量3411万吨(2008年)。全国共有机场85个,年客运量4352万人次。

国防体制 宪法规定,总统为武装力量最高统帅,有权宣布全国"紧急状态"和"战争状态",决定兵力调动、高级将领任免、国防开支等重大事宜。国家安全内阁会议为最高国防决策机构,由总统领导,成员有国防部长、海军部长、内政部长、外交部长及其他有关政府部长。国防部和海军部分别为政府中一个部,是最高军事行政机关,也是最高军事指挥机构。国防部领导指挥陆、空军。海军部领导指挥海军。国防部长和海军部长由总统任命,由上将军官担任。总统通过国防部和海军部对全国武装力量实施领导和指挥,通过总统府参谋部对国家安全和军事问题进行协调。

国防政策 长期以来,墨西哥军基本上没有对外作战,主要担负维护国内安定的任务。

武装力量 现役部队26.74万人。

陆军20万人,划分为12个军区、45个军分区,编有3个军(共辖9个步兵旅)、101个步兵营(含1个机械化步兵营)、24个装甲骑兵团、8个炮兵团、44个特种空中机动分队。装甲侦察车237辆,装甲运输车622辆,牵引火炮105毫米123门,自行火炮75毫米6门,反坦克导弹"米兰"型8枚,火箭炮各型号共1187门,反坦克炮37毫米30门,高射炮12.7毫米40门、20毫米80门,地空导弹若干枚。

海军5.59万人(内含海军陆战队和海军航空兵),编有2个舰队司令部。装备有导弹驱逐舰1艘,护卫舰6艘,海岸巡逻艇171艘,登陆舰3艘,后勤支援舰19

艘。

海军航空兵 1250 人。装备有战斗侦察机 14 架。空中预警机 E-2C"鹰眼"型 3 架。运输机 25 架。教练机 31 架。直升机 45 架。

海军陆战队 1.93 万人,其中包括两栖作战旅 2 个,空降团 1 个(下辖 2 个营),总统警卫营 1 个。主要装备有装甲运兵车 29 辆,火炮 122 门,迫击炮若干门。

空军 1.15 万人。编有 1 个战斗机中队,1 个侦察机中队,1 个缉毒中队,2 个运输中队,6 个联络通讯中队,1 个直升机中队,5 个训练中队。

战斗机 10 架:其中 F-5E 型 8 架、F-5F 型 2 架。教练攻击机 68 架:其中 PC-7 型 66 架、PC-9M 型 2 架。侦察机 8 架:其中 EMB-145RS 型 2 架、SA-25RS 型 2 架、C-26B 型 4 架。预警机 1 架。运输机 37 架。教练机 64 架。直升机 170 架。

准军事部队联邦防暴警察 1.4 万人,隶属于内务部,装备有运输机 17 架,直升机 31 架。民防民兵 1.8 万人。

兵役制度 实行义务兵役制,同时招募志愿兵。规定 18~45 岁的男性公民均须服兵役。义务兵服役期为 1 年,志愿兵服役期为 3~9 年。

军队节日 陆军节 2 月 19 日。海军节 6 月 1 日。空军节 9 月 16 日。

尼加拉瓜:脱胎于游击队的国防军

国名 尼加拉瓜共和国。

主要统计 面积 13.04 万平方公里。人口 581.55 万(2010 年)。国内生产总值 105 亿美元(2012 年)。国防预算 0.44 亿美元(2011 年)。以农牧业为主,主要生产棉花、咖啡、甘蔗、香蕉、肉类等。主要出口咖啡、肉类、水产、糖、金、银、木材、香蕉等,进口原材料、半成品、消费品、石油、燃料、润滑油等。

国防体制 总统为武装力量最高统帅,通过国防部长实施对武装力量的领导和指挥。正规军由陆军、海军和空军组成。

国防政策 1961 年桑解阵成立后即领导游击斗争。1979 年游击队定名为桑地诺人民军。1995 年 2 月,桑地诺人民军改名为尼加拉瓜国民军。

武装力量 现役部队约 1.2 万人。

陆军约 1 万人。编有 1 个陆军司令部,6 个军区,2 个步兵分队(步兵营),1 个轻机械化步兵旅,1 个特种作战旅,1 个工程兵营,1 个运输团。

主战坦克 T-55 坦克 62 辆。轻型坦克阿-76 坦克 10 辆。侦察车 BRDM-2 型 20 辆。装甲输送车 166 辆,其中 BTR-152 型 102 辆(储存),BTR-60 型 64 辆。火炮 800 门,牵引炮 42 门,多管火箭炮 151 门,迫击炮 607 门。反坦克武器 BRDM-2 型

"萨格尔"12,反坦克炮371门,等等。防空武器若干。

海军约800人。装备有7艘海岸巡逻艇。设有3个海军基地。

空军约1200人。编有运输机中队、运输机与教练机中队、运输直升机中队若干,防空大队1个。轻型运输机6架,其中安–2型1架、安–26型4架、"塞斯纳"404型1架。教练机T–41D型1架。直升机16架,其中米–17型3架、米–17型12架、米–17型1架(要员机)。高射炮36门。

兵役制度　实行志愿兵役制,服役期为18~36个月。

萨尔瓦多:以足球战争闻名于世

国名　萨尔瓦多共和国。

主要统计　面积20720平方公里。人口620万(2010年)。是中美洲人口密度最大的国家(347人/平方公里)。国内生产总值238亿美元(2012年)。国防预算1.33亿美元(2010年)。经济以农业为主。

国防体制　宪法规定,总统为武装力量最高统帅。国防部为政府中一个部,是最高军事行政机关。最高军事指挥机构为联合参谋部。总统通过国防部和联合参谋部对全国武装力量实施领导和指挥。武装力量由正规军和准军事部队组成。正规军分陆、海、空三个军种。

武装力量　现役部队1.68万人。

陆军1.5万人。主要编制6个军区,6个步兵旅,1个特种旅,1个炮兵旅,1个机械化骑兵团,8个步兵营,1个总统警卫营,1个支援旅,3个工程兵营,1个特种作战大队。装甲侦察车AMI-90型10辆,装甲输送车M-3781型40辆、UH-416型8辆。牵引炮105毫米78门;迫击炮81毫米300门,120毫米60门;无坐力炮90毫米400门,106毫米20余门;高炮20毫米40门。

海军700人(含陆战队)。装备海岸巡逻艇5艘,江河巡逻艇22艘。海军陆战队90人。陆战队编有1个连。

空军1100人。编有1个战斗机中队,1个武装直升机中队,1个运输机中队,1个运输直升机中队。作战飞机23架。武装直升机10架。运输机20架。联络机"塞斯纳"337G型1架。教练机15架。

准军事部队国民警察1.2万人。装备"塞斯纳"O-2A型飞机1架,UH-1H型直升机1架,"休斯"520N型直升机2架,MD-500D飞机1架。

兵役制度　实行志愿兵役制。士兵服役期为1年。军官最高服役年限为30年,退役后被编入后备役。

特立尼达和多巴哥:西印度群岛的一颗明珠

国名 特立尼达和多巴哥共和国。

主要统计 面积5128平方公里(特立尼达岛4828平方公里,多巴哥岛300平方公里)。人口134.4万(2010年)。国内生产总值212亿美元(2010年)。国防预算1.72亿美元(2010年)。资源主要有石油和天然气,已探明和有可能开采的天然气储量4361亿立方米,石油储量7.283亿桶。天然沥青湖面积约47公顷,估计储藏量1200万吨。工业以石油、天然气开采和炼油为主,其次为建筑业和制造业。日产原油15.16万桶,年产天然气393亿立方米,是世界上第五大液化天然气国,是世界上最大的氮肥和甲醇出口国。农业主要种植甘蔗、咖啡、可可、柑橘、椰子和水稻等。公路总长8000多公里。主要港口有4个,其中西班牙港最大。有机场6个。其中特立尼达岛和多巴哥岛各有一机场,均可停降波音747等大型客机。

国防体制 总统为武装力量最高统帅,通过国家安全部长和国防参谋长实施对武装力量的领导和指挥。国防军由陆军和海岸警卫队组成。

武装力量 现役部队4063人。

陆军约3000人。编有4个步兵营,1个特种作战分队,1个支援营。

迫击炮81毫米L16A1型6门。反坦克武器84毫米"卡尔吉斯塔失"无坐力炮约24门,82毫米8-300型火箭筒13具。

海岸警卫队1063人。装备有20艘海岸巡逻艇。设有5个海军基地。

航空联队50人。轻型运输机5架:"塞斯纳"310型1架、"纳瓦约"PA-31型2架、SA-227型2架。轻型直升机9架:AS-355F型1架、BO-105型4架、S-76型4架。飞艇2艘。

苏里南:陆军辖三军

国名 苏里南共和国。

主要统计 面积16.382万平方公里(包括与圭亚那有争议的1.7万平方公里)。人口49.2万(2010年)。国内生产总值为47.4亿美元(2010年)。主要矿产为铝土、石油、铁、锰、铜、镍、铂、黄金等。1998年底铝土矿探明蕴藏量约为5.8亿吨。居民多从事农业,主产稻米,次为香蕉、甘蔗、柑橘等。森林和水力资源丰富,森林覆盖率达95%。交通运输以公路和水运为主。有国际机场1个,国际航线 4 条。

国防政策 苏里南国民军名义上有陆军、海军、空军、军事警察的军种分类,但实际上,海军、空军、军事警察规模很小,都属陆军的下辖部分,军队组成以轻装型步兵编为主。

武装力量 现役部队1840人,由陆军、海军和空军组成。

陆军1400人。编有1个机械化骑兵中队,1个步兵营(4个步兵连),1个宪兵营。装备EE-9"卡斯卡维尔"侦察车6辆,EE-11"乌鲁图"装甲输送车6辆,81毫米迫击炮6门。

海军约240人。装备海岸巡逻艇8艘。海军基地驻帕拉马里博。

空军约200人。编有1个运输/训练中队。装备C-212-400海上巡逻机2架,转型运输机3架,PC-7教练机1架。

危地马拉:能左右政局的军方

国名 危地马拉共和国。

主要统计 面积10.8889万平方公里。人口约1437.7万(2010年)。国内生产总值498亿美元(2012年)。国防预算1.61亿美元(2011年)。

国防体制 宪法规定,总统为武装力量最高统帅。最高军事咨询机构为最高国防委员会,成员有国防部长、国防参谋长和陆、海、空军参谋长等。国防部为政府中一个部,是最高军事行政机关,由军衔最高、资格最深的军官担任部长。武装力量由正规军和准军事部队组成。正规军分陆、海、空三个军种。最高军事指挥机构为国防参谋部。总统通过国防部和国防参谋部对全国武装力量实施领导和指挥。

国防政策 1982年1月,危全国左派游击队组织合并成立"危地马拉民族革命联盟",左派武装斗争遍布全国各地。1996年12月,阿尔苏政府(全国先锋党)与"危地马拉民族革命联盟"达成《最终和平协定》,结束长达36年的内乱。

武装力量 现役部队约15212人。

陆军13444人。编成6个装甲中队,2个骑兵团,6个步兵旅,1个特种部队旅,2个空降营,2个工兵营,1个边境分遣队,1个总统警卫营,1个训练营。装备装甲侦察车7辆,装甲输送车52辆,牵引炮76门,迫击炮55门,无后坐力炮120门和高炮32门。

海军897人。装备巡逻艇39艘。

空军871人。编有2个战斗机中队,1个直升机中队,1个运输机中队,1个联络机中队。作战飞机9架、武装直升机20架。

准军事部队 18536人。

预备役部队 68363人。

驻外兵力 曾先后向联合国科特迪瓦、刚果(金)、海地、黎巴嫩、尼泊尔和苏丹等地区的维和任务派遣过警察和军事观察员。

委内瑞拉：拉美军事强国

国名 委内瑞拉玻利瓦尔共和国。

主要统计 面积91.67万平方公里。人口2904万（2010年）。国内生产总值9850亿玻利瓦尔，约合3824亿美元（2012年）。国防预算约合31.3亿美元（2011年）。粗钢产量220万吨（2010年）。煤炭产量500万吨（2009年）。黄金储量1万吨（2008年）。共探明原油储量1723.2亿桶，约合246.17亿吨（2008年），原油日产220万桶（2010年），年产8.03亿桶（2010年）。天然气储量4.98万亿立方米（2008年），铁矿砂储量16亿吨（2008年），铝矾土储量3.2亿吨（2008年）。公路总长9.62万公里（2003年）。铁路总长806公里（2008年）。海运能力，全国共有1000吨以上的船只60艘，总吨位63万吨。全国拥有406个商业机场（2009年），其中11个为国际机场（2007年），拥有大型民用飞机58架，国内航空客运量427万人次，货运量2879吨，国际民航客运量285万人次，货运量2.72万吨。

国防体制 宪法规定，总统为武装力量最高统帅。国家安全与防务委员会为最高决策机构，成员有总统、副总统、国防部长、内政部长、外交部长和财政部长、武装力量总监、武装力量联合参谋长等，由总统任主席。国防部为政府中的一个部。国防部长是总统在军事问题上的主要助手，根据总统的旨意，有权管理、指挥和调动军队。全国武装力量最高委员会是总统和国家安全与防务委员会在军事问题上的主要参谋机构，负责处理军队重要事务，成员有国防部长、武装力量总监、武装力量联合参谋长及陆、海、空军和国民警卫队司令，由国防部长主持日常工作。武装力量联合参谋部协助国防部长贯彻国防政策，并协调各军种间的作战、情报、训练和后勤等工作。武装力量总监部负责审定各项军事法令，检查和监督部队的组织纪律、军种间的合作及完成任务的情况。各军种司令部为本军种最高军事指挥机构。各军种司令部直接对国防部负责，有权处理本军种重大事务。总统通过国防部对全国武装力量实施领导和指挥。

国防政策 查韦斯执政后，扛起反美大旗，利用石油收入，通过近10年的装备引进和军力建设，军力跃居拉丁美洲前列。

武装力量 现役部队约 11.5 万人,预备役部队 0.8 万人。

陆军 6.3 万人。编有 1 个装甲师(辖 1 个轻型装甲旅、1 个装甲旅、1 个摩托装甲旅、1 个防空连),1 个摩托装甲师(辖 1 个摩托装甲旅、1 个突击旅、1 个防卫支援旅),3 个步兵师[辖 5 个步兵旅、3 个突击旅、1 个通信兵团、1 个(迫击)炮兵旅、1 个特种作战旅、1 个装甲分队、1 个特种分队、1 个炮兵分队、1 个支援分队、1 个 3A 连、1 个防空连],1 个轻步兵师(辖 2 个山地步兵旅)、1 个空降旅、3 个工兵团、1 个航空团(辖 1 个运输机营、1 个直升机营、1 个特别侦察机营)、1 个后勤司令部(辖 2 个团)。

主战坦克约 81 辆,轻型坦克 109 辆,装甲侦察车 431 辆,火炮 370 门,火箭炮 160 毫米 LARSP 型 20 门,迫击炮超过 246 门,反坦克导弹"玛帕茨"IMI 型 24 枚,无坐力炮 106 毫米 M-40A1 型 175 门,高射炮 76 毫米"悍妇"M-18 型 75 门,防空导弹有萨姆-8"道尔"M1 型防空导弹系统 8 座及 RBS-70 型、"西北风"式便携式防空导弹系统若干座。

有固定翼飞机 26 架,其中运输机 17 架。无人机 8 架。直升机 54 架。"拉西特"系列型雷达若干部。导弹"基尔特"AS-11 型反辐射导弹若干部。

海军 1.75 万人(含海军陆战队 7000 人、海军航空兵 500 人、海岸警卫队 1000 人),编有舰队司令部、陆战队司令部、海军航空兵司令部、海岸警卫队司令部和内河部队司令部。

潜艇"虱目鱼"级 2 艘。护卫舰:经改装德制"狼"级 6 艘。巡逻和小型作战舰艇:"宪法"级导弹艇 3 艘、"宪法"级近海巡逻艇 3 艘,另有巡逻护卫舰 3 艘。坦克登陆舰"鳄鱼"级 4 艘。登陆艇 3 艘。支援辅助舰船 6 艘。

海军陆战队 7000 人,编有 1 个师部、2 个登陆旅、1 个内河旅、1 个步兵旅,下辖 8 个陆战营(含 2 个内河陆战营)、1 个炮兵营、1 个两栖作战营、4 个工兵营。装备有两栖登陆装甲车 LVTP-7 型 11 辆。装甲输送车"蜂蛇"EE11 型 32 辆。牵引炮 2105 毫米 M-56 型若干门。迫击炮 120 毫米 12 门。高炮 40 毫米 M-2 型 6 门。地空导弹 RBS-70 型若干枚。火箭炮 AT-4 型若干门。无坐力炮 84 毫米"卡尔古斯太夫"M3 型、106 毫米 M-40A1 型若干门。

海军航空兵 500 人。编有 1 个反潜战中队、1 个运输机中队、1 个教练机中队、1 个海上巡逻小队、1 个支援小队。主要装备有作战飞机 10 架,运输机 16 架,反潜机 7 架。

海岸警卫队 1000 人。主要基地有:马拉开波、拉瓜伊拉。装备各型舰艇 47 艘,其中护卫舰"克莱门特海军上将"级 2 艘、巡逻艇 43 艘、支援船 2 艘。

空军 1.15 万人,编有 2 个苏-30MKV 型战斗机联队、2 个 F-16A/B 型战斗机联队和 1 个 VF-5 型战斗机联队、1 个"野马"OV-10 型攻击机联队、1 个直升机联队、1 个教练机联队、1 个总统座机联队、1 个电子战机中队、1 个侦察机联队、3 个运输机联队。装备有作战飞机 81 架、武装直升机 40 架。

战斗机约 55 架,K-8 型武装教练机 18 架,侦察机 8 架。电子战飞机"猎鹰"4 架。运输机 53 架,教练机 47 架。

直升机:"美洲狮"AS-532 型 2 架、米-17VS 型 8 架、米-172 型 2 架、"超级美洲豹"AS-332B 型 6 架、"美洲狮"AS-532 型 12 架、UH-1B 型 3 架、UH-1H 型 9 架、"贝尔"412SP 型 2 架。

防空武器:"巴拉克"式空舰导弹 10 余枚、"道尔"M1 型导弹 4 枚,另有"艾格拉"地空导弹、"西北风"导弹及自动化迫击导弹共 200 枚。空地导弹:"飞缸"AM-39 型反舰导弹、"小锚"DH29T 型空地导弹、KH-31A 型超音速反舰导弹/KH-31P 型超音速反制射飞弹、"芦笛"KH-59M 型空地导弹。空空导弹:"响尾蛇"AIM-9L/9P 型空空导弹、R73E 型约外导弹、R-77 型中程导弹、"蟒蛇"4 型空空导弹以及 R530 型空空导弹。

国民警卫队 2.3 万人。编有 8 个地区司令部。装备有装甲输送车"菲亚特"6614 型 24 辆、UR-416 型 20 辆。迫击炮 81 毫米 50 门。巡逻艇 52 艘。各型飞机 35 架,直升机 48 架。

预备役部队 8000 人(陆军),编有 4 个步兵营、1 个突击营、1 个装甲营、1 个炮兵营、2 个工兵团。

部署 共有海空军基地 15 处,其中海军基地 11 处(卡巴略港、加拉加斯、蓬托菲霍、大加那利岛、玻利瓦尔城、马拉开波、拉瓜伊拉、图里亚英、耶罗港、奥奇拉岛、埃尔安帕罗等)、空军基地 5 处(马拉开波、巴基西梅托、加拉加斯等)。

兵役制度 实行义务兵役制。义务兵服役期为 2 年半。

军队节日 建军节:6 月 24 日。海军节:7 月 24 日。空军节:12 月 10 日。国民警卫队节:8 月 4 日。

乌拉圭:"南美瑞士"

国名 乌拉圭东岸共和国。

主要统计 面积 17.62 万平方公里。人口 337.2 万(2010 年)。国内生产总值 494 亿美元(2012 年)。国防预算 4.91 亿美元(2011 年)。工业生产总值 63.72 亿美元(2010 年)。发电量 7620 兆瓦时(2009 年)。主要粮食产量 515 万吨(2010 年)。水运能力,全国港口货物吞吐量 826.56 万吨,客运量 268.95 万人次(2009 年)。民航能力,全国航空客运班 150.53 万人次,货运量 2.57 万吨(2009 年)。

国防体制 宪法规定,总统为武装力量最高统帅。国防部为政府中一个部,是最高军事行政机关。国防参谋部是国防部领导下的各军种协调机构,对部队无指挥权。武装力量由正规军和准军事部队组成。正规军由陆、海、空三军组成。陆、海、空三军相互独立,没有统一的军事指挥机构。各军种司令部为本军种最高军事指挥机构,各军种司令为本军种最高领导。总统通过国防部和陆、海、空三军司令对全国武装力量实施领导和指挥。

国防政策 奉行"独立自主、不参加任何军事集团"的国防政策,重视军队职业化建设。

武装力量 现役部队 2.4621 万人。

陆军 1.6234 万人。乌拉圭的军事部队是低于标准规模的,约低于标准 30%。其师相当于旅的规模,营相当于一个加强连的规模。其中最大建制的部队为第 2 装甲骑兵团。分为 4 个军区和 1 个师部,编有 2 个装甲团,1 个装甲步兵团,5 个机械化骑兵团,8 个机械化步兵团,1 个摩步营,5 个步兵营,1 个伞兵营,1 个特种部队,1 个炮兵团(战略储备),5 个炮兵群,1 个工程兵旅,1 个防空群。

主战坦克约 15 辆,轻型坦克 38 辆,装甲侦察车 110 辆,步兵战车 18 辆,装甲输送车 176 辆,自行火炮 122 毫米 6 门,牵引火炮 44 门,迫击炮 135 门,反坦克导弹"米兰"15 枚。无人驾驶侦察机 1 架。

海军 5403 人(含海军陆战队、海军航空兵和海岸警卫队)。编有 1 个舰队。海军司令部设在首都蒙得维的亚。海军基地 3 处:蒙得维的亚(主要基地),弗雷本托斯,里奥内格罗。海军航空兵基地 2 处:拉帕落玛,拉古纳。护卫舰"乌拉圭"级 2 艘。巡逻艇 18 艘。两栖登陆舰 3 艘。其他后勤与保障船 7 艘。海军航空兵 211 人(编有 1 个反潜作战队,1 个搜救中队,1 个运输队),装备各型飞机 14 架,其中作战飞机 1 架,航测机 1 架,教练机 2 架,直升机 8 架。

海军陆战队 450 人,编为 1 个营。

空军约 2984 人。编有战斗机中队,航测飞行队,运输机中队,教练机中队及直升机中队。装备攻击机约 16 架,运输机 21 架,教练机 21 架,直升机 11 架。

准军事部队 818 人,其中驻守克拉塞罗 368 人,驻守格拉纳德罗 450 人。

兵役制度 实行志愿兵役制。服役期 1~2 年,可延长。

驻外兵力 自 1992 年起参加联合国维和行动,是十大维和人员派遣国之一。目前有 2595 名乌拉圭士兵在海外执行任务,约占拉美国家参加维和行动人数的 40%。

军队节日 陆军节:5 月 18 日。海军节:11 月 15 日。空军节:3 月 17 日。

牙买加：出身于英国陆军西印度步兵团

国名 牙买加。

主要统计 面积1.0991万平方公里。人口273万（2010年）。国内生产总值152亿美元（2012年）。国防预算9520万美元（2011年）。资源主要有铝矾土，储量约25亿吨，为世界第四大铝矾土生产国。耕地面积约27万公顷，主要种植甘蔗和香蕉。森林面积约占全国总面积的20%。公路总长17925公里。铁路总长339公里，几乎完全用于运输铝矾土和氧化铝。沿海有13个港口。金斯敦为世界第七大天然港，年集装箱吞吐能力为150万个标准箱。有国际机场2个。牙买加航空公司有通往北美、欧洲和加勒比国家的航线。

国防体制 英国女王伊丽莎白二世为国家元首，女王任命总督为其代表。总理为实际上的武装力量最高统帅，通过国家安全部长和国防参谋长实施对武装力量的领导和指挥。实际上，国家安全部长代表总理（兼国防部长）行使对国防军的指挥权。国防军由现役部队和预备役人员组成。

武装力量 现役部队约2830人。

陆军约2500人，编有2个步兵营、1个工兵团、1个后勤保障营。装甲输送车LAV-150型4辆。迫击炮81毫米116AI型12门。海岸警卫队190人。装备海岸巡逻艇11艘。设有海军基地3个。航空联队140人。装备轻型运输机4架，其中"保卫者"BN-2A型1架、"塞斯纳"210M型1架、"钻石屋"DA-40-180FP型2架。海上搜救直升机9架、"贝尔"-412EP型3架。轻型运输直升机7架，其中AS-355N型4架、"贝尔"407型3架。

后备役部队953人。其中，陆军877人，海军60人，航空联队16人。

驻外兵力 驻塞拉利昂1人。

智利：全面克隆二战德军军装的军队

国名 智利共和国。

主要统计 面积75.6626万平方公里。人口17134.7万（2010年）。国内生产总值2681亿美元（2012年）。国防预算61.9亿美元（2011年）。矿藏、森林和水产资源丰富，以盛产铜闻名于世，素称"铜矿之国"。已探明的铜蕴藏量达2亿吨以上，居世界第一位，约占世界储藏量的1/3。2010年，工业总产值为95818.76亿比索，矿业总产值43203.45亿比索。天然气18.80亿立方米（2009年）。原煤63.60亿吨（2009

年)。原油21.50亿桶(2009年)。2010年,农、林业产值24035.31亿比索。公路总长10万公里,其中泛美公路长达3600公里。海运,2009年国内外船只装卸量分别为5979.2万吨和4689.1万吨,货物总吞吐量达10668.3万吨。全国共有70多个沿海港口。空运有5家航空公司,6个国际机场。2009年国内航线年客运量505.81万人次,货运量27297吨。国际航线客运量465.38万人次,货运量234756吨。全国有大小机场325个。

国防体制 宪法规定,总统为武装力量最高统帅。国家最高安全委员会为最高国防决策机构。成员有总统、国防部长、外交部长、内政部长、经济部长、财政部长等内阁成员及三军总司令和武警总局长等,由总统任主席。国防部为政府中一个部,是最高军事行政机关。智利武装力量由正规军和准军事部队组成。正规军分陆、海、空三个军种。国防参谋部为国防部的执行机构,负责协调三军和武警的作战、训练、动员、情报、预算等事宜。国防参谋长由陆、海、空军参谋长轮流担任。陆、海、空三个军种实行分权独立,无统一的军事指挥机构,陆、海、空军司令部为各自军种的最高军事指挥机构。各军司令为本军种最高军事长官。总统通过各军种司令部和国防部对全国武装力量实施领导和指挥。

国防政策 鉴于冷战结束后国际体系和过渡进程的不确定性,防务政策的重点集中于在地区风险中优化威慑和防御能力。

武装力量 现役部队约5.906万人,准军事部队4万人。

陆军约3.5万人,设有6个军区,编有4个装甲旅、2个山地旅、2个摩托化旅及1个特种旅。

主战坦克约262辆,装甲运输车436辆,牵引火炮235门,自行式火炮155毫米35门。多管火箭炮160毫米12门。轻型运输飞机19架。各型直升机44架。84毫米"卡尔·古斯塔夫"火箭筒和106毫米M-40A1火箭筒若干。单兵便携式地对空导弹系统"西北风"24套。"米兰""长钉"反坦克导弹若干枚。

海军约1.63万人(含海军陆战队、海军航空兵和运输分队等),划分为5个海区。

潜艇4艘:"汤姆森"级常规动力攻击潜艇2艘、"斯科佩因"级常规动力攻击潜艇2艘。护卫舰8艘:"威廉姆斯"级1艘、"卡帝尔·多尔曼"级导弹护卫舰2艘、"杜克"级导弹护卫舰3艘、"雅各布·范·赫姆斯科克"级导弹护卫舰2艘。导弹攻击快艇"卡斯马"级3艘、"虎"级4艘。近海巡逻艇13艘。两栖登陆舰5艘。后勤支援船9艘。"飞鱼"MM-38型舰对舰导弹4枚。

海军陆战队约3616人,编有4个大队和1个两栖营。装备有"蝎"式坦克15辆,装甲运输车"莫瓦格·罗兰"25辆,牵引炮18门,迫击炮8门,各类导弹18枚。

海军航空兵 600 人。装备有各型飞机 38 架,其中作战飞机 20 架,武装直升机 22 架。空舰导弹若干枚。

海岸警卫队隶属海军,有近海巡逻艇 47 艘。

空军约 7760 人。编有 3 个战斗飞行中队,1 个情报、监视及侦察飞行小队,3 个运输大队,3 个直升机运输大队,2 个教练机飞行大队,1 个防空战斗团。装备有作战飞机 59 架,直升机 33 架,电子情报机 5 架,教练机 242 架,加油机 KC-135 型 1 架,运输机 37 架,直升机 233 架。导弹"西北风"地空导弹、"响尾蛇"空空导弹若干枚,Mygalc 地空武器系统。高炮 20 毫米和 35 毫米若干门。

准军事部队 44712 人。

部署 海军基地 7 处(蓬塔阿雷纳斯、威廉港、蒙特港、塔尔卡瓦诺、瓦尔帕莱索、伊基克、道森岛),空军基地 7 处(蓬塔阿雷纳斯、蒙特港、圣地亚哥、多特罗、比尼亚德尔马、安托法加斯塔、伊基克)。

兵役制度 实行义务兵和志愿兵相结合的兵役制度,即适龄青年先自愿报名服兵役,如名额不满再按义务兵征集。陆军服役期为 1 年,海、空军服役期为 1 年 10 个月。

军队节日 陆军节:9 月 19 日。海军节:5 月 21 日。空军节:3 月 21 日。

第五章 大洋洲国家军力

澳大利亚：志在"主要作战环境"中实施作战

国名 澳大利亚联邦。

主要统计 面积769.2万平方公里。人口2151.2万（2010年）。国内生产总值15400亿美元（2012年）。国防预算198亿美元（2011年）。矿产资源丰富，是世界上最大的烟煤、铝矾土、钻石、锌精矿出口国，第二大氧化铝、铁矿石、铀矿出口国，第三大铝和黄金出口国。已探明的矿产蕴藏量：铝矾土约53亿吨，铁矿砂146亿吨，黑煤403亿吨，褐煤300亿吨，铅2290万吨，镍2260万吨，银4.14万吨，钽40835吨，锌4100万吨，黄金5570吨。原油储量2270亿升，天然气储量2.2万亿立方米。渔业资源丰富，拥有世界上第三大捕鱼区。工业以制造业、建筑业和矿业为主。2009/2010年度，制造业产值为1108亿澳元，建筑业产值为900亿澳元，矿业产值为1210亿澳元。农牧业产品的生产和出口在国民经济中占有重要位置，是世界上最大的羊毛和牛肉出口国。2009/2010年度，农牧业产值274亿澳元。铁路总长约4.4万公里。公路总长80多万公里。2010年，注册机动车辆1606万辆。港口97个。墨尔本为第一大港。2009/2010年度，拥有国际海运船队80个，国际水运货运8.34亿吨。2010年，注册飞机14081架。注册机场448个，其中国际机场12个。2009/2010年度，国际飞行14.1万架次，客运2562万人次，货运量75.6万吨，国内飞行56.4万架次，客运5176万人次。

国防体制 总督为武装力量最高统帅。国防委员会是最高军事决策机构，由国防部长担任主席。国防部为武装力量最高统帅机构。国防军司令为军队最高领导人，是国防部长的首席军事顾问。武装力量由现役部队和预备役部队组成，分陆、海、空三个军种。

国防政策 澳大利亚长期推行"本土防御"政策,以海上及空中武力为核心手段,保卫国家的主权和领土完整,保卫国家的海岸线和连接岛屿的领空。对外军事合作以澳美同盟为基础,加强与邻国及东南亚国家的国防安全合作,提高整体防御能力,维护地区的和平与稳定,同时注重加强合作应对非军事安全方面的挑战。

武装力量 现役部队约 5.67 万人。

陆军约 2.83 万人。编有 1 个陆军司令部,1 个地面部队司令部,1 个师司令部,1 个特种作战司令部,1 个机械化步兵旅,1 个轻型步兵旅,1 个摩托化步兵旅,1 个航空兵旅,1 个战斗勤务旅,1 个电子战团,1 个陆航团,1 个高炮团,3 个工程兵中队。

主战坦克 149 辆。装甲输送车 1031 辆。牵引火炮各型 270 门。迫击炮 296 门。无坐力炮各型 651 门。地空导弹各型 48 枚。飞机 3 架。直升机 142 架。两栖舰艇 21 艘。

海军约 1.43 万人(含航空兵)。编有 2 个舰队司令部,1 个训练司令部,1 支海航空部队和 7 个海军基地(悉尼、斯特灵、凯恩斯、达尔文、弗林德斯、杰维斯湾、堪培拉)。

潜艇 6 艘。导弹护卫舰 4 艘。护卫舰 8 艘。巡逻艇 14 艘。扫雷艇 11 艘。两栖舰艇 3 艘。支援及勤务船 23 艘。

海军航空兵 990 人。装备反潜机 16 架,运输机 22 架。

空军 1.4056 万人。编有 1 个空战司令部,1 个训练司令部,2 个攻击战斗机兼侦察机中队,3 个战斗机中队,2 个战术训练机中队,2 个海上巡逻机中队,7 个运输中队。作战飞机 109 架。海上巡逻机 AP-3C 型 19 架。运输机 47 架。教练机 70 架。空地和空空导弹若干枚。

预备役部队 2.044 万人,其中陆军 1.584 万人,海军 2000 人、空军 2600 人。

准军事部队海关总局装备有海上侦察机 14 架、搜索救援机 1 架、直升机 2 架、小船 10 艘。

兵役制度 实行志愿兵役制。

驻外兵力 驻阿富汗 1550 人(编为 1 个步兵旅)。驻伊拉克 35 人。驻东帝汶 404 人(编为 1 个步兵营)。驻马来西亚 128 人,包括 1 个步兵连及 1 个空军分遣队。驻中东 313 人。驻巴布亚新几内亚 38 人。驻所罗门群岛 80 人。驻苏丹 9 人。此外,2010 年共有 51 名军事观察员和停战监督小组人员在阿富汗、埃及、中东及苏丹执行联合国维和任务。

外国驻军 美国 129 人。新西兰陆军 9 人。新加坡 230 人(建有 1 所飞行训练学校,配有 AS-332 飞机 12 架)。

巴布亚新几内亚：多重任务的国防军

国名 巴布亚新几内亚独立国。

主要统计 面积约46.284万平方公里。人口688.83万（2010年）。国内生产总值158亿美元（2012年）。国防预算4300万美元（2010年）。新几内亚航空公司，设有飞往国内主要城市和澳大利亚、新加坡、日本、菲律宾及所罗门群岛的航线，拥有12架飞机。共有注册机场492个，但只有少数机场能够停降大型飞机。

国防体制 根据1975年巴布亚新几内亚宪法，英国女王为国家元首，但并非武装力量最高统帅。女王任命总督为其代表。国防部是领导武装力量的国家机关，名义上由国防大臣领导，负责实际事务主要是以国防部秘书长和国防军司令为首的国防委员会。实行全民义务兵役制和合同制相结合的制度。

国防政策 国防军建设注重机动灵活，其职责包括打击偷猎、非法武器贩运和毒品走私，打击恐怖主义，处理难民事务等。

武装力量 现役部队3100人，由陆军、空军和海军构成。

陆军2500人，包括总部（位于莫尔兹比港）、2个皇家太平洋驻岛团轻步兵营、1个工程营（莱城）、国防军信号中队（莫尔兹比港）、军用爆炸物品处理单位、预防性医务排、军官学校。装备轻小型武器，包括9毫米FN35手枪、9毫米Sterling冲锋枪、5.56毫米Steyr自动步枪、7.62毫米FAL步枪、7.62毫米MAG58机关枪、5.56毫米F89机关枪、81毫米和120毫米的迫击炮。

海军400人，主要是轻型巡逻部队，由4艘太平洋级巡逻艇和2艘巴厘巴板级登陆舰构成，仅负责防卫局部水体。

空军200人。小型空军编组，由几架直升机和轻型运输机构成。编为1个运输中队，基地在莫尔兹比港的杰克逊机场。装备2架CN-235型CASA运输机，4架N-22型GAFNomad，3架IAI-101型Arava，1架NBO-105型MBB，4架UH-1H型"易洛魁"飞机。

斐济：积极参与国际维和

国名 斐济共和国。

主要统计 面积1.8333万平方公里。总人口85.4万（2010年）。国内生产总值32亿美元（2010年）。国防预算费5020万美元（2011年）。发电量9.3亿千瓦时（2010年）。粮食产量1.16万吨（2010年）。首都苏瓦港是重要国际海港，可泊万吨轮。注册商船747艘。苏瓦的瑞索里机场、楠迪机场可起降大型飞机。斐济太平洋国际航空公司，有6架飞机（其中2架是从新加坡租赁）。

国防体制 斐济军队全称为"斐济共和国武装部队"，定名于斐1990年宪法。总统兼任武装力量总司令，并根据内政部长的建议任命武装部队司令。武装部队司令要向总统和内政部长负责。

武装力量 只有陆军和海军，由正规军和预备役组成。编制3500人。陆军3200人，编成7个步兵营，1个工兵营，1个特种作战连，1个炮兵连。装备牵引炮4门，迫击炮12门。海军300人，装备有海岸巡逻艇7艘、后勤与支援训练艇1艘。预备役约6000人。

驻外兵力 驻埃及338人（编为1个步兵营），驻联合国伊拉克援助团221人（编为3个安全分队），驻苏丹6名军事观察员，驻东帝汶1名军事观察员。

新西兰：专注"同心圆"

国名 新西兰。

主要统计 面积约27万平方公里。人口441万（2010年）。国内生产总值1696亿美元（2012年）。国防预算13.58亿美元（2011年）。畜牧业是新西兰经济的基础，农牧产品出口占其出口总量的50%。羊肉、奶制品出口量均居世界第一位，羊毛出口量居世界第二位。石油储量3000万吨，天然气储量1700亿立方米。粮食不能自给，需从澳大利亚进口。

国防体制 国家元首为英国女王伊丽莎白二世，总督为女王代表。总督为武装力量最高统帅。国防委员会是政府在国防政策方面的咨询机构，由国防部长任主席，国防军司令和国防部秘书长任副主席，成员有陆、海、空三军司令等。国防部为武装力量最高统帅机构，主要职责是：适时提供优质的建议，协助政府拟订符合新西兰利益的国防决策；审核、评估新西兰国防武力和国防部所有活动；规划取得新西兰国防武力所需的重要军事装备。国防部长在国防军司令协助下行使对军队的实际控制权。国防军司令是国防部长的首席军事顾问，也是三军参谋长委员会主席。国防部秘书长是国防部首席文职顾问，负责研究并提出防务政策建议、装备采购和维修更新等。武装力量由现役部队和预备役部队组成，分陆、海、空三个军种。

国防政策 新西兰的战略和安全利益可以形象地描述为一系列同心圆，最为重要的是围绕新西兰周边。这个同心圆范围对保证新西兰及其专属经济区（世界第四代专属经济区）至为关键。

武装力量 现役部队10055人。

陆军4905人,编有2个大队司令部、1个装甲侦察中队、2个机械化步兵营、1个特种作战大队、1个炮兵团和1个工程兵团。

主战坦克20辆。装甲车78辆。火炮150余门。

海军2100人,编成海上舰队和海军预备役分队。海上舰队编有护卫舰分队、补给与支援船分队和海洋测量船分队。海军预备役分队有4个,共400人,分别部署在奥克兰、惠灵顿、克赖斯特彻奇和达尼丁港,每个分队配备1艘巡逻艇。基地设在首都惠灵顿和奥克兰周围地区。护卫舰3艘。巡逻艇4艘。辅助舰船5艘。SH–2"海跃"反潜直升机9架。岸基P–3K反潜巡逻机6架。

空军约3050人,编有1个海上侦察中队、2个运输机中队和2个教练机中队。装备各型飞机约100架(其中作战飞机42架)。

预备役部队2300人。

兵役制度 实行志愿兵役制。

驻外兵力 驻阿富汗北约国际安全援助部队231人、联合国阿富汗援助团观察员1人,驻埃及28人、驻联合国伊拉克援助团观察员1人,驻中东联合国停战监督组织观察员8人,驻所罗门群岛5人,驻联合国苏丹特派团2人、观察员2人。

军队节日 澳新军团日:4月25日。